汽车维修
工具·设备·诊断仪
使用方法与技巧

宁德发　主编

化学工业出版社
·北京·

内 容 提 要

本书对汽车维修和故障诊断过程中常用的维修工具、仪器仪表、机械设备、检测设备、诊断设备和汽车专用诊断仪进行了全面讲解，重点针对它们的使用方法和使用技巧、使用中的注意事项以及维护保养等做了详细介绍，共分为5章，主要包括常见维修通用工具与设备、系统维修专用工具与设备、汽车电路故障检测工具与设备、汽车OBD车载诊断系统、汽车专用诊断仪。本书以图为主，以文字为辅，内容简明，实用性强。

本书可供汽车维修技术人员、汽车故障检测人员阅读使用，也可供相关职业技术院校汽车维修专业的师生阅读和参考。

图书在版编目（CIP）数据

汽车维修工具·设备·诊断仪使用方法与技巧/宁德发主编.—北京：化学工业出版社，2020.9
ISBN 978-7-122-37285-7

Ⅰ.①汽… Ⅱ.①宁… Ⅲ.①汽车-车辆维修设备-使用方法②汽车-故障诊断-仪器设备-使用方法 Ⅳ.①U472.46②U472.9

中国版本图书馆CIP数据核字（2020）第113198号

责任编辑：陈景薇　　　　　　　　　　文字编辑：冯国庆
责任校对：宋　玮　　　　　　　　　　装帧设计：王晓宇

出版发行：化学工业出版社（北京市东城区青年湖南街13号　邮政编码100011）
印　　刷：三河市航远印刷有限公司
装　　订：三河市宇新装订厂
787mm×1092mm　1/16　印张17　字数410千字　2020年9月北京第1版第1次印刷

购书咨询：010-64518888　　　　　　　售后服务：010-64518899
网　　址：http://www.cip.com.cn

凡购买本书，如有缺损质量问题，本社销售中心负责调换。

定　价：69.00元　　　　　　　　　　　　　　　　　　　版权所有　违者必究

前言

随着汽车工业技术的不断进步，汽车生产量和销售量与日俱增，汽车拥有量大幅度上升，新结构、新系统、新配置在汽车上的应用也不断增多，都推动了汽车技术运用和汽车维修行业的迅猛发展。不仅要求汽车维修技术人员要拥有专业的维修知识和丰富的维修经验，而且还要求他们要熟练掌握并应用汽车维修和故障诊断过程中常用的维修工具以及现代的汽车故障诊断仪器。

本书从实际工作需要出发，对汽车维修和故障诊断过程中常用的维修工具、仪器仪表、机械设备、检测设备、诊断设备和汽车专用诊断仪进行了全面讲解，重点针对它们的使用方法和使用技巧、使用中的注意事项以及维护保养等做了详细讲解，以图为主、以文字为辅，图文并茂，内容简明、实用。通过阅读本书，读者可以系统地学习汽车维修工具、检测设备和诊断仪器的使用及操作技巧，迅速提高自身的维修技能。本书可供汽车维修技术人员、汽车故障检测人员阅读使用，也可供相关职业技术院校汽车维修专业的师生阅读和参考。

本书由宁德发主编，由王媛媛、刘静、孙石春、李瑞、房建兵、董慧、高允、白雅君等共同协助完成。

由于本书所涉及的汽车技术范围较广，加之编者的经验和学识有限，难免有疏漏之处，敬请广大读者批评指正。

编者

目录

第1章 常见维修通用工具与设备 … 1

1.1 常用拆装工具 … 1
1.1.1 扳手 … 1
1.1.2 钳子 … 9
1.1.3 螺丝刀 … 12
1.1.4 锤子 … 13
1.1.5 拉具 … 15

1.2 常用机械加工工具 … 15
1.2.1 錾子 … 15
1.2.2 手锯 … 16
1.2.3 锉刀 … 18
1.2.4 冲子 … 21
1.2.5 刮刀 … 22
1.2.6 丝锥与板牙 … 22
1.2.7 钻孔工具 … 26
1.2.8 砂轮机与压力机 … 28
1.2.9 钢丝刷 … 29
1.2.10 滑脂枪 … 29

1.3 常用量具与划线工具 … 30
1.3.1 尺式量具 … 30
1.3.2 指示式量具 … 39
1.3.3 弹簧秤和弹簧测量器 … 47

第2章 系统维修专用工具与设备 … 48

2.1 车间装备与车辆举升设备 … 48
2.1.1 车间装备 … 48
2.1.2 举升设备 … 52
2.1.3 安全支撑 … 55
2.1.4 吊具及吊索 … 56

2.2 发动机检测维修工具与设备 … 57
2.2.1 火花塞检修工具 … 57
2.2.2 活塞环检修工具 … 58

- 2.2.3 气门检修工具 …………………………………………………………… 59
- 2.2.4 点火正时测试灯 …………………………………………………………… 62
- 2.2.5 手动式真空泵 …………………………………………………………… 62
- 2.2.6 发动机机油滤清器扳手 …………………………………………………… 63
- 2.2.7 汽车异响探测器 …………………………………………………………… 64
- 2.2.8 喷油器清洗检测仪 ………………………………………………………… 66
- 2.2.9 无负荷测功仪 ……………………………………………………………… 68
- 2.2.10 压力表、油压表 ………………………………………………………… 70
- 2.2.11 真空度表 ………………………………………………………………… 76
- 2.2.12 红外测温仪 ……………………………………………………………… 77
- 2.2.13 尾气分析仪 ……………………………………………………………… 80
- 2.2.14 发动机综合性能检测仪 ………………………………………………… 81
- 2.2.15 汽车耗油仪 ……………………………………………………………… 92
- 2.2.16 冷却系统压力测试仪 …………………………………………………… 93

2.3 底盘系统维修工具与设备 ……………………………………………………… 94
- 2.3.1 四轮定位仪 ………………………………………………………………… 94
- 2.3.2 轮胎气压表 ………………………………………………………………… 97
- 2.3.3 减振器弹簧压缩器 ………………………………………………………… 99
- 2.3.4 球头分离器 ………………………………………………………………… 99
- 2.3.5 拉拔器 …………………………………………………………………… 101
- 2.3.6 制动分泵压缩器 ………………………………………………………… 101
- 2.3.7 轮胎扩胎机 ……………………………………………………………… 103
- 2.3.8 轮胎充氮机 ……………………………………………………………… 103
- 2.3.9 底盘测功机 ……………………………………………………………… 104
- 2.3.10 汽车侧滑检验台 ………………………………………………………… 108
- 2.3.11 汽车悬架检验台 ………………………………………………………… 110
- 2.3.12 汽车车速表检验台 ……………………………………………………… 112

2.4 空调系统维修工具与设备 …………………………………………………… 114
- 2.4.1 空调制冷剂回收加注机 ………………………………………………… 114
- 2.4.2 制冷剂注入阀 …………………………………………………………… 116
- 2.4.3 汽车空调歧管压力表（组） …………………………………………… 117
- 2.4.4 空调检漏仪 ……………………………………………………………… 122
- 2.4.5 检漏阀 …………………………………………………………………… 123
- 2.4.6 气门阀 …………………………………………………………………… 124
- 2.4.7 真空泵 …………………………………………………………………… 124
- 2.4.8 汽车空调诊断仪 ………………………………………………………… 124

2.5 车身系统维修工具与设备 …… 130
　2.5.1 衬铁 …… 130
　2.5.2 凹坑吸盘 …… 130
　2.5.3 修平刀 …… 130
　2.5.4 金属剪 …… 131
　2.5.5 铆枪 …… 131
　2.5.6 车身锉刀 …… 132
2.6 内饰饰板拆装常用工具 …… 132
　2.6.1 饰板撬板 …… 132
　2.6.2 胶扣起子 …… 134
2.7 喷漆涂装工具与设备 …… 136
　2.7.1 喷枪 …… 136
　2.7.2 汽车烤漆设备 …… 138

第3章 汽车电路故障检测工具与设备 …… 140

3.1 汽车电路检修工具与设备 …… 140
　3.1.1 跨接线 …… 140
　3.1.2 汽车专用测电笔 …… 140
　3.1.3 比重计 …… 141
　3.1.4 高率放电计 …… 142
　3.1.5 蓄电池测试仪 …… 142
　3.1.6 解码器 …… 144
　3.1.7 汽车专用示波器 …… 148
　3.1.8 前照灯检测仪 …… 151
3.2 汽车电路故障检测检修 …… 157
　3.2.1 汽车电路的类型 …… 157
　3.2.2 汽车电路故障的类型 …… 160
　3.2.3 汽车电路故障的检修思路 …… 161
　3.2.4 汽车电路故障的检测方法 …… 161
　3.2.5 汽车电路故障的检修 …… 165
3.3 使用数字式万用表进行故障诊断 …… 170
　3.3.1 汽车电控系统万用表检测操作方法 …… 170
　3.3.2 用万用表检测传感器 …… 171
　3.3.3 用万用表检测电动汽车泵继电器 …… 179
　3.3.4 用万用表检测喷油器的电压和电阻 …… 180
　3.3.5 用万用表检测电动汽油泵的电流和电阻 …… 181

3.3.6　用万用表检测 ECU 端子的电压和电阻 ……………………………………… 181
3.4　使用示波器进行故障诊断 ………………………………………………………… 182
　3.4.1　传感器波形测试 ……………………………………………………………… 182
　3.4.2　汽车电气系统测试操作 ……………………………………………………… 190
　3.4.3　示波器的维护管理 …………………………………………………………… 192

第4章　汽车 OBD 车载诊断系统 ……………………………………………………… 194

4.1　OBD 车载诊断系统介绍 …………………………………………………………… 194
　4.1.1　OBD 系统概述 ………………………………………………………………… 194
　4.1.2　OBD 系统故障码 ……………………………………………………………… 199
　4.1.3　故障指示灯 …………………………………………………………………… 200
　4.1.4　OBD 系统元件 ………………………………………………………………… 201
　4.1.5　OBD 系统监测内容 …………………………………………………………… 202
　4.1.6　OBD 系统诊断对象 …………………………………………………………… 203
　4.1.7　OBD 系统的局限性 …………………………………………………………… 208
　4.1.8　OBD 系统不起作用的特殊情况 ……………………………………………… 209
4.2　EOBD 系统诊断测试 ……………………………………………………………… 209
　4.2.1　零部件测试 …………………………………………………………………… 209
　4.2.2　系统测试 ……………………………………………………………………… 210
　4.2.3　控制器（ECM/PCM）测试 …………………………………………………… 215

第5章　汽车专用诊断仪 ………………………………………………………………… 216

5.1　大众汽车 VAS5051 诊断仪的使用 ………………………………………………… 216
　5.1.1　基本结构与操作 ……………………………………………………………… 216
　5.1.2　车辆自诊断模式的操作 ……………………………………………………… 223
　5.1.3　测试仪表模式的操作 ………………………………………………………… 224
　5.1.4　引导性故障查询模式的操作 ………………………………………………… 227
5.2　通用汽车 TECH 2 诊断仪的使用 ………………………………………………… 228
　5.2.1　基本结构 ……………………………………………………………………… 228
　5.2.2　连接 …………………………………………………………………………… 231
　5.2.3　基本设置 ……………………………………………………………………… 232
　5.2.4　自检 …………………………………………………………………………… 236
　5.2.5　诊断 …………………………………………………………………………… 238
　5.2.6　维修编程系统 ………………………………………………………………… 239
　5.2.7　查看获取数据 ………………………………………………………………… 240
　5.2.8　实时绘图 ……………………………………………………………………… 240

5.3 宝马 ISTA 诊断仪的使用 242
 5.3.1 维修车间流程 242
 5.3.2 启动 ISTA 车间系统 244
 5.3.3 通过"读取车辆数据"选择车辆 245
 5.3.4 启动车辆测试 245
 5.3.5 显示故障码存储器中的故障记忆 245
 5.3.6 编辑维修计划 246
 5.3.7 维修车间系统 247
 5.3.8 ISTA 文件信息类型 252
5.4 丰田 OTC GTS 诊断仪的使用 254
 5.4.1 GTS 软件安装、注册和更新 254
 5.4.2 VIM 模块驱动安装 257
 5.4.3 设置通信接口 258
 5.4.4 GTS 软件使用 258

参考文献 264

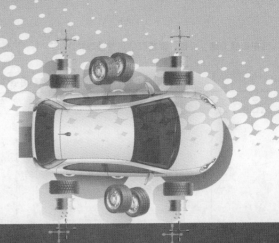

第 1 章

常见维修通用工具与设备

1.1 常用拆装工具

1.1.1 扳手

扳手是汽车维修作业中最为常用的拆装工具之一,其主要用来拆装螺母、螺栓或带有螺纹的零件。在拆卸螺栓时,应当按照"先套筒扳手、后梅花扳手、再开口扳手、最后活动扳手"的原则进行选用、选取。需要注意的是,禁止任意接长扳手的手柄长度(如套管子等),以免折断扳手或损坏工件,如图 1-1 所示;禁止将扳手当手锤、撬棒使用。此外,扳手用完后,应当妥善保管,防止生锈和被酸碱腐蚀及丢失。

图 1-1 禁止在扳手手柄上套装加长套管

1.1.1.1 常用扳手

汽车维修常用各类型扳手的使用方法与技巧,见表 1-1。

表 1-1　汽车维修常用各类型扳手的使用方法与技巧

扳手类型	使用方法及图示	
开口扳手	开口扳手是汽车维修作业中用途非常广泛的工具之一，汽车拆装工作中常用的开口扳手是双头开口扳手 	开口扳手的钳口与手柄应当存在一定的角度，这样可以通过反转开口扳手来增加适用空间 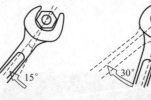 (a) 呈15°　　(b) 呈30°
	开口扳手两头均为 U 形的开放式钳口，可套住螺栓或螺母六角的两个对向面，因此开口扳手在汽车维修作业中主要适用于无法使用套筒扳手和梅花扳手操作的位置。有些螺栓或螺母必须从横侧插入，此时开口扳手可以做到，而其他扳手则无法做到 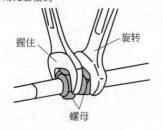	在拆装螺栓时，将开口扳手的"肉厚"部分放在旋转方向的上方，使旋转力的方向从扳手的"肉厚"部分指向"肉薄"部分 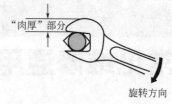
		开口扳手还可起到固定作用，例如在拆装凸轮轴链轮螺栓时，为防止凸轮轴转动，可用尺寸合适的开口扳手固定住凸轮轴六角头部位，使凸轮轴无法转动，进而顺利拆装凸轮轴链轮螺栓 
活动扳手	活动扳手也可以称为可调扳手，其开度大小可以通过调节螺杆调整 	将活动扳手的活动钳口调整合适，使得扳手与螺母或螺栓头两对角边贴紧。活动扳手工作时，应让活动扳手钳口的可动部分受推力，固定部分受拉力 

续表

扳手类型		使用方法及图示
梅花扳手	梅花扳手的两端是花环式的,孔壁通常为12边形,可以将螺栓和螺母头部套住,扭转力矩大,在作业过程中不易滑脱,且携带方便 	在使用梅花扳手时,左手推住梅花扳手与螺栓连接处,保持梅花扳手与螺栓完全配合,防止滑脱,右手要握住梅花扳手的另一端并加力。扳手转动30°后,可以更换位置,特别适用于拆装处于空间狭小位置的螺栓、螺母。由于扳手是有角度的,因此可以用于在凹进空间里或在平面上旋转螺栓/螺母。不要使用带有裂纹或已经严重磨损的梅花扳手 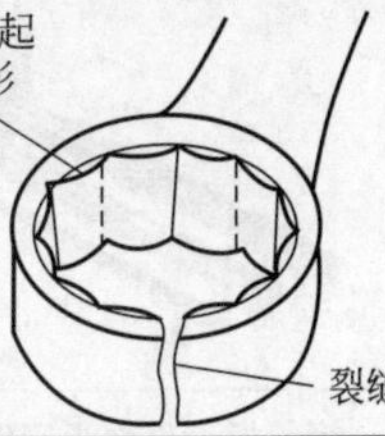
		为了防止打滑,在使用梅花扳手前,应当判断螺母尺寸,以决定采用哪种型号的米制扳手或英制扳手。为了作业安全,要朝胸前的方向拧动梅花扳手(两用扳手)。不能用加长的管子套在梅花扳手上以延伸扳手的长度进而增大力矩,这样容易导致扳手损坏 
两用扳手	两用扳手也称为组合扳手,是将梅花扳手和开口扳手组合在一起,一端为开口端,另外一端为梅花端 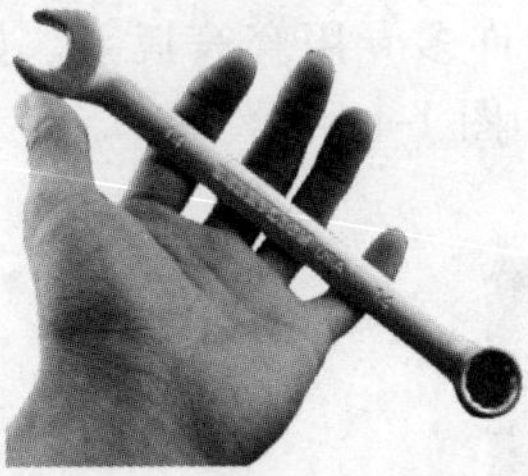	在汽车维修作业中,遇到需要快速拧动螺栓或螺母时,可以使用开口端,遇到需要大力矩紧固操作时,可以使用另一端的梅花扳手执行操作,集两种扳手的功能于一身,操作灵活方便,因此两用扳手的工作效率很高。两用扳手在维修工作中使用非常普遍 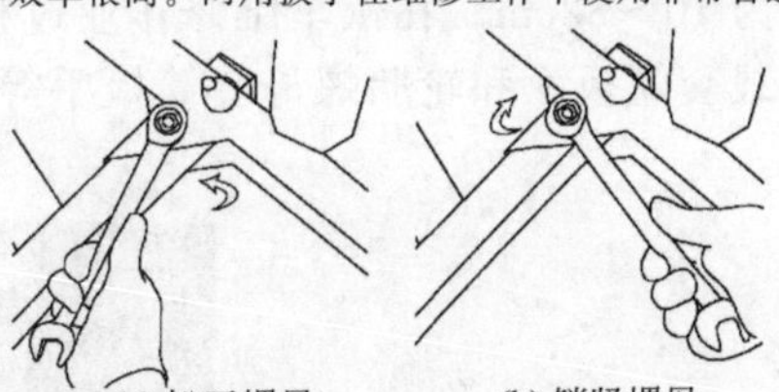 (a) 松开螺母　　(b) 锁紧螺母
扭力扳手	在汽车维修作业中,当紧固螺栓、螺母等螺纹紧固件时,需要控制施加力矩的大小,以保证螺纹紧固且不至于因力矩过大而破坏螺纹,因此需要使用扭力扳手来操作,例如紧固车轮固定螺母、紧固气缸盖螺栓和曲轴轴承螺栓时都需要使用扭力扳手	在使用扭力扳手前,需要根据螺栓规格选用相应大小的套筒。拧转螺栓时,应一只手按压套筒一端,另一只手均匀地用力拉动手柄一端,同时用眼睛观察刻度盘上的扭矩数值 
		使用指针式扭力扳手拧紧车桥螺母 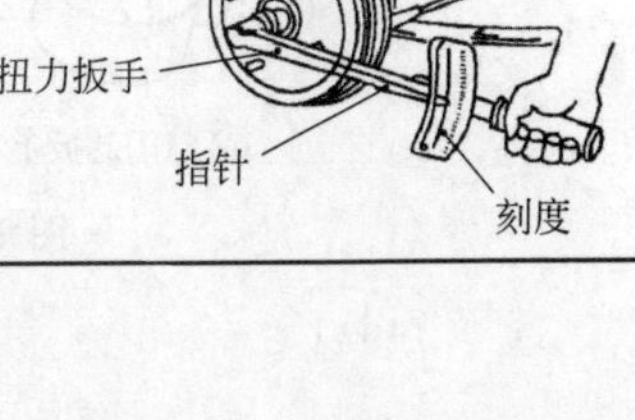

续表

扳手类型	使用方法及图示	
内六角扳手	内六角扳手主要用于拆装内六角螺栓和花形内六角螺栓,是内六角螺栓的专用拆装工具。内六角扳手可以分为专用内六角扳手和花形内六角扳手,此类扳手多为L形 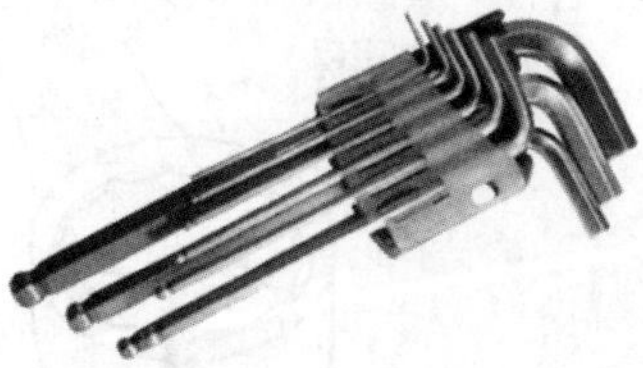	选取合适的内六角扳手,对正内六角头螺栓孔后加力即可。内六角扳手的选取需要与螺栓内六方孔相适应,不允许使用套筒等加长装置,以免损坏螺栓或扳手 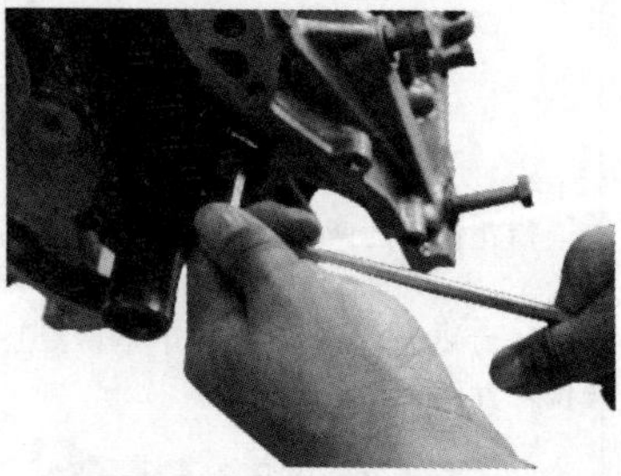
管子扳手	管子扳手也称为管钳,在汽车维修作业中,当调整车轮前束时,通常可以使用管钳转动转向横拉杆 	

1.1.1.2 套筒扳手

套筒扳手的材料、环孔形状与梅花扳手均相同,其主要适用于拆装位置狭窄或是需要一定扭矩的螺栓或螺母。如图1-2所示,套筒扳手主要由套筒、接杆、万向接头、棘轮手柄等几部分组成。不同的手柄适用于不同的场合,以操作方便或提高效率为原则,常用套筒扳手的规格为10~32cm。在汽车维修作业过程中,还使用许多专用套筒扳手,如火花塞套筒扳手、轮毂套筒扳手和轮胎螺母套筒扳手等,如图1-3和图1-4所示。

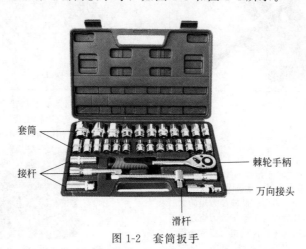

图1-2 套筒扳手

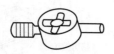
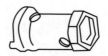

(a) 气门芯扳手　　(b) 叉形凸缘及转向螺母套筒扳手

图1-3 专用套筒扳手(一)

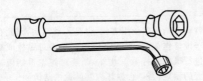 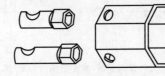 

(a) 轮胎螺母套筒扳手　　　　(b) 轮毂套筒扳手　　　　(c) 火花塞套筒扳手

图 1-4　专用套筒扳手（二）

套筒扳手各组成部分使用方法见表 1-2。

表 1-2　套筒扳手各组成部分使用方法

组成部分		使用方法及注意事项
套筒		根据工作空间的大小、扭力的要求，在汽车维修作业中要选用合适的手柄和套筒进行作业。使用时，左手捏住套筒与螺母连接处，右手握住手柄加力	（1）使用套筒时，不要使用出现裂纹或已损坏了的套筒，这种套筒容易引起打滑或伤人 （2）使用套筒时，要正确选择套筒型号（米制型号或英制型号），如果选择不正确的套筒，在使用时极可能打滑，进而损坏螺栓 （3）套筒的选用必须与螺栓、螺母的形状及尺寸相符合
套筒接合器		将套筒接合器的凸出端与套筒连接，另一端（方孔端）与扭力手柄连接，进而实现不同尺寸规格的手柄与套筒能够配合使用	套筒接合器在汽车维修作业过程中，必须要控制扭矩的大小，因为套筒和手柄经过转换后，不是同一尺寸范围，如果按照原来的尺寸施加力矩，则会损坏套筒或手柄。因此，需要以小尺寸工具（套筒或手柄）所能承受的力矩大小为力矩施加的上限
套筒手柄	滑杆	滑杆也称为滑动T形杆，是与套筒配套使用的专业手柄之一，通过调节滑动方榫在滑动手柄上的位置来实现L形扳手和T形扳手的结构，并且实现与之相同的功能 	将方榫调整到滑动手柄的一端，形成L形结构，以增加力矩，进而达到拆卸或紧固螺栓的目的，与L形扳手类似。将方榫调整到滑动手柄的中部位置，形成T形结构，两只手同时用力，可以增加拆卸速度，但是需要较大的工作空间 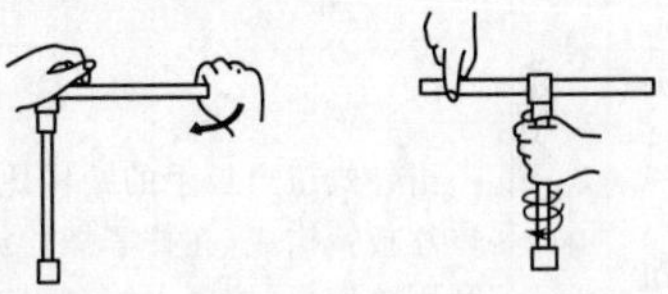
	旋转手柄	旋转手柄也称为摇头手柄或扳杆，通常可以用于拆下或更换要求大扭矩的螺栓或螺母，也可以在调整好手柄后进行迅速旋转 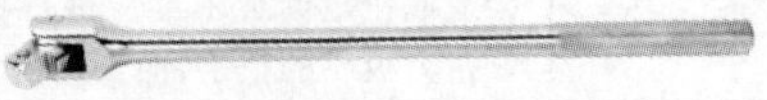	一般的固定式手柄较长，很难在狭窄空间下使用，而旋转手柄头部可以作铰式移动，这样可以根据作业空间要求调整手柄的角度进行使用
	快速摇杆	快速摇杆也称为摇把，主要用于拧下已经松动的螺母，或者将螺母快速旋上螺栓，但是不能在螺母上施加太大的扭矩 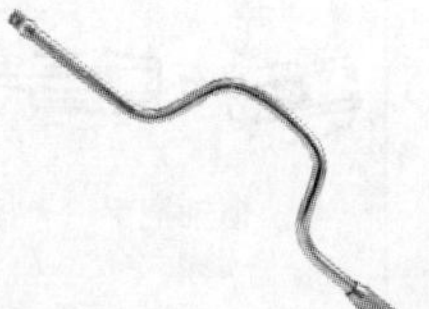	使用快速摇杆时，左手握住摇杆端部，并且保持摇杆与所拆卸螺栓同轴，右手握住摇杆的弯曲部，然后迅速旋转。在使用快速摇杆时，握摇杆的手不可以摇晃，以免套筒滑出螺栓或螺母，产生安全事故

续表

组成部分		使用方法及注意事项
套筒手柄	棘轮手柄	棘轮手柄是最常见的套筒手柄,棘轮手柄的头部设计有棘轮装置,在不脱离套筒和螺栓的情况下,可以实现拧紧和松开方向的调整,并且能够进行单方向的快速转动  棘轮手柄虽然使用方便,但是不够结实,因此在汽车维修作业中,不能使用棘轮扳手对螺栓或螺母进行最后的拧紧。此外,严禁对棘轮手柄施加过大的扭矩,否则会损坏内部的棘爪结构  错误 有的棘轮手柄设计有套筒锁止和快速脱落的功能,可以防止在使用过程中套筒或接杆脱落,只需要单手操作即可。在使用时,按下锁定按钮,将套筒头套入棘轮手柄的方榫中,然后松开锁定按钮,套筒即可被锁止,如若再次按下锁定按钮,即可解除套筒锁定 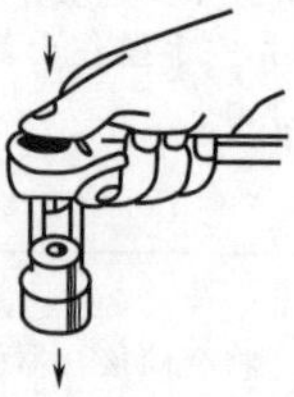
扭力扳手	指针式扭力扳手	指针式扭力扳手的结构比较简单,其力臂主要由单片板簧构成,在拧紧螺栓或者螺母时,板簧变形,利用该变形,拧紧力矩可以直接显示在靠近扳手手柄的地方,即通过刻度盘读出  (1)检查零位。在使用指针式扭力扳手前,首先应当检查指针正确无误地指向零位 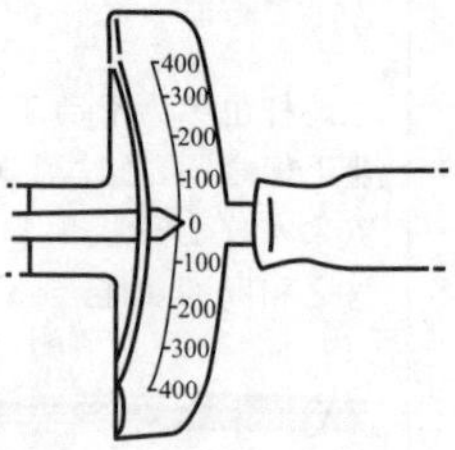 (2)选择套筒。在使用指针式扭力扳手时,必须使用与螺栓或螺母尺寸适合的套筒,要用手握住套筒接合处,以保证扳手和套筒不会脱离 (3)正确操作。在使用扭力扳手测量扭矩时,必须使枢轴把手与板簧分离,如果它们相互接触则会造成扭矩读数不准。进行拧紧操作时,应当握紧扭力扳手的把手,向自己的方向用力;拉把手的方向应当与力臂的方向成直角。在汽车维修作业中,常用的指针式扭力扳手的规格为300N·m 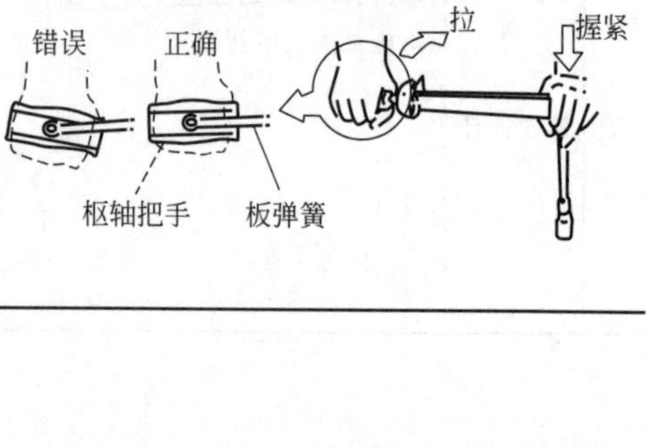 错误 正确 拉 握紧 枢轴把手 板弹簧

续表

组成部分		使用方法及注意事项
套筒手柄	扭力扳手 / 预置力式扭力扳手	预置力式扭力扳手的设计原理主要是通过将手柄端部的套筒转动到所需的刻度，可以预先设定扭矩，这样在拧紧过程中，使用人员通过声音和手感就可以知道已经到达预设扭矩	(1)设定扭矩。将锁止器移到左侧释放副刻度，然后转动副刻度设定扭矩(主副刻度盘组合使用);将锁止器移到右侧锁住副刻度(如果针销碰到锁止器请重新定位) (2)将扭力手柄与套筒连接，将套筒套入螺栓头螺母，顺时针转动扭力扳手紧固螺栓 (3)听到"咔嗒"声停止用力 使用预置力式扭力扳手时应注意下列事项 (1)使用时，不要超过扳手的刻度量程，设定的扭矩不要低于最小扭矩量程 (2)保证使用前扭力扳手设置正确 (3)使用前确认设定的扭矩单位正确(kgf·cm, kgf, N·m等) (4)不要用钳子锁止副刻度，否则将损坏锁止机构使精度降低 (5)握持位置不正确会影响测量精度，在压花面上有一条线用以指示有效长度 (6)当感觉有"咔嗒"振动时，应当停止用力，如果继续用力则会导致扭矩过大。用力方向必须与扭力扳手成直角(误差为±15°范围内)，此误差在垂直和水平方向上都适用 (7)每次使用后以及存放扭力扳手前，必须清除污物，如灰尘、泥土、油污和水等 (8)如果长时间存放扭力扳手，必须将扭矩设定为最小值，涂上防锈油，在干燥处保存。如果存放方式不正确，扳手的精度和使用寿命会迅速降低
	T形套筒	T形手柄的形状如同T形，由于套筒一般与T形手柄做成一体，因此通常将T形手柄称为T形套筒。T形套筒一般尺寸较小且重量较轻，适用于快速扳拧(拧紧或旋松)较小尺寸六角螺母的螺纹紧固件	使用T形套筒时，沿着螺纹旋转方向在顶部施加外力，拧转螺栓或螺母。T形套筒的套筒尺寸一般为10mm、12mm和14mm，因此可以允许施加的力矩较小，只能将螺栓或螺母拧靠，但无法紧到要求的力矩，因此需要借助其他扭力工具完成。对于已经紧固的螺栓或者螺母，T形套筒也是很难松开的，需要用其他工具将螺栓或螺母松开后，利用T形套筒完成快速拆卸

续表

组成部分	使用方法及注意事项	
万向接头	万向接头主要用于连接配套手柄和套筒,实现手柄和套筒之间的角度自由变化	在使用万向接头时,注意不要使手柄倾斜较大角度来施加扭矩,应当尽可能在接近垂直状态下使用,因为偏角过大会使扭矩的传递效率降低。使用气动工具时,严禁使用万向节,因为球节不能吸收旋转摆动,会发生脱开情况,造成工具、零件甚至车辆损坏,严重时可造成人身伤害
接杆	接杆也称为延长杆或加长杆,是套筒类成套工具中不可缺少的一部分。在汽车维修作业中,主要有75mm、125mm、150mm 和 250mm 等不同长度的接杆供选用,即我们常说的长接杆和短接杆。接杆的作用主要是用来加装在套筒和配套手柄之间,用于拆卸和更换装得深,仅凭套筒和手柄无法接触的螺栓、螺母。此外,在拆卸平面上的螺栓或螺母时,工具通常会紧贴在操作面上,妨碍正常拆卸,甚至会产生安全事故。接杆可以将工具抬离平面一定高度,便于操作	根据汽车维修作业空间的实际情况,选用合适规格的接杆,将接杆加装在套筒和配套手柄之间,拆卸位置较深的螺栓、螺母 有的接杆经过改进后具有特殊功能,如转向接杆和锁定接杆等。所谓转向接杆,是指普通接杆与套筒连接的方榫部,经过改进再装上套筒后,会产生10°左右的偏角,因而使用非常方便。锁定接杆是指接杆具有套筒锁止功能。需要注意的是,禁止把接杆当冲子使用

1.1.1.3 气动扳手

(1) 作用 气动扳手主要用于快速拆装螺栓或螺母,如图 1-5 所示。

图 1-5 气动扳手

(2) 使用方法 气动扳手通常需要与专用的套筒结合使用,专用的套筒经过专门加工,能够防止零件从传动装置上飞出。气动扳手不仅可以拆卸螺栓或螺母,也可以拧紧螺栓或螺母,因此维修技术人员在使用气动扳手前,要先对其旋转方向(正转或反转)进行选择调节,如果带有扭矩调整功能,则应按照所需施加扭矩的大小进行扭矩调节,再将气源管路紧固连接到气动扳手的气源接口上,站在一个安全、舒适且容易施力的位置,握紧气动扳手把手,并且用手按动气源开关,在气压的作用下,使套筒带动螺栓、螺母自动旋拧。

气动扳手在使用过程中,还应注意下列事项。

① 要在正确的气压下时使用(正确值:686kPa)。

② 应当定期检查气动扳手,并用风动工具油润滑和防锈。

③ 如果用气动扳手从螺纹上完全取下螺母,则旋转力可使螺母飞出。

④ 在拧紧螺母时,应当先用手将螺母对准螺纹并带入几扣,如果一开始就打开气动扳手,则螺纹会被损坏。

⑤ 应当使用扭力扳手检查紧固扭矩。

1.1.1.4 电动扳手

（1）作用　电动扳手一般采用 220V 单相串励式电动机驱动，这种电动机结构与汽车起动机类似，它的扭矩较大，适合于断续工作，如图 1-6 所示。与气动扳手功能相似，电动扳手也是用于快速拆装螺栓或螺母的动力型扭力工具。

图 1-6　电动扳手

（2）使用方法

① 电动扳手一般是定扭矩的，因此进行旋紧操作时必须注意扳手的使用范围，以防拧断螺栓。装配一个螺纹件，一般冲击时间为 2~3s，不应经常超过 5s。

② 电压过低或过高时都不宜使用电动扳手。

③ 变换转向时，应先用电源开关切断电源，再扳动正反转开关，以保护正反转开关。

④ 在使用电动扳手过程中，安全应放在第一位，如果稍有疏忽，不但会造成伤害，还可能会因漏电造成触电乃至人身伤亡事故，因此要确保电动扳手使用的电线或插头完好无损，绝缘层无脱落，无金属丝外露。

⑤ 电动扳手的外接线长度和直径应当符合相关技术标准，否则会因为电压下降过大造成导线过热；在使用电动扳手时，还应当确保工作环境干燥，无积水，以避免电动扳手及其连接线与水接触。

1.1.2　钳子

各种类钳子的作用、使用方法及注意事项见表 1-3。

表 1-3　各种类钳子的作用、使用方法及注意事项

钳子种类	作　用	使用方法及注意事项
鲤鱼钳	鲤鱼钳主要用于夹持圆形零件，钳口后部刃口可以用于切断金属丝，在汽修行业中运用较为广泛	①在用钳子夹持零件前，应当用防护布或其他防护罩遮盖易损坏件，防止锯齿状钳口对易损件造成伤害 ②严禁将鲤鱼钳和水泵钳当成扳手使用，因为锯齿状钳口会损坏螺栓或螺母的棱角 ③鲤鱼钳钳柄外的塑料防护套可以耐高压，使用过程中注意不要随意乱扔，以免损坏塑料护套。下图为用鲤鱼钳旋松卡罗拉轿车的蓄电池孔盖

续表

钳子种类	作　用	使用方法及注意事项
钢丝钳	钢丝钳在汽车维修作业中主要用来切断金属丝或夹持零件。钢丝钳主要由钳头和钳柄组成，钳头包括钳口、齿口、刀口及铡口，各部位的作用分别如下：钳口可以用来弯绞或钳夹导线线头；齿口可以用来紧固或拧松螺母；刀口可以用来剖切软电线的橡胶或塑料绝缘层，也可以用来剪切电线、铁丝；铡口可以用来切断电线、钢丝等较硬的金属线	使用钢丝钳时，应当用手握住钳柄后端，使钳口开闭，钳口前端主要用于夹持各种零件，根部的刀口（也称为刃口）可以用来切割细导线 在使用钢丝钳时，还应当注意下列事项 ①钳子钳柄上套装的绝缘塑料管具有绝缘功能，一般耐压500V以上，有了它可以带电剪切电线。在使用过程中，切忌乱扔，以免损坏绝缘塑料管 ②当钢丝钳切断较硬的钢丝等物体时，禁止使用锤子击打钳子来增加切削力，否则会损坏钢丝钳
尖嘴钳	尖嘴钳主要用来剪切线径较细的单股线与多股线，以及给单股导线接头弯圈、剥塑料绝缘层等，能在较狭小的工作空间操作，不带刃口者只能进行夹捏工作，带刃口者能剪切细小零件，用于在狭小地方夹持零件。不使用尖嘴钳时，应当在其表面涂上润滑防锈油，以免生锈或者支点发涩；使用尖嘴钳时，需要注意刃口不要对向自己。尖嘴钳应当放置在儿童不易接处的地方，以免其受到伤害	尖嘴钳的使用方法与钢丝钳基本类似，一般采用平握法；用手握住钳柄后端，使钳口开闭，钳口前端主要用于夹持各种零件，根部的刃口可以用来切割细导线。另外，在必要的空间条件下，还可以采用立握法使用尖嘴钳来夹取工件 (a) 平握法　　(b) 立握法 由于尖嘴钳的强度有限，因此严禁对尖嘴钳的钳头部施加过大的压力，否则会使尖嘴钳的钳口尖部扩张成U形。尖嘴钳钳柄只能用手握，不允许用其他方法加力（例如用锤子打、用台虎钳夹等）
大力钳	大力钳除了具备钳子的夹持作用外，同时还兼具活扳手、夹具的功能，通常在汽车保修时使用	大力钳后面有滚花式调整螺杆，通过旋转这个螺杆可以调节钳爪的开口尺寸，向外旋松调整螺杆时，钳口张开的尺寸将会增大；向里旋拧调整螺杆时，钳口张开的尺度将会减小。将钳爪的开口尺寸调到适当的宽度，然后将钳柄合上即可。注意，大力钳的钳柄只能用手握，不能用其他方法加力（如用锤子打、用台虎钳夹等）
斜口钳	斜口钳又称为剪钳，斜口钳的钳口有刃口，头部为圆形，这种钳子不具备夹持零件的作用，只能用于切割金属丝或导线。在汽车维修作业中，斜口钳主要用来剪切细导线或线束中的导线，但不能用来切割过硬或过粗的金属丝，以免损坏刃口	斜口钳的握持使用方法与钢丝钳基本相同。需要注意的是，严禁使用斜口钳来切割硬的或粗的金属丝，否则会损坏刃口

续表

钳子种类	作　用	使用方法及注意事项
卡簧钳	卡簧钳是一种用来安装内簧环和外簧环的专用工具，外形上属于尖嘴钳一类，钳头可以采用穴直、轴直、穴弯和轴弯几种形式，卡簧钳不仅可以用于安装簧环，也能用于拆卸簧环，分为孔用卡簧钳和轴用卡簧钳两种 (a) 穴弯　　(b) 穴直 (c) 轴弯　　(d) 轴直	在拆卸卡簧时，用手握住卡簧钳钳柄，调整钳嘴开度，将卡簧钳钳嘴插入卡簧端部的孔中，然后手部对钳柄施力，使卡簧脱离轴或孔，保持手柄握紧状态，将卡簧从轴上或孔中取出；反之，在安装卡簧时，也应先将卡簧钳钳嘴插入卡簧端部的孔中，对于孔用卡簧，使用内卡簧钳来压缩卡簧，使其直径变小，然后放入孔中；对于轴用卡簧，使用外卡簧钳使卡簧张开，使其直径变大，然后放在轴上
剥线钳	剥线钳是汽车电工常用工具之一，由钳头和钳柄两部分组成，钳头由压线口和切口两部分组成，它是汽车电工剥削导线绝缘层的专用工具，其钳头的切口处分布有直径为 0.5～3mm 的多个切口，能够适应不同规格的导线 刀口　钳柄　压线口	将待剥皮的线头置于钳头的刃口中，用手将两钳柄一捏，然后一松，绝缘皮即与芯线脱开，使用剥线钳时，导线必须放在稍大于线芯直径的切口上切剥，以免损伤线芯 
水泵钳	水泵钳的作用类似管钳，但是比管钳更轻便，小巧易用，可以用于夹持扁形或圆柱形金属零件，其特点主要是钳口的开口宽度有多挡（五挡）调节位置，以适应夹持不同尺寸的零件的需要，是汽车、内燃机等安装、维修作业中常用的工具，用于上紧或松开管件（金属管、附件）和管箍 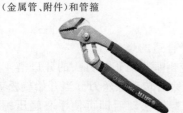	打开钳头的咬口部分，滑动钳轴进行调节，使其与夹持部件的尺寸吻合

续表

钳子种类	作用	使用方法及注意事项
台虎钳	台虎钳常常用于夹持需要拆解或装配的零部件，用来夹持需进行锯、锉及錾等加工的零件。用台虎钳夹持零件时，为了避免零件的表面划伤或损坏，要将台虎钳的钢爪用铜罩或其他软金属包覆，此时台虎钳卡爪称为柔性卡爪	①固定钳身的钳口工作面应当处于钳台边缘，在安装台虎钳时，必须使固定钳身的钳口工作面处于钳台边缘以外，进而保证夹持长条形工件时，工件的下端不受钳台边缘的阻碍 ②应当将台虎钳牢固地固定在钳台上，工作时两个夹紧手柄必须扳紧，保证钳身没有松动现象，以免损坏台钳和影响加工质量 ③当用手扳紧手柄夹紧工件时，只允许用手的力量扳紧手柄，不能用手锤敲击手柄或套上长管子扳手柄，以免丝杠、螺母或钳身因受力过大而损坏 ④在使用台虎钳时，施力应朝向固定钳身方向，强力作业时，应当尽量使力量朝向固定钳身，否则丝杠和螺母会因受到过大的力而损坏 ⑤不允许在钳台和钳身上砸东西，尤其不能在活动钳身的光滑平面上进行敲击作业，以免降低活动钳身与固定钳身的配合性能 ⑥在使用台虎钳时，应当保持丝杠清洁，螺母和其他活动表面应经常加润滑油以防锈，并且注意保持清洁 ⑦安装台虎钳的钳台高度为800～900mm，装上台虎钳后，钳口高度则恰好与人的手肘平齐为宜，长度和宽度随工作需要而定

1.1.3 螺丝刀

螺丝刀又称为改锥、起子等，是一种用来旋松或紧固带有槽口螺钉的工具，刀杆通常用工具钢制造，头部锻后再经过淬火处理。螺丝刀按不同的头形可以分为一字、十字、米字、星形、方头、六角头及Y形头部等。按照螺丝刀本身的性能特点可以分为普通螺丝刀、组合型螺丝刀和电动螺丝刀，如图1-7所示。

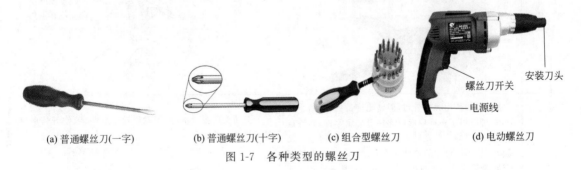

(a) 普通螺丝刀(一字)　　(b) 普通螺丝刀(十字)　　(c) 组合型螺丝刀　　(d) 电动螺丝刀

图1-7　各种类型的螺丝刀

螺丝刀的使用方法如下。

① 选择螺丝刀时，要根据螺钉头槽口的宽度选择合适的螺丝刀。

② 刀口与螺钉槽要清洁干净。使用时，螺丝刀应当垂直对正螺钉头的开口槽，如图1-8所示，刀口插入槽中后，要用手心抵住螺丝刀柄端，然后转动螺丝刀。当开始旋松或最后旋紧螺钉时，要用力将螺丝刀压紧，再用手腕转动。当螺钉松动后即可使手心轻压螺丝刀柄，

然后用拇指、中指和食指快速转动。当使用较长的螺丝刀时,可以用右手压紧和转动手柄,左手握住螺丝刀杆中间,以免滑脱。

③ 螺丝刀使用日久,刀口通常会被磨钝,拆装螺钉时容易滑出,因此对磨钝的螺丝刀应按标准式样在砂轮上磨好。

④ 禁止将工作物拿在手上拆装螺钉,以防螺丝刀滑出伤手。

⑤ 禁止将螺丝刀当撬棒或凿子使用,也不准用扳手或者钳子来增加扭力,以防扭断或扭弯螺丝刀。

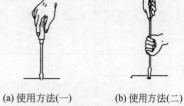

(a) 使用方法(一)　　(b) 使用方法(二)

图 1-8　螺丝刀的使用方法

1.1.4　锤子

锤子也称手锤或榔头,是凿切、矫正、铆接和装配等工作的敲击工具,主要由锤头和锤柄两部分组成。

1.1.4.1　圆头铁锤

(1) 锤子的握法　锤子的握法有紧握法和松握法两种,如图1-9所示,具体内容见表1-4。

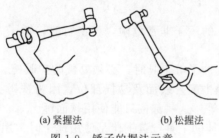

(a) 紧握法　　(b) 松握法

图 1-9　锤子的握法示意

表 1-4　锤子的握法

握法	具体内容
紧握法	右手5个手指紧握锤柄,拇指合在食指上,虎口对准锤头方向(即木柄椭圆的长轴方向),木柄尾端露出15～30mm。在敲击和挥锤过程中,五指应始终紧握锤柄
松握法	只有拇指和食指始终握紧锤柄,其余三指在挥锤时,按小指、无名指、中指的顺序依次放松;在敲击时,以相反的次序收拢握紧,这种方法的优点是手不易疲劳,且产生的敲击力较大。手握锤柄的位置不要太靠近锤头,而要尽量靠近手柄的末端,因为这样打击时才会更省力、更灵活

(2) 挥锤方法　在汽车维修作业中,根据对加工工件锤击力量的不同要求,挥锤方法有三种,如图1-10所示,具体见表1-5。使用锤子时,眼睛要注视工作物,锤头面要和工作面

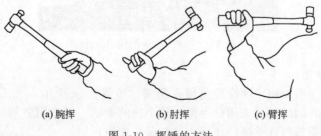

(a) 腕挥　　(b) 肘挥　　(c) 臂挥

图 1-10　挥锤的方法

平行，进而确保锤面平整地打在工件上，不得歪斜，避免破坏工件表面形状，也防止锤子击偏，造成人员受伤和设备受损。

表 1-5 挥锤方法

方法	具体内容
腕挥	挥锤时仅仅用手腕的动作来进行锤击运动,锤击力小。采用紧握法握锤,一般应用于需求锤击力较小的加工工作
肘挥	挥锤时手腕与肘部一起挥动完成锤击运动,敲击力较大。采用松握法握锤,这是一种比较常用的挥锤方法
臂挥	挥锤时腕、肘和臂联合动作,锤头要过耳背,锤击力最大。臂挥适用于需要大锤击力的工作。这种方法费力大,较难掌握,但只要掌握了臂挥,其他两种方法也就容易掌握了

使用锤子时，应当注意下列事项。

① 使用前，要保证锤面及手柄上无油污，防止在使用过程中锤子自手中滑脱，造成伤人损物的事故。

② 使用前，要检查手柄安装是否牢固，有无开裂等现象，以防锤头脱出造成事故。如锤头松动，可以用楔子塞牢，如手柄开裂或断裂，应当立即更换新手柄，并且禁止继续使用。

③ 使用外表已经损坏了的锤子非常危险，当击打时，锤子上的金属可能会飞出并造成事故。

④ 使用锤子锤击錾子、冲子等工具时，必须要戴防护眼镜。

⑤ 严禁使用铁锤直接锤击配合表面及易损部位，因为铁锤会损坏低硬度材料制成的部件，例如铝制外壳或气缸盖等，这些部位只能使用软面锤。

(3) 与锤子配套使用的辅助工具　黄铜棒是使用锤子时常用的辅助工具。黄铜棒主要用于协助锤子敲击不允许直接锤击工件表面的工件，是防止锤子损坏零件的支撑工具。黄铜棒通常由黄铜制成，因为黄铜是低硬度材料，在零件还未变形前黄铜就已经先变形。使用时一手握黄铜棒，将其一端置于工件表面，另一手用锤子锤击黄铜棒另一端，如图 1-11 所示。如果黄铜棒尖头变形，可以用磨床研磨。

图 1-11　圆头铁锤的使用方法

1.1.4.2　软手锤

软手锤的锤头用铝、铜、硬橡胶或硬木制成，如图 1-12 所示，凡工作物经不起钢锤敲击（易敲毛、敲伤）的均应当选用软手锤。软手锤的手柄一般多用坚韧的木料（檀木、桦木和杨木等）制成椭圆形。软手锤的使用方法与圆头铁锤相同。

1.1.4.3 组合锤

组合锤是一种将硬锤锤头和软锤锤头组合在一体的手锤。采用双锤头设计,可根据工作需要灵活替换,因此使用起来方便灵活,如图 1-13 所示。

图 1-12 软手锤　　　　图 1-13 组合锤

1.1.5 拉具

拉具是在汽车维修作业中常常用来拆卸紧装配件所使用的特种工具,也称为拉马,通常配有 2~3 个拉爪,可以拉住工件,附有螺杆,旋转螺杆逐渐施加力量,将工件拉出,如图 1-14 所示。在汽车装配部件中,有些齿轮和轴的装配非常紧密,有的部件还装有键销起到固定作用,因此拆卸这些部件时,就需要根据具体情况来灵活选用不同的拉具,避免在拆卸时使齿轮遭受损伤。

拆卸转向横拉杆时,由于转向横拉杆与转向节装配得非常严密、紧固,因此也要用到拉具进行拆卸,如图 1-15 所示。

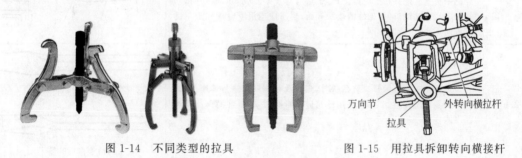

图 1-14 不同类型的拉具　　　　图 1-15 用拉具拆卸转向横接杆

1.2 常用机械加工工具

1.2.1 錾子

在汽车维修作业中,錾子主要用于剔下不能拆卸的旧螺栓。錾子如图 1-16 所示。錾子

图 1-16 錾子

的握法、使用方法及维护方法见表1-6。

表1-6 錾子的握法、使用方法及维护方法

项目		内容	图示
握法	正握法	将手的腕部伸直,拇指与食指自然接触,松紧适当,用中指、无名指握住錾子,小指自然合拢,錾子头部伸出大约20mm	(a) 正握法
	反握法	将手心向上,左手拇指、中指握錾子,食指抵住錾身,无名指和中指自然接触	(b) 反握法
	立握法	用左手拇指和食指捏住錾子,中指、无名指或小指轻轻扶持錾	(c) 立握法
使用方法		使用錾子时,通常是用左手抓持,与工件表面成约30°的角度。注意不要将錾子握得太紧,否则不利于锤击后錾子回弹。在使用过程中,眼睛要看清錾凿的位置,同时用余光看准錾子头,锤子对准錾子头平稳地进行锤击。平头錾子可以用于切断铆钉头或锈蚀了的螺栓头,其方法是手持錾子,以一个适当的角度对准铆钉头或螺栓头的下部进行錾切。要錾切厚度为4mm左右的钢板,可以将薄钢板垂直地夹在台虎钳上,錾子角度与水平面成30°;錾切时,切口应当紧贴钳口,从工件的边缘开始,錾子应当沿着台虎钳卡爪的方向运动,不断地錾削金属	
维护方法		当錾子头部被锤打成蘑菇状时,应当及时用砂轮进行修磨,以去掉翻卷的金属边和毛刺,在用砂轮进行修磨时,需要注意防止铁屑飞溅伤人	(a) 需要磨削的錾子 (b) 磨削后的錾子

1.2.2 手锯

手锯是锯削的重要工具之一,主要用来分割材料或在工件上切槽。在汽车维修作业中,经常用到的手锯是钳工用手锯,手锯由锯弓和锯条组成,如图1-17所示。手锯的组成构造、安装使用及注意事项等,见表1-7。

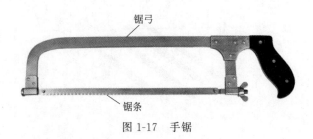

图1-17 手锯

表 1-7 手锯的组成构造、安装使用及注意事项等

项目		内　容
组成	锯弓	锯弓通常用来张紧锯条,主要由手柄、梁身和夹头组成。锯弓的两端都装有夹头,与锯弓的方孔配合,一端是固定的,另一端为活动的。当锯条安装在两端夹头的销子上后,旋紧活动夹头上的翼形螺母就可以将锯条拉紧
组成	锯条	选择粗细合适的锯条是保证锯割质量和工作效率的重要条件。锯齿粗细主要根据工件材料的硬度、强度、厚度及切面的形状、大小等来选择。一般情况下,对于锯割薄材料,在锯割截面上至少应当有三个齿能同时参加锯割,这样才能避免锯齿被钩住和崩裂。软而切面大的工件应用粗齿锯条。通常说来,粗齿锯条的容屑槽较大,主要适用于锯割软材料或较大的切面。因为这种情况每锯一次的切屑较多,只有大容屑槽才不会因发生堵塞而影响锯割效率。例如锯割紫铜、青铜、铝、铸铁、低碳钢及中碳钢等软材料,以及较厚的材料时应当选用粗齿锯条 对于硬而切面较小的工件,应当选用细齿锯条。由于硬材料不易锯入,每锯一次切屑较少,不易堵塞容屑槽,细齿锯同时参加切削的齿数增多,可以使每齿担负的锯削量小,锯削阻力小,材料易于切除,推锯省力,锯齿也不易磨损。当锯割工具钢、合金钢等硬材料或小尺寸型钢、钢丝缆绳等薄的材料时,应当选用细齿锯条。在锯割薄板和薄壁管子时,必须用细齿锯条,进而保证在锯割截面上至少有两个以上的锯齿同时参加锯割,否则会因齿距大于板厚,使锯齿被钩住而崩断。锯割中等硬度的材料用中齿锯条。锯割中等硬度的钢、黄铜、铸铁、厚壁管及大、中尺寸的型钢用中齿锯条
手锯的使用	锯条的安装	安装锯手时,应当注意使锯齿朝前,因为手锯是在向前推进时才起到切削作用,回程时不起切削作用。安装时,锯条不能安装得过松或过紧,过松则锯条会因发生扭曲而导致锯缝偏斜,过紧会因受力过大而导致在作业过程中折断,一般用两手指的力能够旋紧为止,其松紧程度可以用手扳动锯条,以感觉硬实即可。锯条安装好后,应当保证锯条平面与锯弓中心平面相平行,不得倾斜或扭曲,否则锯割时锯缝容易歪斜
手锯的使用	握法	用右手握住锯柄,左手轻轻扶着弓架前端。锯削时的站立位置,应当面向台虎钳,站在台虎钳中线的左侧,与台虎钳的距离按大小臂垂直端平锯弓,使锯弓前段能够搭在工件上来掌握
手锯的使用	工件装夹放置要求	被锯削的工件装夹应当平稳。使用时,应当首先从工件棱边倾斜锯削,然后转向平面直线锯削,否则锯齿易被折断
手锯的使用	锯削安全操作	①锯削时,应当戴上护目镜,因为锯末可能四处飞溅。起锯时,一般可以采用远边起锯与近边起锯两种方式。一般情况下,为了保证起锯的位置准确、平稳,在操作时可以利用左手拇指挡住锯条的方法来定位,也可以在锯割位置先用三角锉刀锉出一条槽来定位。此外,起锯的角度应当恰当,通常应在15°左右

项目		内　容
手锯的使用	锯削安全操作	远边起锯　　　　　近边起锯 ②锯削时，锯弓要做往返直线运动，左手施压，同时右手推进，用力要均匀。返回操作时，锯条轻轻滑过加工面，速度不宜太快，锯削开始和终了时，压力与速度均应减小。当锯硬材料时，应当采用大压慢移动；当锯软材料时，则可以适当加速减压。为了减轻锯条的磨损，必要时可以加乳化液或机油等切削液。另外，应当利用锯条全部长度，即往返长度应不小于全长的2/3，以免造成局部磨损。如锯缝歪斜，不可强扭，应当将工件翻转90°后重新起锯 ③对于锯削表面要求高的，应当选用每英寸32个齿的锯条(1in=2.54cm)，对于表面要求低的，则可以选用每英寸24个或18个齿的锯条。对于锯削面大的，应当选用粗齿锯条；对于锯削面小的，应当选用细齿锯条 ④锯条的预紧力应当可以调节，紧的锯条容易断裂，但锯削的准确度较高，寿命也比较长(经验丰富的人一般使用紧的锯条)；松的锯条即使在恶劣的作业工况下也不容易断裂。经过锯削之后，要重新调节锯条预紧力。一般情况下，锯削工件以1min大约60次为宜。锯削时，应当尽可能地使用整个锯条，在向前推锯弓时，要平稳地移动钢锯并均匀用力，在回程时轻轻地抬起锯弓，以防磨损锯齿背部
	手锯使用的注意事项	①锯割时，可以给锯条加油润滑冷却 ②锯条安装松紧要适当，用力均匀 ③要及时修整、磨光已崩裂的锯齿 ④工件将要被锯断时，用力要小 ⑤锯割完毕应将锯条放松保存

1.2.3　锉刀

在汽车维修作业中，锉刀主要用来执行锉削操作，即对工件表面进行切削加工，使其形状、尺寸、位置及表面粗糙度达到相应的要求，如图1-18所示。

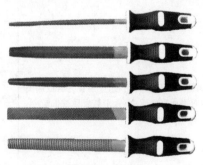

图1-18　锉刀

（1）安装锉刀手柄　在使用锉刀前，首先要给锉刀安装大小合适的手柄，并且检查手柄是否松动。有些锉刀，例如世达工具的新锉刀自带手柄。

（2）锉刀的握法　具体内容见表1-8。

表 1-8 锉刀的握法

使用锉刀的种类	握 法
使用大锉、重锉(长度大于250mm)	右手握柄,柄端抵在拇指根部的手掌上,拇指放在手柄上部,其余手指由上而下地握着锉刀柄,同时左手拇指根部肌肉压在锉刀上,拇指自然伸直,其余四指弯向掌心,用中指、无名指捏住锉刀前端,锉削时右手小臂要与锉身水平,右手肘部要提起
使用中型锉(长度为200mm左右)	右手与握大锉的方法相同,左手的拇指与食指轻轻捏住锉身前端
使用小型锉(长度为150mm左右)	右手拇指放在刀柄的上方,食指放在刀柄的侧面,其余手指则从下面稳住锉柄;用左手的食指、中指、无名指压在锉身中部,防止锉身弯曲
使用整形锉或长度小于150mm的更小锉刀	用右手握住,拇指放在锉柄的侧面,食指放在上面,其余手指由上而下握住锉刀柄

在锉削过程中,不可用手擦摸锉削表面、锉屑及锉刀,因为锉削时产生的金属粉粘在手上后很难去除,会造成手部打滑。

(3) 锉削时的站立姿势 锉削时的站立姿势如图 1-19 所示。首先两手握住锉刀,放在工件上面,然后左臂弯曲,小臂与工件锉削前面的左右方向保持基本平行,右小臂与工件锉削的前后方向保持基本平行。右脚尖到左脚跟的距离大约等于锉刀长,左脚与锉销工件中线大约成 30°角,右脚与锉削工件中线大约成 75°角。

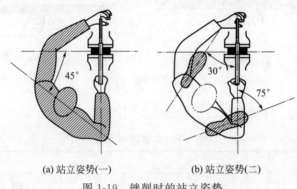

(a) 站立姿势(一)　　　　(b) 站立姿势(二)

图 1-19　锉削时的站立姿势

(4) 锉削时的动作　锉削时的动作如图 1-20 所示。锉削时,身体要前倾约 10°,右脚后伸,以充分利用锉身有效的长度。当锉刀推到 1/3 行程时,身体要前倾约 15°,使得左腿稍弯曲。右肘再向前推至 2/3 行程时,然后身体逐渐前倾到 18°左右。当锉削最后 1/3 行程时,要用手腕推锉至尽头,身体随着锉刀的反作用力而自然退回到前倾 15°左右的位置。当锉削终了时,两手要按住锉刀,取消压力后,再抽回锉刀,最后身体恢复到原来位置。如此进行

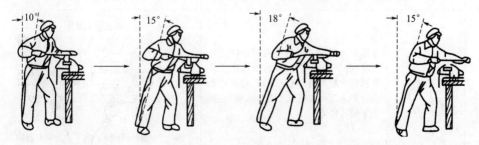

图 1-20　锉削时的动作

下一次的锉削。锉削时,身体的重心应当落在左脚上,右腿伸直,左腿弯曲,身体向前倾斜,两脚站稳不动,锉削时靠左腿的屈伸使身体做往复运动。两手握住锉刀放在工件上面,左臂要弯曲,小臂与工件锉削面的左右方向保持基本平行,右小臂要与工件锉削面的前后方向保持基本平行。锉削行程中,身体要先于锉刀一起向前,右脚伸直并且稍向前倾,重心在左脚,左膝部要呈弯曲状态;当锉刀锉至约 3/4 行程时,身体停止前进,两臂则继续将锉刀向前锉到头,同时左腿自然伸直,随着锉削时的反作用力,将身体的重心后移,使得身体恢复原位,并且顺势将锉刀收回;当锉刀收回将近结束时,身体要开始先于锉刀前倾,准备做第二次锉削的向前运动。

(5) 锉削时的施力　锉刀推进时,要保持在水平面内。两手施力按图 1-21 所示变化,返回时不加压力,进而减少齿面磨损。如锉削时两手施力不变,则开始阶段刀柄会下偏,而锉削终了时前端又会下垂,结果将锉成两端低、中间凸起的鼓形表面。

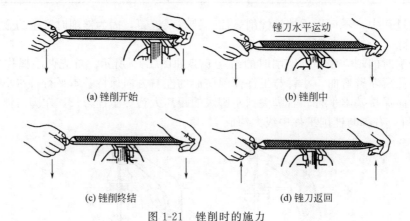

图 1-21　锉削时的施力

(6) 平面锉削方法　平面锉削方法,见表 1-9。

表 1-9　平面锉削方法

序号	方法	内容	图示
1	顺向锉法	锉刀沿着工件表面横向或纵向移动,使用这种锉削方法,锉削平面可得到比较美观而正直的锉痕,适用于工件锉光、锉平或锉顺锉纹,属于最基本的锉法	
2	交叉锉法	以交叉的两个方向顺向对工件进行锉削,由于锉痕是交叉的,因此非常容易判断锉削表面的不平程度,容易把表面锉平。这种锉削方法去屑较快,适用于平面的粗锉	

续表

序号	方法	内 容	图 示
3	推锉法	两手对称地握着锉刀,用两个拇指推着锉刀进行锉削。这种方法适合锉削表面比较窄且已锉平、加工余量较小的情况,例如修正和减少表面粗糙度的锉削	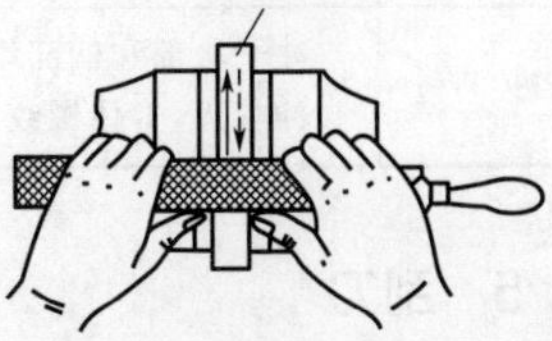

（7）曲面锉削方法　曲面锉削方法,见表1-10。

表1-10　曲面锉削方法

序号	方法	内 容	图 示
1	外圆弧面锉法	外圆弧面一般采用滚锉法和横锉法两种,滚锉法就是使锉刀沿着圆弧面锉削,用于精锉外圆弧面;横锉法是使锉刀横着圆弧面锉削,用于粗锉外圆弧面	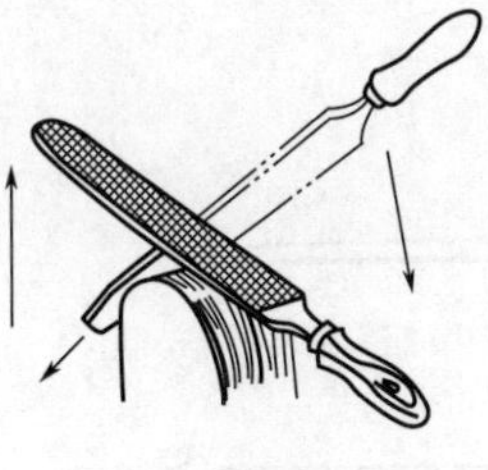 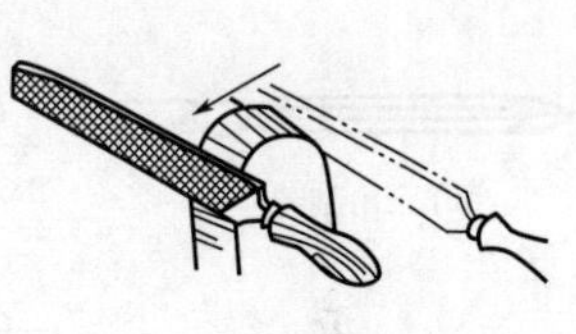
2	内圆弧面锉法	使用锉刀锉削时要同时完成前推、左右移动和自身转动三个动作	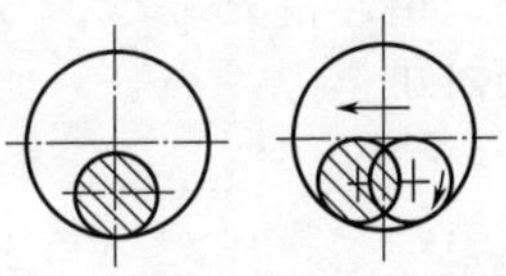 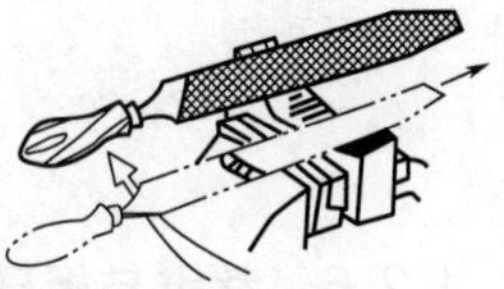
3	通孔锉法	锉削通孔时,要根据通孔的形状、工件材料、加工余量、加工精度和表面粗糙度的要求选择合适的锉刀执行通孔锉削	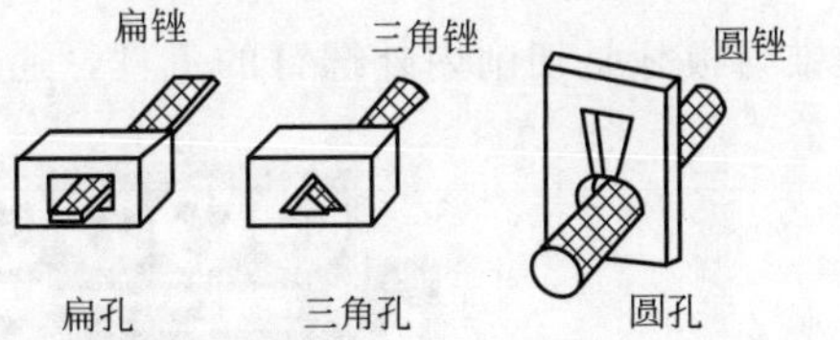

1.2.4　冲子

冲子也称为冲头,是用来冲出铆钉和销子的工具,也可以用来标示钻孔位置,常见的冲子有中心冲、启动冲、销冲、针孔冲、方冲等,见表1-11。

表1-11　常见的冲子

类别	内 容
中心冲	主要用于标示要钻孔的位置及导向,也可用于零件拆卸前对其做标记,通过标示拆下的零件,可便于重新安装
启动冲	其头部呈锥形,主要用于松动销钉,启动冲与销冲相比不易折弯
销冲	有各种不同的直径,可用于把铆钉或销钉从孔中冲出。销冲的柄部呈六边形,也有呈圆形的。在汽车维修工厂里,常用的销冲直径范围为3～12mm

续表

类别	内　容
针孔冲	类似于中心冲,其头部更尖,用于切割划线或锉削、做标记等
方头冲	冲子头部和柄部均为方形,常用于取断头螺栓。其方法是先用电钻在断头螺栓中钻孔,然后将方头冲打入,卡住螺纹内孔,再用扳手慢慢将断头螺栓扭出

1.2.5　刮刀

刮刀在汽车维修作业中是主要用来进行刮削作业的工具,通常用碳素工具钢或轴承钢锻成,分为平面刮刀和曲面刮刀(图1-22)两类。曲面刮刀通常用来刮削内弧面,例如滑动轴承的轴瓦,其种类很多,最常见的是三角刮刀。平面刮刀通常用于刮削平面,例如在汽车维修作业中用平面刮刀清除零件接合面上的密封垫或密封胶等,如图1-23所示。

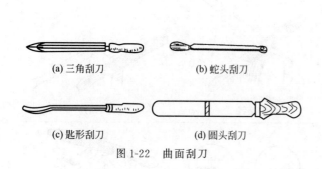

图1-22　曲面刮刀

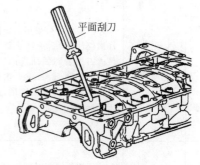

图1-23　清除零件接合面上的密封垫或密封胶

1.2.6　丝锥与板牙

丝锥与板牙是切削内外螺钉的工具,通常以组合工具的形式出现,如图1-24所示。

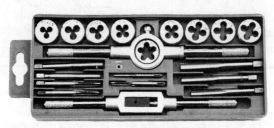

图1-24　丝锥与板牙组合工具

1.2.6.1　丝锥

丝锥是用于攻螺纹的工具。丝锥也称为螺丝攻、丝攻,它是一种加工内螺纹的刀具,沿着轴向开有沟槽,其主要结构如图1-25所示。丝锥由工作部分和柄部构成,工作部分又分为切削部分和校准部分,前者磨有切削锥,主要用于切削工作,后者用来校准螺纹的尺寸和形状。

铰杠是用来夹持丝锥的工具,如图1-26所示,通常有固定式铰杠、活动式铰杠与丁字铰杠三种。工作部分包括切削部分与校准部分(导向部分)。切削部分担任主要的切削任务,其牙形通常由浅入深,并且逐渐变得完整,进而保证丝锥容易攻入孔内,并且使各牙切削的金属量大致相同。常用丝锥轴向开 3～4 条容屑槽，以形成切削部分锋利的切削刃和前角，同时能够容纳切屑。端部磨出切削锥角，使得切削负荷分布在几个刀齿上，逐渐切到齿深部位，而使切削省力、刀齿受力均匀，不易崩刃或折断，同时便于正确切入。校准部分均具有完整的牙形，一般用来校准和修光已切出的螺纹，并且引导丝锥沿轴向前进。为了制造和刃磨方便，丝锥上的容屑槽一般做成直槽。

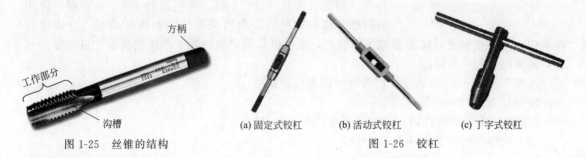

图 1-25 丝锥的结构　　　　　　　　　　图 1-26 铰杠

（1）丝锥的使用

① 丝锥的选用。为了减小切削力、提高丝锥使用寿命和加工精度，一般情况下，在攻螺纹时将整个切削工作量分配给几个丝锥来分别进行切除，并且按照切削的顺序分别称为作头攻、二攻和三攻。手用丝锥中 M6～M24 的丝锥通常为两个一套，小于 M6 和大于 M24 的丝锥通常为三个一套，称为头锥、二锥和三锥。这主要是因为 M6 以下的丝锥强度低，容易折断。分配给三个丝锥切削，可以使每一个丝锥担负的切削余量小，因而产生的转矩小，进而保护丝锥不易折断。而 M24 以上的丝锥要切除的余量大，分配给三个丝锥后可以有效地减小每一个丝锥的切削阻力，进而减轻工人的体力劳动。细牙螺纹丝锥为两个一组。

② 攻螺纹流程。在汽车维修作业中，攻螺纹主要用于内孔螺纹的修复。通常遵循以下操作流程。

a. 首先确认螺孔有坏牙，不是螺栓断裂。

b. 然后用游标卡尺测量螺栓外径，获得标准尺寸，用以选择合适的丝锥。

c. 根据工件的材料和加工位置选择合适类型的丝锥。

d. 用螺距量规测量螺纹螺距。以此为根据，选择与螺纹螺距相匹配的丝锥。

e. 丝锥选择不合适可能导致修出的螺孔过大，因此一定要仔细选择。选择丝锥时应参考丝锥上显示的尺寸，如图 1-27 所示，"M12×1.75"，12 代表螺纹直径中 1.75 代表螺距。

图 1-27 丝锥的尺寸 M12×1.75

f. 攻螺纹过程。首先，插入选好的丝锥转动 1～2 圈（用于丝锥定位，使丝锥轴线与螺孔轴线一致），然后将铰杠安装到丝锥方柄上，如图 1-28 所示。铰杠应当与丝锥（方柄）尺寸相配。当用头锥起攻时，右手要握住铰杠中间，沿着丝锥中心线施加适当的压力，左手配合将铰杠顺时针转动（左旋丝锥则逆时针转动铰杠），或者两手握住铰杠两端均匀施加适当压力，并且将铰杠顺向旋进，将丝锥旋入，以保证丝锥中心线与孔中心线重合，不致歪斜。当丝锥切削部分切入 1～2 圈时，应当及时用目测或用直角尺在前后、左右两个方向检查丝锥是否垂直，并且不断地校正至要求。校正丝锥轴线与底孔轴线是否一致，如果一致，则两

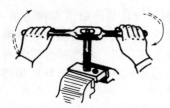

图 1-28 攻螺纹操作方法

手即可握住铰杠手柄继续平稳地转动丝锥。当切入 3～4 圈时，应当保证丝锥的位置正确无误，此时不应当再强行纠正偏斜。当丝锥的切削部分全部进入工件时，只需要两手用力均匀地转动铰杠，不再对丝锥施加压力，而靠丝锥进行自然旋进切削，丝锥则会自行向下攻削。为了防止切屑过长损坏丝锥，每扳转铰杠 1/2～2 圈，应当反转 1/4～1/2 圈，使切屑折断，排出孔外，以免因切屑堵塞而损坏丝锥。在攻螺纹过程中，可以用刷子或加油器加注切削油，这可以降低切削过程中产生的高温，进而保护丝锥，降低丝锥的工作强度。

g. 按照步骤 a～i 的顺序使用各种丝锥完成攻螺纹。

h. 用压缩空气将铁屑吹净。

i. 将螺栓安装到螺孔内，检查是否可以平顺旋转。

（2）攻螺纹的注意事项（表 1-12）

表 1-12 攻螺纹的注意事项

项目	注意事项
底孔的孔口必须倒角	钻孔后，在螺纹底孔的孔口必须倒角，通孔螺纹两端都倒角，倒角处最大直径应当与螺纹大径相等或略大于螺纹大径。这样可以使丝锥开始切削时容易切入，并且可以防止孔口出现挤压出的凸边
攻削顺序	对于成组丝锥，应当按头锥、二锥和三锥的顺序攻削。当攻螺纹时，必须以头锥、二锥和三锥的顺序攻削至标准尺寸。用头锥攻螺纹时，应当保持丝锥中心与螺孔端面在两个相互垂直方向上的垂直度。头锥攻过后，先用手将二锥旋入，再装上铰杠攻螺纹，以同样办法攻三锥。对于在较硬的材料上攻螺纹时，可以轮换各丝锥交替攻下，以减小切削部分负荷，防止丝锥折断
排屑处理	当攻不通孔时，可以在丝锥上做好深度标记，并且要经常退出丝锥，清除留在孔内的切屑。否则，会因切屑堵塞容易使丝锥折断或攻螺纹达不到深度要求。当工件不便换向进行清屑时，可以用弯曲的小管子吹出切屑或用磁性针棒吸出
断丝锥取出方法	在攻制较小螺孔时，常常因操作不当，会造成丝锥断在孔内。如果不能取出，或者即使取出而使螺孔损坏，都将使工件报废。在取断丝锥前，应当首先将螺孔内的切屑及丝锥碎屑清除干净，防止回旋时再将断丝锥卡住。去除碎屑时，可以使用钢丝或小号錾子。如果孔较深，可以向孔内吹入压缩空气清洁丝锥，并且加入适当的润滑液，如煤油、全损耗系统用油等，来减小摩擦阻力。 拆下断裂的丝锥前最好弄清楚导致断裂的原因。例如：如果是定位孔太小，丝锥会咬入材料中，进而损坏。大多数情况下，靠近孔口的部位最容易断裂，不要采用沿松动方向敲击的方式拆下丝锥。根据断裂丝锥的尺寸和材质选择最合适的拆卸方式。如果折断部分距孔口较浅，可以采用锤子敲击冲子的方式取出。沿着松动方向转动丝锥，小心不要破坏孔口的螺纹。如果断裂部分露在孔外，则用钳子夹住丝锥，然后沿着松动方向转动取出。如果丝锥较大，可以根据丝锥槽数选用 3 脚或 4 脚工具将它取出，将插脚伸进槽内小心地将丝锥旋出 一般情况下，也可以用在带方榫的断丝锥上拧上两个螺母，先用钢丝插入断丝锥和螺母间的容屑槽中，然后用铰杠顺着退转方向扳动方榫，将断在螺孔中的丝锥带出来。当断丝锥与螺孔契合牢固而不能取出时，可以在断丝锥上焊上便于施力的弯杆，或用焊条小心地在断丝锥上堆焊出一定厚度的便于施力的金属层，然后用工具旋出 如果以上办法不奏效，可以用喷灯沿孔圆周表面加热，然后试着取出。在大多数情况下这种方法都会奏效
添加切削液	为了减少摩擦，减小切削阻力，减小加工螺孔的表面粗糙度，保持丝锥的良好切削性能，延长丝锥寿命，得到光洁的螺纹表面，当攻螺纹时，应当根据工件材料，选用适当的切削液；攻钢件时，用全损耗系统用油，螺纹质量要求高时可用工业植物油；攻铸铁件时可以加煤油

1.2.6.2 板牙

板牙的主要作用是加工外螺纹，固定在带手柄的板牙座中，以便转动板牙。板牙有排屑槽，这些排屑槽构成了有齿的刀刃，并且让切屑通过槽排出。板牙的前三道螺纹起导向作用，后面的螺纹起切削作用。

（1）板牙的类型 以圆板牙应用最广，规格范围为 M0.25～M68。当加工出的螺纹中径超出公差时，可将板牙上的调节槽切开，以便调节螺纹的中径。圆板牙分为固定式和可调式两种。可调式圆板牙也称为开口式圆板牙，如图 1-29 所示。

（2）板牙的使用

① 套螺纹流程。在汽车维修作业中，套螺纹主要用于螺栓或螺杆外螺纹的修复。通常遵循以下操作流程。

a. 将螺母插入螺栓检查牢固程度，用游标卡尺测量螺栓外径，以选出标准尺寸。

b. 用螺距量规测量螺距。

c. 根据测得的螺栓外径和螺距，选择合适的板牙，利用板牙修理螺栓。

d. 用刷子清理切屑。

e. 将螺母置入螺栓确认螺栓转动。

② 套螺纹方法。套螺纹前，应当检查圆杆直径，若太大则难以套入；若太小则套出螺纹不完整。为便于板牙顺利导入，套螺纹的圆杆必须倒角，一般为 60°，如图 1-30 所示。起套时，首先用右手掌按住板牙架中部，沿着圆杆的轴向施加压力，左手配合使板牙架顺向旋进，转动要慢，压力要大，并且要保证板牙端面与圆杆垂直，不歪斜。在板牙旋转切入圆杆 2～3 圈时，应当及时检查板牙与圆杆垂直情况，并且校正，应当从两个方向进行垂直度的及时校正，这是保证套螺纹质量的重要一环。然后进入正常套螺纹，不再加压力，让板牙自然引进，以免损坏螺纹和板牙，并且要经常倒转以断屑，如图 1-31 所示。在套螺纹时，由于板牙切削部分的锥角较大，起套时的导向性较差，易产生板牙端面与圆杆轴心线的不垂直，进而造成切出的螺纹牙形一面深一面浅，并且随着螺纹长度的增加，其歪斜现象将按比例明显增加，甚至不能继续切削。起套的正确性以及套螺纹时控制两手的用力均匀和掌握好最大用力限度，是影响套螺纹质量的关键要素。

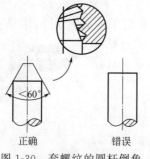

图 1-30 套螺纹的圆杆倒角

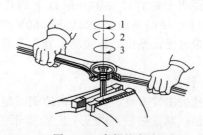

图 1-31 套螺纹方法

③ 套螺纹注意事项。当用板牙在工件上套螺纹时，材料因受到挤压而变形，牙顶将被

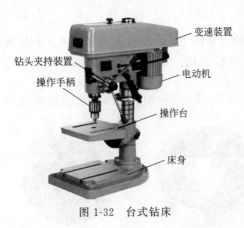

图 1-32 台式钻床

挤高一些。因此圆杆直径应稍小于螺纹大径的尺寸。在钢件上套螺纹时，应当加冷却润滑液，进而减小加工螺纹的表面粗糙度和延长板牙使用寿命。一般可以采用机油或较浓的乳化液，要求高时可以采用工业植物油。

1.2.7 钻孔工具

1.2.7.1 台式钻床

台式钻床主要用于零件的钻削加工，因其工作稳定、效率高、占地面积小等，在汽车维修作业中应用广泛，如图 1-32 所示。台式钻床的使用见表 1-13。

表 1-13 台式钻床的使用

项目	内容	
工作前的安全防护准备	按照规定加注润滑脂，并且检查手柄位置，进行保护性运转；扎紧工作服袖口，佩戴护目镜。注意，留有长发的维修技术人员必须戴工作帽；严禁戴手套操作	
装卸钻头	在安装钻头前，仔细检查钻套，钻套标准化锥面部分不能碰伤或凸起；拆卸时必须使用标准楔铁；装钻头时，要用夹头扳手，不得用敲击的方法装卸钻头	
钻削加工	严禁非专业人员操作；钻孔时，不可用手直接清除钻屑，也不能用纱布擦或用嘴吹，头部不能与钻床旋转部分靠得太近。当台式钻床未停稳时，不得转动变速盘变速，禁止用手抓握未停稳的钻头或钻夹头。操作过程中，只允许一个人操作；钻孔时，工件装夹应稳固，严禁用手把持工件加工。在孔即将钻穿时，尽量减小压力与进给速度；清除铁屑时要用毛刷等工具，不得用手直接清理；工作结束后，要对台式钻床进行日常保养，切断电源，清理操作场地	

1.2.7.2 手电钻

手电钻主要用于钻直径为 12mm 以下的孔，常常用于不便使用钻床钻孔的场合，如图 1-33 所示。手电钻的电源有 220V 和 380V 两种，手电钻体型小巧，且携带方便，操作简单灵活，在汽车维修作业中应用十分广泛。

1.2.7.3 钻头

钻头是钻孔的主要刀具，一般用高速钢或超硬合金制作。

（1）麻花钻　麻花钻钻头由三个主要部分组成，如图 1-34 所示，即刀尖、钻身与钻柄。

① 刀尖为锥形表面，使用时必须磨到正确的角度，这样钻头在切削时才轻便。

图 1-33 手电钻

(a) 刀尖、钻身

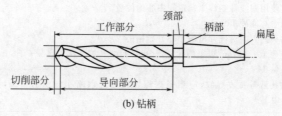

(b) 钻柄

图 1-34　麻花钻钻头

② 钻身有两个排屑槽，围绕着钻身呈螺旋状。排屑槽为被钻金属的碎屑提供了一个卷缩和排出的通道，还便于润滑油流动到切削刃。

③ 钻头柄部呈圆柱形或锥形，便于固定在夹头中。

（2）中心钻　一种组合钻头，可以同时钻定位孔和锥孔。

（3）沉头钻　用于加工锥孔，以便安装沉头螺钉或铆钉，如图 1-35 所示。

（4）钻头的磨削方法

① 对于尺寸较小的钻头而言，一只手握住钻头的柄部，另一只手朝着其刀尖的方向支撑着钻身。

② 钻头要保持水平，让刀尖朝着砂轮的正面，让钻头的轴线同砂轮的中心线成 60°角。

③ 使其中一个刀刃与砂轮表面平行，用手转动钻头直到该刀刃处于水平位置，该位置即为磨削开始点。

④ 磨削钻头时，要不停地转动钻头，每次转动大约 1/4 圈，以便在钻头头部形成球面，与此同时要保持钻头与砂轮表面成 60°角。

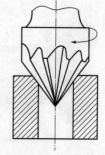

图 1-35　沉头钻

⑤ 在磨削头部过程中，要降低钻头的柄部位置，进而得到 12°～15°的后角。

⑥ 按照上述要求对钻头的其中一侧刀刃磨削 2～3 次，然后将钻头旋转 180°，再用同样方法磨削钻头的另一侧刀刃。

（5）钻削时的润滑　钻头在钻削工件时，要使用润滑液，润滑液能够防止钻头磨损和过热变软，有助于提高加工表面的粗糙度。表 1-14 列出了钻削常见材料所应选择的润滑液。

表 1-14　钻削常见材料所应选择的润滑液

金属	润滑液
铸铁	无须润滑
黄铜和磷青铜	无须润滑
低碳钢	水溶性油
高碳钢	水溶性油
铜	煤油
铝	水溶性油、煤油

（6）钻孔的操作步骤（表1-15）

表1-15 钻孔的操作步骤

类别	钻削步骤
一般类型孔	①通过使用划线针划线来确定孔中心的位置 ②使用中心冲冲出中心 ③将钻头的刀尖对准冲出的中心开始钻削 ④直径为10~12mm以上的孔应当分成两次钻，第一次用直径6~8mm的钻头，第二次才用所需钻孔直径钻头 ⑤如钻孔后需要攻螺纹，应当根据螺纹直径选取略小一点的钻头，其尺寸一般为0.20mm或0.20mm以上
大孔	①先划线确定中心，然后用中心冲冲出中心 ②用划规划出钻孔尺寸，并围绕所划圆圈轻轻地冲出几个小点 ③使用錾子定出中心。为使大钻头容易钻孔，可以先用小钻头钻一个导向孔，再进行钻削

1.2.8 砂轮机与压力机

1.2.8.1 砂轮机

砂轮机是在汽车维修作业中用来手磨工件的电动工具，也可以用来磨去工件或材料的毛刺和锐边等，如图1-36所示。使用前，应确认砂轮的螺母是否紧固，如果松动应当拧紧，但不宜拧得过紧，以免砂轮碎裂。同时，还应装好防护罩，以防意外伤害。安装砂轮时应当注意其平衡，应无振动和其他不良现象。砂轮的旋转方向应当正确，使得磨屑向下方飞离砂轮。砂轮机启动后，待转速正常时再进行磨削。磨削时，要防止刀具或工件对砂轮产生剧烈的撞击或施加过大径向压力。操作人员尽量不要站在砂轮的对面，而应当站在砂轮机侧面或斜侧位置。

图1-36 砂轮机

1.2.8.2 压力机

压力机是在汽车拆装作业中，用来压入或压出衬套、轴承、齿轮、校正连杆弯曲等所必用工具，如图1-37所示。使用手动式压力机时，首先将零件固定在压轴下部的4个大小不同缺口的圆盘上，然后将零件对准压轴，并转动手柄使压轴往下压动零件，直到零件被压入或压出为止。气动液压压力机是常用维修设备，以压缩空气为动力，以液压油为工作介质。

压力机的使用规范主要有以下几项。

① 使用时，应检查液压油是否达到工作位置。

② 应检查各油管接头及活塞油封是否有漏油现象，若有应马上更换。

③ 将工作中所需的压力机和冲头准备到位，并且检查压力机和冲头表面是否有裂纹，以防止在操作中铁屑飞溅造成人身伤害，如图1-38所示。

④ 操作过程人员最多不超过2人。

⑤ 在操作过程中，活塞头部、冲头和被压工件应当尽量在同一轴线上，以防因受力不均造成失稳现象，造成人身伤害。

⑥ 手动施加压力应当均匀，如果感觉有阻力，则应立即停止操作，校正工件位置后再继续操作。

⑦ 操作完毕后，应当将压力机清洁干净。

图 1-37　压力机

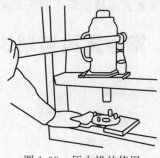

图 1-38　压力机的使用

1.2.9　钢丝刷

在汽车维修作业中，钢丝刷是一种用于清理顽固污渍的工具，例如清理蓄电池电缆桩头上的污垢等，如图 1-39 所示。

1.2.10　滑脂枪

滑脂枪又称为黄油枪，如图 1-40 所示，主要用于向汽车安装有黄油嘴的部位加注润滑脂（俗称黄油）。向滑脂枪内填充润滑脂时，要尽量填实，填充后要拧开放气螺栓排气。在使用滑脂枪向润滑部位加注润滑脂时，滑脂枪的喷嘴要与黄油嘴对正。如果加注困难，应当检查滑脂枪的喷嘴和油嘴是否阻塞、变形，必要时可以更换滑脂枪喷嘴或油嘴。

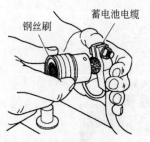

图 1-39　钢丝刷的使用方法

图 1-40　滑脂枪

1.2.10.1　滑脂枪的使用方法

① 拉出拉杆使柱塞后移，拧下滑脂枪缸筒前盖。将干净的黄油分成团状，徐徐装入缸筒内，且使黄油团之间尽量相互贴紧，以便于缸筒内的空气排出。

② 装回前盖，推回拉杆，柱塞在弹簧作用下前移，使黄油处于压缩状态。

③ 将滑脂枪接头对正被润滑的黄油嘴（滑脂嘴），直进直出，不能偏斜，以免影响黄油加注，减少润滑脂的浪费。

④ 注油时，如注不进油，应当立即停止，并查明堵塞的原因，排除后再进行注油。

1.2.10.2　加注润滑脂时不进油的主要原因

① 滑脂枪缸筒内无黄油或压力缸筒内的黄油间有空气。

② 滑脂枪压油阀堵塞或是注油接头堵塞。

③ 滑脂枪弹簧疲劳过软而造成弹力不足或是弹簧折断而失效。

④ 柱塞磨损过甚而导致漏油。
⑤ 油脂嘴被泥污堵塞而不能注入黄油。

1.3 常用量具与划线工具

1.3.1 尺式量具

1.3.1.1 金属直尺

金属直尺是汽车维修作业中使用非常广泛的基本测量工具之一,一般用于精度要求不高的测量。金属直尺的使用方法、注意事项及保养见表 1-16。

表 1-16 金属直尺的使用方法、注意事项及保养

项目	内容
使用方法	①使用金属直尺时,应当以端边的"0"刻线作为测量基准,这样在测量时不仅容易找到测量基准,而且便于读数和记数  ②使用金属直尺测量时,金属直尺要放平、放正,刻度面朝上、朝外,不得前后、左右歪斜,否则从尺上读得的读数比被测的实际尺寸大  ③使用金属直尺测量时,被测的平面要平,否则测出的读数也不是被测件的实际尺寸 ④用金属直尺测量圆柱形的截面直径时,金属直尺的端边首先要与被测面的边缘相切,然后左右摆动金属直尺找出最大尺寸,即为所测圆柱形直径 

续表

项目	内 容
使用方法	⑤测量螺母以及直边的部件时,使用金属直尺的效果较好  (a) 测量内六角螺母　　　(b) 测量外六角螺母
注意事项及保养	①使用金属直尺前,应当首先检查金属直尺,不允许有影响使用性能的外观缺陷(例如碰弯、划痕、刻度断线或看不清刻度线等缺陷) ②对于有悬挂孔的金属直尺,使用后必须用干净棉丝擦干净,然后悬挂起来,使其自然下垂。如果没有悬挂孔,应当将金属直尺擦净后平放在平板、平台或平尺上,以防其受压变形 ③如果较长时间不使用,应当在金属直尺上涂上防腐蚀油脂 ④如果金属直尺受压变形,或其他原因使之变形,在使用时应当检查它的端边与侧边的垂直度,刻度面的平面度,经检查合格后方能使用

1.3.1.2　金属卷尺

① 使用前,应先检查金属卷尺的各个部位。对于自卷式和制动式金属卷尺来说,拉出和收卷尺带时,应当轻便、灵活,无卡住现象;对于制动式金属卷尺来说,其按钮装置应当能有效地控制尺带收卷,不得有阻滞失灵现象;尺带表面不得有锈迹和明显的斑点、划痕,线纹应当清晰。

② 使用金属卷尺应以"0"点端为测量基准,这样便于读数。在生产中经常看到有人使用截断了一节的金属卷尺测量物品尺寸,这样用法虽然允许,但是应特别注意其起始端刻度的数字,否则在读数时会读错。

③ 使用金属卷尺测量时,不得前后、左右歪斜,而且要拉紧尺带。

④ 金属卷尺的尺带一般镀铬、镍或其他涂料,因此应保持清洁,测量时不要使其与被测表面摩擦,以防划伤。

⑤ 使用自卷式或制动式金属卷尺时,拉出尺带不得用力过猛,而应徐徐拉出,用毕也应让它徐徐退回。对于制动式卷尺来说,应当先按下制动按钮,然后徐徐拉出尺带;用毕后按下制动按钮,尺带自动收卷。当尺带自动收卷时,应当防止尺带伤人。

⑥ 尺带只能卷，不能折，不允许将卷尺放在潮湿和有酸类气体的地方，以防锈蚀。

1.3.1.3 直角尺

直角尺主要用来检查工件的内外角或直角度研磨加工核算，尺子带有一个长边和一个短边，两个边形成90°的直角，如图1-41所示。在汽车维修作业中，直角尺可以测量气门弹簧的倾斜度是否超出规定要求，如图1-42所示。使用直角尺的方法如图1-43所示。检查直角尺时，直角尺托柄的内侧要紧紧地贴着精加工过的表面，让长边稍微离开工件一点；手持工件对准亮处，然后将直角尺的长边降下来接触到被检查的表面，如图1-43(a)所示；如果两个表面是垂直的，则长边和被检查的表面之间不能透光。在检查内直角时，采用的方法与检查外直角的方法相似，如图1-43(b)所示。

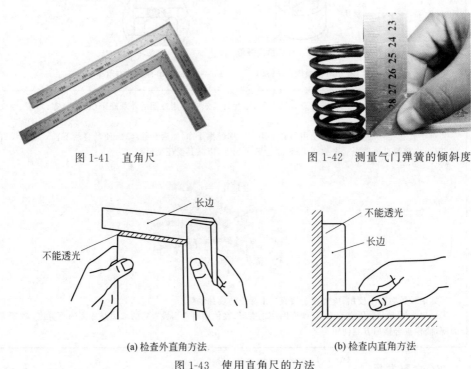

图1-41 直角尺　　图1-42 测量气门弹簧的倾斜度

(a) 检查外直角方法　　(b) 检查内直角方法

图1-43 使用直角尺的方法

1.3.1.4 塞尺

塞尺又称为厚薄规或间隙片，由一组淬硬的薄钢片组成，这些薄钢片被研磨或滚压成为精确的厚度，一般都是成套供应的，如图1-44所示。汽车维修作业中常用的塞尺长度有50mm、100mm、200mm 三种。塞尺的使用方法、注意事项及保养见表1-17。

图1-44 塞尺

表 1-17 塞尺的使用方法、注意事项及保养

项目	内容	
使用方法	①使用塞尺测量时,要根据间隙的大小,可以用一片或数片重叠在一起插入间隙内,插入深度应在 20mm 左右。例如用 0.2mm 的塞尺片刚好能插入两工件的缝隙中,而 0.3mm 的塞尺片不能插进,则说明两工件的接合间隙为 0.2mm ②当塞尺与直角尺配合使用时,可以用来检查零件表面的平直度	
注意事项及保养	由于塞尺很薄,容易弯曲或折断,因此测量时不能用力太大。测量时应当在接合面的全长上多处检查,取最大值,即为两接合面的最大间隙量。此外,塞尺钢片上不得有污垢、锈蚀及杂物。塞尺用完后应当擦拭干净,并且将钢片及时合到夹板中去,以免损伤各金属薄片	

1.3.1.5 卡钳

卡钳按照其功能的不同,可以分为外卡钳和内卡钳两种,内卡钳用来测量内径,外卡钳用来测量外径。卡钳根据结构的不同也可以分为普通式卡钳和弹簧式卡钳,其中弹簧式卡钳包括弹簧式外卡钳和弹簧式内卡钳两种,如图 1-45 所示。卡钳的使用方法与技巧见表 1-18。

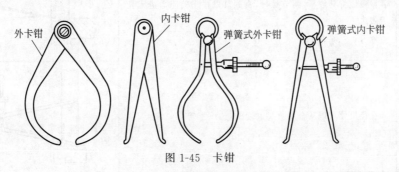

图 1-45 卡钳

表 1-18 卡钳的使用方法与技巧

项目		内容	
使用方法	内卡钳	使用内卡钳测量孔的内径时,先用右手的拇指和食指轻轻地捏住内卡钳轴销两头,将卡钳的两个量爪送入孔内,然后使一个量爪的爪尖与孔壁接触,另一个量爪在径向平面内左右轻轻摆动,并且调整量爪,一直找到最大值为止	
	外卡钳	使用外卡钳测量轴的外径时,先用右手的中指从卡钳的两个量爪之间挑起卡钳,然后用拇指与食指撑住卡钳的轴销两头,使卡钳两量爪在自身的重量作用下滑过被测表面。在测量中,卡钳量爪爪尖与被测表面的接触情况是凭手的感觉来判断的,只要手有轻微的感觉即可,不宜过松,也不要用力捏卡钳	

续表

项目		内　容	
使用方法	弹簧式外卡钳	测量轴径	调节弹簧式外卡钳上的螺母，使卡钳量爪轻轻接触轴表面，卡钳在轴上滑动时的阻力应很小，以免卡钳量爪发生弹性变形，使读数不准
			当将弹簧式外卡钳调节到轴的尺寸时，可以用金属直尺测量轴的直径，卡钳的一个量爪贴着金属直尺的一端，另外一个量爪所在的刻度就是轴的直径
		比较两零件大小	首先将卡钳调至其中一根轴的直径，然后用它检查另外一根轴，如果两轴直径一样大，那么两者对卡钳的阻力相同
	弹簧式内卡钳		弹簧式内卡钳用于测量孔的直径和其他尺寸，弹簧式内卡钳应当以一定角度放入一个孔中，如右图中的虚线所示，然后慢慢地将其放平，调节螺母，直到其以很小的阻力进入孔中为止
			孔径尺寸可以从金属直尺上读出
读数方法		内卡钳和外卡钳的读数方法	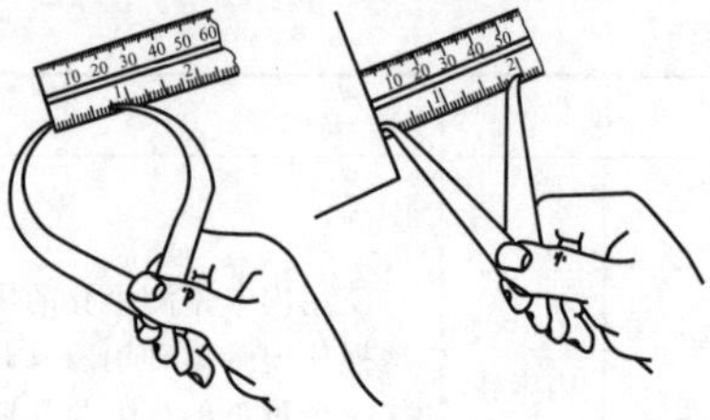
使用注意事项及保养		①不要将卡钳放在振动的机床上，以防摔坏 ②卡钳用完后，应当擦拭干净，将两个量爪合拢存放，不得将卡钳与其他工具堆放在一起，以防将它压弯 ③卡钳使用一段时间后，两个量爪测量部位会磨损变钝，此时应当修磨，使之成为圆弧形，然后淬火，使之变硬，变得更耐磨	

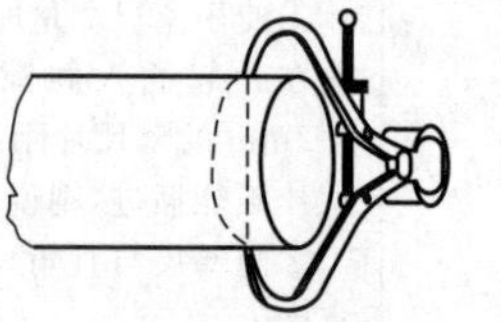

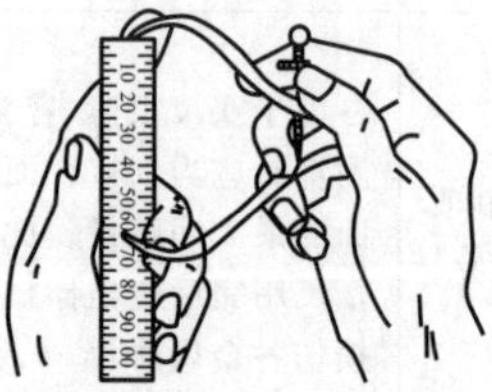

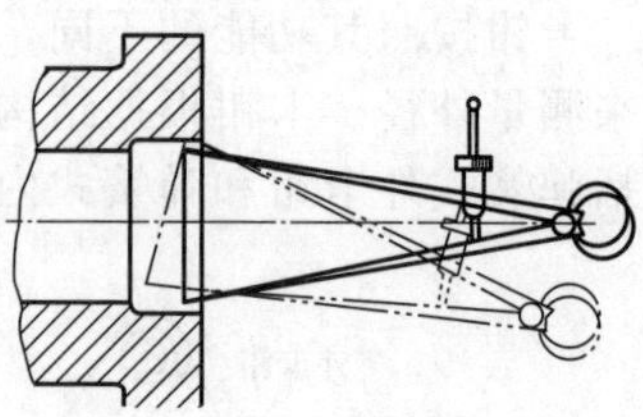

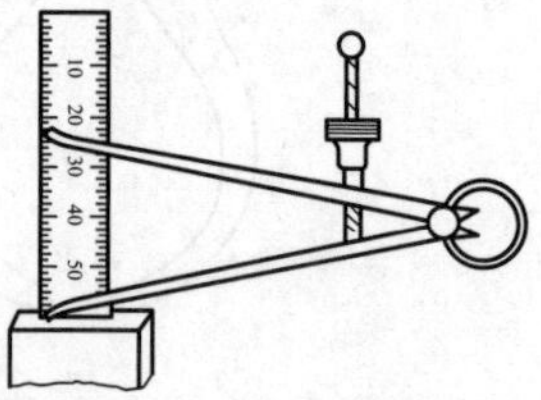

1.3.1.6　游标卡尺

（1）游标卡尺的使用方法　使用游标卡尺时，将准备测量的物件放在两个量爪之间，轻轻移动滑动量爪，直到两个量爪都接触到被测物件为止，拧紧紧固螺钉，这时可以从刻度尺上直接读出测量值。如图 1-46 所示是使用游标卡尺测量气门弹簧长度的例子。

① 用游标卡尺的外量爪测量汽车零部件的外部尺寸，如图 1-47 所示。

② 用游标卡尺的内量爪测量汽车零部件的内部尺寸，如图 1-48 所示。

③ 用游标卡尺的深度尺还可以测量汽车零部件的深度，如图 1-49 所示为用游标卡尺测量方向盘的自由行程。如图 1-50 所示为使用游标卡尺测量气缸的缸径。

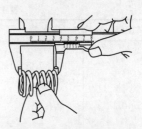

图 1-46 使用游标卡尺测量气门弹簧长度

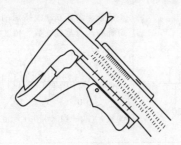 

(a) 测量步骤(一)　　　　　　　　　(b) 测量步骤(二)

图 1-47 用游标卡尺的外量爪测量汽车零部件的外部尺寸

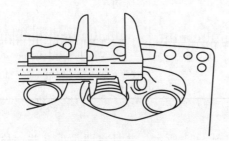 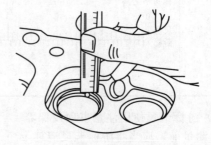

(a) 测量步骤(一)　　　　　　　　　(b) 测量步骤(二)

图 1-48 用游标卡尺的内量爪测量汽车零部件的内部尺寸

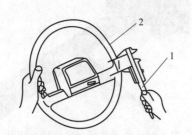 

图 1-49 用游标卡尺测量方向盘的自由行程
1—游标卡尺；2—方向盘

图 1-50 使用游标卡尺测量气缸的缸径

(2) 游标卡尺的刻线原理和读数方法　不同精度值的游标卡尺刻线原理和读数方法如表 1-19 所示。

表 1-19 不同精度值的游标卡尺刻线原理和读数方法

精度值/mm	刻线原理	读数方法及示例
0.1	尺身1格=1mm，游标1格=0.9mm，共10格，尺身、游标每格之差=(1-0.9)mm=0.1mm	读数=游标0刻线指示的尺身整数+游标与尺身重合线数×精度值 示例：
0.05	尺身1格=1mm，游标1格=0.95mm，共20格，尺身、游标每格之差=(1-0.95)mm=0.05mm	读数=游标0刻线指示的尺身整数+游标与尺身重合线数×精度值 示例： 读数=(30+11×0.05)=30.55mm
0.02	尺身1格=1mm，游标1格=0.98mm，共50格，尺身、游标每格之差=(1-0.98)mm=0.02mm	读数=游标0刻线指示的尺身整数+游标与尺身重合线数×精度值 示例： 读数=(23+13×0.02)mm=23.26mm

(3) 游标卡尺使用注意事项及保养

① 测量前，应当将游标卡尺清理干净，如图 1-51 所示，并且将两量爪合并，检查游标卡尺的精度情况，如图 1-52 所示，在使用后应当清除灰尘和杂物。

图 1-51　清理游标卡尺

图 1-52　检查游标卡尺的精度情况

② 测量时，工件与游标卡尺要对正，测量位置应当准确，两量爪应当与被测工件表面贴合，不能歪斜，并且掌握好两量爪与工件接触面的松紧程度，不能过紧，也不能过松。

③ 读数时，应当正对游标刻度线，看准对齐的刻度线，目光不能斜视，以减少读数误差。

④ 游标卡尺用完后,一定要将它放回盒子里或放在不受冲击以及不易掉下的地方。

⑤ 如果游标卡尺已受潮,在使用后可以在上面涂少量的润滑油。

⑥ 不允许将游标卡尺放在温度高的地方,也不允许敲击和撞击游标卡尺

⑦ 不允许将游标卡尺作为钳子使用。

1.3.1.7 外径千分尺

外径千分尺是用于外径宽度测量的千分尺,如图 1-53 所示,其使用方法与技巧见表 1-20。

图 1-53 外径千分尺

表 1-20 外径千分尺的使用方法与技巧

项目	内容	
用途	外径千分尺主要用于测量圆形物体的外径,测量各种汽车零部件的长度和宽度	
使用方法	使用与千分尺配套的校准扳手扳动固定套筒上的小孔,可校核"0"点	
	使用外径千分尺时,将准备测量的物件放在测砧和测微螺杆的端面之间。当转动微分筒时,促使测微螺杆向前移动,直至测砧和测微螺杆都轻微地接触到零件,这时改为转动测力装置,直至听到"咔嚓"声为止。取出外径千分尺读数,必要时可以拧紧锁紧装置	(a) 对小物件的测量　(b) 固定物件的测量
读数	在外径千分尺的固定套筒上刻有轴向中线,作为微分筒读数的基准线。此外,为了计算测微螺杆旋转的整数转,在固定套筒中线的两侧刻有两排刻线,刻线间距均为 1mm,上下两排相互错开 0.5mm。外径千分尺的具体读数方法通常分为三步:首先,读出固定套筒上露出的刻线尺寸,要注意不能遗漏应读出的 0.5mm 的刻线值;然后,读出微分筒上的尺寸,要看清微分筒圆周上哪一格与固定套筒的中线基准对齐,将格数乘以 0.01mm 即得微分筒上的尺寸;最后,将上面两个数相加,即为外径千分尺上测得的尺寸。在固定套筒上读出的读数为 55mm,套管上的 0.01mm 的刻度线对齐基准线,因此读数是:55mm+0.01mm=55.01mm	

续表

项目	内 容
使用注意事项及保养	①用外径千分尺测量工件前,应当清洁其工作面和工件的被测表面,不允许有任何污物;严禁在毛坯工件上、正在运动着的工件或过热的工件上进行测量,以免影响外径外径千分尺的精度或影响测得的尺寸精度 ②使用前检查零刻度是否对齐,不要试图测量不平的表面。轻拿轻放外径千分尺,不要将外径千分尺放在有灰尘、液体的地方 ③在读数之前确定外径千分尺是否固定,对测微螺杆不要施加过高的压力;在读数期间保持外径千分尺的平直 ④不允许将外径千分尺当作卡钳使用;不允许拿着微分筒快速转动,以防止测微螺杆加速磨损或两测量面相互猛撞,将螺旋副撞伤 ⑤对于老式结构的外径千分尺,不允许拧松后盖,如果后盖松动了必须校对"0"位后再使用 ⑥要防止油石、砂布等硬物损伤外径千分尺的测量面、测微螺杆等部位 ⑦不准将外径千分尺放在容易掉下和受冲击的地方,外径千分尺万一掉在地上或者硬物上时,应当立即检查其各部位的相互作用是否符合要求,并且校对其"0"位。此外,不要试图调整外径千分尺,除非对调整已接受培训 ⑧根据外径千分尺的检测规则,不要超过它的尺寸范围 ⑨当用完外径千分尺后,必须进行清洁,并且放回到盒子里面。当不用外径千分尺时,在测微螺杆和测砧之间应留有一定间隙。如果较长时间不使用,应当在测量面和测微螺杆上涂防护油,而且两个测量面不要相互接触,不得将外径千分尺放在高温、潮湿、有酸和磁性的地方 ⑩外径千分尺要实行周期检查,检查周期长短要视使用的情况而定
零点校正方法	0～25mm量程的外径千分尺可以直接校零;待清理测定面后,将标准量规夹在测轴与砧子之间,缓慢转动限荷棘轮,当棘轮转动一圈半并且发出2～3次"咔咔"声后,即能产生正确的测定压力,检视指示值 根据以上方法进行校正后,如果零点有偏差,则应当先检查测定面接触状况是否良好,然后根据误差的大小进行调整
	当误差在0.02mm以下时,将调整扳手的前端插入固定套筒内,转动套筒使活动套管的"0"刻线与套筒上的基准线对齐,经过几次调整后,再次进行"0"点检查,如果还有偏差,则按照上述方法再次调整
	当误差在0.02mm以上时,如果只调整套筒,则会因套筒基准线的移动导致不易读取刻度,所以要使用调整扳手紧固活动套管和测力装置
	松解棘轮螺钉,转动套管,大致调整"0"点的偏差在0.02mm以下后,紧固棘轮螺钉
	再次进行"0"点校正,确定误差在0.02mm以下,再按前项利用固定套筒进行微调

1.3.1.8 轮胎花纹深度尺

在汽车维修作业中，轮胎花纹深度尺主要用来测量轮胎花纹的深度，以此判断汽车轮胎的磨损量。如图 1-54 所示，轮胎花纹深度尺有机械式和电子式两种。

(a) 机械式轮胎花纹深度尺　　　　　(b) 电子式轮胎花纹深度尺

图 1-54　轮胎花纹深度尺的种类

如图 1-55 所示，在使用轮胎花纹深度尺时，利用深度尺测量轮胎的排水沟槽底部至轮胎花纹表面的深度（注意应当避开沟槽底部的轮胎磨损标记），测量轮胎一圈上均匀分布的 4～5 个点，要取测量的最小值。

1.3.2　指示式量具

1.3.2.1　百分表

百分表主要用于测量零件的形状误差（如曲轴弯曲变形量、轴颈或孔的圆度误差等）或配合间隙（如曲轴轴向间隙），如图 1-56 所示。

图 1-55　使用轮胎花纹深度尺

图 1-56　百分表

(1) 百分表的使用方法

① 在使用前，应当将百分表装在磁性表座上，并且卡紧、装稳，如图 1-57 所示。

② 测量时，调整滑杆，使其头部接触待检查的零件。

③ 旋转表盘，将指针对准刻度盘的"0"刻度。

④ 从指针相对于"0"点的变化可测出零件的误差，这些变化是从测量杆传递到指针上的，这样的变化在零点的一侧表示为加值，在另一侧表示为减值。例如百分表贴紧飞轮的端面，检查其端面圆跳动，飞轮旋转时，如果飞轮有端面圆跳动，则百分表指针将摆动，如图 1-58 所示。

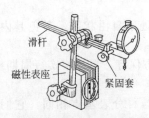

图 1-57　百分表安装

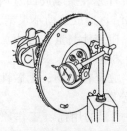

图 1-58　用百分表测量飞轮的端面圆跳动

图 1-59 制动后挡板在检测平板上进行变形检查的情形

如图 1-59 所示为制动后挡板在检测平板上进行变形检查的情形。测定时，以装置面为基准面，由检测平板上各观测点所观测的数值即能发现各部位高低差，也可以了解变形的情形。

(2) 使用注意事项及保养　百分表是灵敏的测量工具，在使用时应当格外注意，使用时的注意事项如下。

① 所使用的百分表必须在检定周期内，并且检查其外观和各部位合格后方能使用。

② 测量前，首先把测量头、测量杆、套筒和表盘以及被测件擦净，夹紧百分表的装夹套筒后，测量杆要能够平稳、灵活地移动，无卡住现象。

③ 装夹后，在未松开紧固套之前，不得转动表体，如果需要将百分表转动方向时，必须先松开紧固套。

④ 磁性表座如果放在有油的机架上面，会发生微水滑动，影响测量结果，如果遇到这种情况，可以将一张吸油的纸放在机架上，然后将磁性表座放在纸上。

⑤ 百分表只能检测光滑机械表面，不要用于测量毛坯的粗糙表面或有显著凹凸的表面，否则会损伤测头。

⑥ 测量平面时，测量杆要与被测面垂直，否则不仅测量误差大，而且有可能会将测量杆卡住不能活动，从而损坏百分表。在测量圆柱形工件时，测量杆的中心线要垂直地通过工件的轴心线，如图 1-60 所示。测量时，先将测量杆提起，再将工件推到测量头下面，注意不得将工件强迫推入测量头下，防止将测量头撞坏。

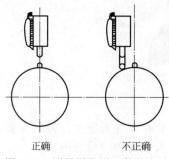

正确　　　不正确

图 1-60 测量圆柱形工件的方法

⑦ 不允许将测量头压到尽头，以防止百分表被损坏；要轻拿轻放，不要过多地拨动测量头使它做无效的运动，以防机件不必要的磨损；不要使百分表受到剧烈振动。此外，不得敲打百分表的任何部位。

⑧ 用完后要将百分表擦净放回盒内，但不得在测量杆上涂凡士林或其他油类，否则会使测量杆和套筒黏结，造成移动不灵活。

⑨ 不使用时，应当让测量杆自由放松，使百分表处于自由状态，避免其内部机件受到外力作用，以保持精度。

⑩ 百分表应当放置在干燥、无磁性、无酸性的地方保存；要严格实行周期检查。

1.3.2.2　千分表

千分表（图 1-61）的用途、工作原理、使用方法与百分表基本相同，它们的区别是千分表的精度比百分表更高，千分表为 0.001mm，百分表为 0.01mm。常用的千分表测量范围有 0～1mm、0～2mm、0～3mm、0～5mm 四种。如图 1-62 所示为用千分表检查液力变矩器轴套的径向跳动误差，如果径向跳动超过 0.30mm，则应当调整液力变矩器的安装方位；如果径向跳动过大且得不到修正，则应当更换液力变矩器。

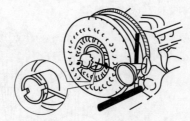

图 1-61　千分表实物　　图 1-62　用千分表检查液力变矩器轴套的径向跳动误差

1.3.2.3　量缸表

量缸表的使用方法与缸径测量见表 1-21。

表 1-21　量缸表的使用方法与缸径测量

项目	内容
使用方法	①使用游标卡尺测量气缸缸径后获得基本尺寸，利用这些长度作为选择量缸表合适可换量杆的参考 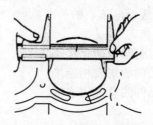 ②量缸表需要经过装配才能使用。根据所测缸径的基本尺寸选用合适的可换量杆和调整垫圈，使量杆长度比缸径大 0.5～1.0mm。可换量杆和垫圈都标有尺寸，根据缸径尺寸可以任意组合。量缸表的量杆除了垫片调整式外，还有螺旋杆调整式。无论哪种类型，只要将杆件的总长度调整至比所测缸径大 0.5～1.0mm 即可 ③将百分表插入表杆上部，预先压紧 0.5～1.0mm 后固定 ④为了便于读数，调整百分表表盘方向，使之与接杆方向平行或垂直 ⑤将外径千分尺调至所测缸径尺寸，并且将千分尺固定在专用固定夹上，对量缸表进行校零。当大表针逆时针转动到最大值时，旋转百分表表盘使表盘上的零刻度线与其对齐 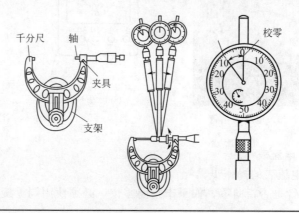

续表

项目	内 容
缸径测量	①首先慢慢地将量缸表的活动端(导向板端)倾斜,使其先进入气缸内,然后使可换量杆端进入。导向板的两个支脚要和气缸壁紧密配合 ②在测定位置维持导向板不动,而使可换量杆的前端做上下移动并观测量缸表指针的移动量,当量缸表的读数最小即量缸表和气缸成真正直角时,再读取数据。读数最小即表针顺时针转至最大。测量位置的选取则需要参考维修手册

1.3.2.4 电压表

(1) 使用电压表的操作步骤

① 检查指针是否指向零,如图1-63所示,如有必要,可以使用调零旋钮进行校正。如果不知道电路电压大小,应选择电压表的最高量程;如果知道电压大小,可以选择电压表的适当量程。

② 测量时,电压表要与电路中的元件并联。

③ 将电压表的正极和元件的正极相连接。

④ 将电压表的负极和元件的负极相连接。

(2) 电压表的读数

① 首先确定测量电压时所选的量程是多少。

② 如图1-64(a)所示,应当在与所选量程相对应的刻度上进行读数,应当从最上一排刻度上读数,读出的数值为26.0V。

③ 所选量程为10V的电压表的读数如图1-64(b)所示,应当从第二排刻度上读数,读出的数值为3.4V。

图1-63 电压表指针

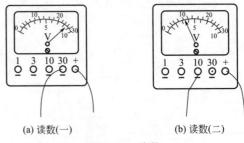

图1-64 读数

1.3.2.5 电流表

(1) 使用电流表的操作步骤

① 检查指针是否指向零,如果未指向零位,必须使用调零旋钮进行校正。

② 如果不知道电流大小，可以选择电流表的最高量程；如果知道电流大小，可以选择电流表的适当量程。

③ 确定需要测量电流的电路位置，如图 1-65 所示。

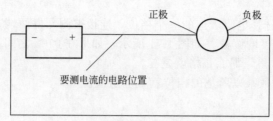

图 1-65　确定需要测量电流的电路位置

④ 在确定的电路位置断开线路，如图 1-66 所示。

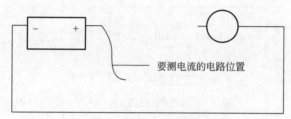

图 1-66　在确定的电路位置断开线路

⑤ 将电流表连接到电路的断开部分，如图 1-67 所示。

⑥ 电流表的正极与电流供给的正极相连接。

（2）电流表读数　电流表的读数方法与电压表的读数方法一致。例如确定测量电流时所选的量程为 30A，在与所选量程相对应的刻度上读数，如图 1-68 所示，应从最上一排刻度读数，读出的数值为 26.0A。

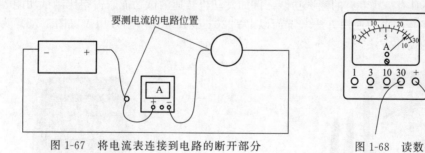

图 1-67　将电流表连接到电路的断开部分　　　图 1-68　读数

1.3.2.6　电阻表

（1）电阻表的作用　电阻表主要用于测量汽车电路中电子元件或电路的电阻值大小，如图 1-69 所示。

（2）电阻表的操作步骤

① 电阻表关闭时，检查指针是否指向无穷大，如果没有，可用无穷大调节旋钮进行调节。

② 选择合适的量程，当所测元件的电阻值未知时，必须每个量程都应试一试，直到读出最准确的数值。

③ 红黑表笔短接，观看指针是否指向零点，如果未指向零点则用调零旋钮将指针调至

零(在每次量程改变后,指针必须再次调零)。

④ 要对单个元件进行测试时,最好至少断开电路中的一头,避免进行错误的读数。

⑤ 在所测元件的两端连接好电阻表,测出电阻和记录读数,如图 1-70 所示。

⑥ 断开电阻表和元件。

(3) 电阻表读数　选择电阻表上的一个挡位,连接被测元件两端。

① 读出指针所指刻度的读数。如图 1-71 所示,如果在 0~5 之间有 5 格,那么每格就是 1;但 5~20 之间只有 3 格,那么每格就是 5。

② 指针所指的刻度数乘以所选的挡位就是电阻值。

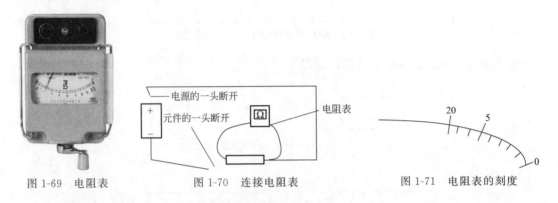

图 1-69　电阻表　　　　图 1-70　连接电阻表　　　　图 1-71　电阻表的刻度

1.3.2.7　万用表

万用表是一种常用的多用途仪表,对于汽车电气系统维修来说既是基本的仪器之一,也是最重要和最常用的检测工具。万用表又称为多用电表或者万用电表,是汽车电气系统故障诊断中必不可少的检测工具。指针式万用表主要由主机和检测线缆两大部分组成,如图 1-72 所示。主机的内部主要由指示部分、测量电路与转换装置三部分构成。数字式万用表可以测交流电压、电流,直流电压、电流,电阻,电容,二极管,三极管,温度等。汽车万用表除了一般的功能之外,还具有一些专有的测试功能,例如发动机转速测试功能、占空比测试功能等。

(1) 数字万用表的使用方法　下面以 DY2201 型数字式汽车万用表(图 1-73)为例介绍数字万用表的使用方法,见表 1-22。

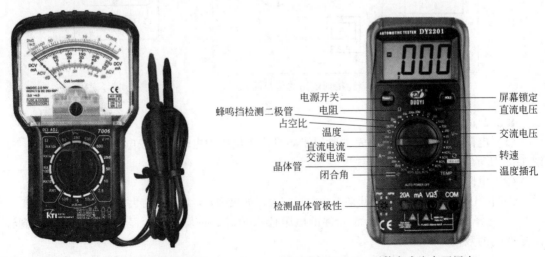

图 1-72　指针式万用表的主机和检测线缆　　　　图 1-73　DY2201 型数字式汽车万用表

表 1-22　数字万用表的使用方法

使用类别	使用方法		
测量电流	电流的基本单位是安培(或安)。电路中有电流必须满足两个条件:首先,电路中有足够的电压;其次,电路是一个连续的路径。电流从电源出发,经负载最后搭铁 在汽车电气故障诊断维修中,电流测量不像电压测量和电阻测量那样经常用到。大多数汽车维修手册电气诊断标准都是给出电压或电阻的参考值。电流测量通常运用在以下故障诊断上:启动系统和充电系统故障;寄生负载故障 将挡位置于电流测量挡,被测电流从红、黑表笔两端接入。将表笔插到相应的孔内后估算电流大小,并选择相应的挡位。如果无法确定时,应当从大挡打到小挡。测量时应与被测量设备串联。指针式万用表表看挡位取刻度读数,数字式万用表显示相应的值。如果为 0 时,则说明挡位打得太大;如果为 1 时,则说明挡位打得过小。当前面有"—"时,则说明电流实际方向与测量表笔方向相反。需要注意的是,电流的测量是将表串入被测电路		
测量电压	在汽车电气系统维修中,维修技术人员可以测量的电压有:汽车电路中任意两点之间的电压;汽车电路任意处和接地(搭铁)点之间的电压;汽车电路中任意元件电压(如开关、继电器、连接器、导线、负载、电缆等) 汽车维修技术人员根据不同的故障情况所关注电压测量的侧重点有所不同。一般来说,测量的电压可以分为电源电压、供电电压和电压降(负载电压)三种,如图 1-74 所示	电源电压	在汽车上至少有两个电源(蓄电池、发电机),一般所说电源电压是指蓄电池电压。蓄电池是大多数汽车电气系统的电源
		供电电压	电路中所有负载运转的电压
		电压降	电压降是表明在该部分电路所占用的电压。每个元件的阻抗导致电压下降。电压降随电阻增加而增加
	尽管电压测量的侧重点不同,但其基本方法是一样的:将万用表与测量对象并联,如图 1-75 所示。首先,将挡位置于电压测量挡,将红、黑表笔接到被测设备的两端。然后将表笔插到相应的孔内后,并且估算电压的大小,选择相应的挡位,如果无法确定时,应当从大挡打到小挡。测量时应与被测量设备并联。指针式万用表看挡位取刻度读数,数字式万用表显示相应的值。如果为 0 时,则说明挡位打得太大;如果为 1 时,则说明挡位打得过小。如果前面有"—"时,则说明电压实际方向与测量表笔方向相反。需要注意的是,测量时应先区分交、直流电,六个挡上的数字代表着这六个挡位所能测量的最大电压值,电压的测量是将表并入被测电路		
测量电阻	在一个汽车电路中,负载是最大的电阻,其他电路元件可以用于控制电流提供额外的电阻,例如调光器。电路电阻可分为两大类:一类是用于控制电流的电阻,这类电阻不妨碍电路正常工作;另一类是由于电路接触不良、元件损坏或脏脏的连接所造成的额外电阻,也称为寄生电阻,它妨碍了电路的正常工作。由于汽车的工作环境比较恶劣,因此很容易造成电路产生寄生电阻,引起电路故障 首先将挡位置于电阻测量挡,将红、黑表笔接到被测设备(电阻)的两端。指针式万用表测量电阻前必须调 0,进而确保测量数据准确。然后将表笔插到相应的孔内,估算电阻的大小,选择相应的挡位。测量时,应当与被测量设备并联,设备断电测量,测量受其他设备影响时,设备要脱离电路测量。指针式万用表挡位乘以刻度读数,数字式万用表显示相应的值。如果为 0 时,则说明挡位打得太大;如果为 1 时,则说明挡位打得过小。需要注意的是,测量时应当注意电阻测量挡的七个挡位,上面标示的是各挡所能测量的最大值,测量电阻时应当断电并在常温下测量		

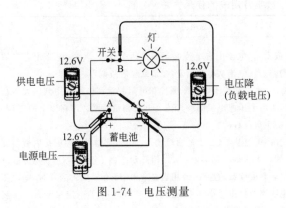
图 1-74 电压测量

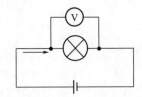
图 1-75 万用表与测量对象并联

(2) 万用表的维护　见表 1-23。

表 1-23　万用表的维护

项目	内　容
日常维护及注意事项	万用表使用完毕后,应当将万用表上的红/黑表笔从其上取下,连同万用表一起放在万用表包里装好。数字式万用表属于精密仪器,在存放时不要在其上部放置物品,以防损坏万用表显示屏,且放在工具箱固定位置。另外,要定期用湿布及温和的清洁剂清理仪表的外壳,不要用研磨剂或溶剂。清除万用表插孔上的脏物,并且用棉花蘸酒精对插孔进行清洁。数字式万用表应定期校准,校准时应选用同类或精度更高的数字式万用表,按照先校直流挡,然后校交流挡,最后校电容挡的顺序进行
电池更换方法	为了避免错误的读数而导致受到电击或人身伤害,当仪表出现"▯"符号时,应当马上更换电池。更换操作步骤为:首先将旋钮开关转到"OFF"位置,从插孔上把表笔拆下来;其次用螺丝刀把电池盖的螺钉逆时针方向转 1/4 圈,将电池盖拆下;再次,更换电池并将电池盖放回;最后,顺时针方向旋转电池盖的螺钉 1/4 圈,将电池盖锁紧
熔丝测试方法	测量电流以前,应当先对万用表的熔丝进行测试,判断熔丝是否正常。如果读数不同,则需要更换熔丝或进行其他修理工作。将旋钮开关转至"Ω/电容"挡位,连接红、黑表笔,读取显示屏的数值,判断熔丝是否正常 正常的F2熔丝:0～0.5Ω　　　正常的F1熔丝:0.995～1.005kΩ 故障熔丝:OL　　　　　　　故障熔丝:OL

续表

项目	内 容
熔丝更换方法	①将旋钮开关转到"OFF"位置,从插孔上把表笔拆下来 ②用螺丝刀将电池盖的螺钉逆时针方向转 1/4 圈,拆下电池盖,取出电池 ③用螺丝刀将万用表后部的 3 个螺钉拆下来,使万用表的面板与电路板分离 ④轻轻地把熔丝的一端撬起,然后将熔丝从夹子上拆下来 ⑤换上具有相同电流、耐电压值及熔断速度规格的熔丝 ⑥安装万用表的面板和电路板。安装电池后,将电池盖放回。顺时针方向旋转电池盖的螺钉 1/4 圈,将电池盖锁紧

1.3.3 弹簧秤和弹簧测量器

1.3.3.1 弹簧秤

弹簧秤是利用弹簧变形原理制成的,其构造是在钩子上加上荷重时弹簧受力伸长,并且指示出与伸长量相应的刻度。由于检测荷重的装置使用了弹簧,其受热膨胀影响容易产生测量误差,因此精度不是很高。在汽车维修作业中,弹簧秤常常用于检测方向盘转动力。

1.3.3.2 弹簧测量器

弹簧测量器在汽车维修作业中主要用来检测气门弹簧、离合器弹簧等,用来测量这些弹簧的自由长度和加荷重时的长度。弹簧测量器的组成部分如图 1-76 所示,其由荷重计、标尺、操作手柄等部分组成。使用时,可以将弹簧固定在承台上,然后转动操作手柄对弹簧施加荷重,读取弹簧的收缩量。

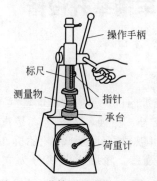

图 1-76 弹簧测量器的组成部分

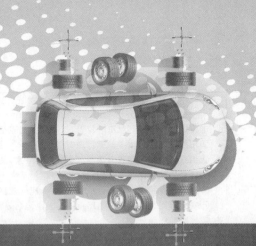

第2章

系统维修专用工具与设备

2.1 车间装备与车辆举升设备

2.1.1 车间装备

2.1.1.1 轮胎拆装机

轮胎拆装机,也称为扒胎机或拆胎机,是一种能够将汽车轮胎从轮辋上拆下、安装及充气的设备,其主要用于汽车轮胎的修补、更换、安装等,是汽车维修厂必备的维修设备之一。维修技术人员使用轮胎拆装机,可以很方便地执行轮胎拆卸和安装及轮胎充气工作,能够降低维修工的体力劳动,提高工作效率。轮胎拆装机分为立式和卧式两种,其结构如图2-1所示。

使用轮胎拆装机时,应当注意以下几方面。

(a) 立式   (b) 卧式

图 2-1 轮胎拆装机

① 在拆卸轮胎前，应当将轮胎气门嘴打开，将轮胎里面的气体放出。
② 在使用轮胎拆装机时，要擦干手再工作，以减少受伤的概率。
③ 在装轮胎时，小心手指，不要放在轮毂和轮胎之间，以免夹伤手指。

2.1.1.2 车轮动平衡机

（1）轮胎动平衡机的认识　车轮与轮胎是高速旋转组件，汽车在行驶过程中，如果车轮不平衡，则会产生摇摆与跳动，特别当车速高于60km/h时，这种摇摆与跳动将显著加剧。在高速公路上行驶的车辆，如果车轮不平衡，不仅严重降低汽车的行驶平顺性、乘坐舒适性和操纵稳定性，增加燃油消耗量，而且加剧轮胎磨损，以致直接影响车辆的经济性指标，还将损坏车辆的其他部件，严重时将危及行驶安全。不平衡也会引起底盘总成零部件损伤，例如转向球节上的磨损加剧、减振器和其他悬架元件的变形等。因此，当车轮不平衡时，维修技术人员需要对车轮进行动平衡调整。车轮动平衡的检测一般可以分为离车式检测与就车式检测。目前，应用广泛的是离车式轮胎动平衡机。在离车式轮胎动平衡机中，目前应用最多的是硬式两面测定轮胎动平衡机，如图2-2所示。该动平衡机主要由驱动装置、转轴与支撑装置、显示与控制装置、制动装置、机箱和车轮防护罩等组成。其中，驱动装置由电动机和传动机构等组成，可驱动转轴旋转，转轴由两个滚动轴承支撑，每个轴承均有一个能将动反力变为电信号的传感器。转轴的外端是通过锥体和大螺距螺母等

图2-2　硬式两面测定轮胎动平衡机

零件来固定装配被测车轮的。驱动装置、转轴与支撑装置等均装在机箱内。车轮防护罩可以防止车轮旋转时其上的平衡块或花纹内的夹杂物飞出伤人，制动装置可使车轮停转。车轮不平衡处需要安装平衡块，轮胎动平衡机的平衡块也称为配重，一般有卡夹式平衡块和粘贴式平衡块两种类型。

（2）轮胎动平衡机的使用方法
① 清除被测车轮上的泥土、石子和旧平衡块。
② 检查轮胎气压，根据需要充至规定值。
③ 根据轮辋中心孔的大小，选择锥体，仔细装上车轮，用大螺距螺母紧固。

④ 将电源开关打开，检查指示与控制装置的面板是否指示正确。

⑤ 用卡尺测量轮辋宽度 b、轮辋直径 d（也可以由轮胎侧面读出），用平衡机上的标尺测量轮辋边缘至机箱的距离，然后用输入的方法或用选择器旋钮对准测量值的方法，将 a、b、d 值输入指示与控制装置中。a、b、d 三尺寸如图2-3所示。为了适应不同计量制方式，平衡机上的所有标尺一般都同时标有英制和米制刻度。

⑥ 放下车轮的防护罩，再按下启动键，车轮旋转，平衡测试开始，微机自动采集数据。

⑦ 车轮自动停转或听到"嘀"声后按下停止键并操纵制动装置使车轮停转后，从指示装置读取车轮内、外两侧不平衡量和不平衡位置。

⑧ 抬起车轮防护罩，用手慢慢转动车轮。当指

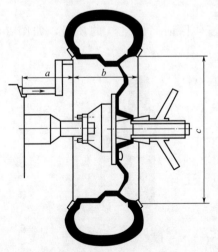

图2-3　用平衡机上的标尺测量轮辋边缘至机箱的距离

示装置发出指示（音响发出声音、指示灯亮、产生制动、显示点阵或显示检测数据等）时，停止转动。在轮辋的内侧或外侧的上部（时钟 12 点位置）加装指示装置显示该侧平衡块的质量。内、外侧需要分别进行，平衡块装卡要牢固。

⑨ 安装平衡块后有可能产生新的不平衡，应当重新进行平衡试验，直至不平衡量小于 5g(0.3oz)，指示装置显示"00"或"OK"时才符合要求。当不平衡量相差 10g 左右时，如果能沿轮辋边缘左右移动平衡块一定角度，将可获得满意的效果。在平衡过程中，实践经验越丰富，平衡速度越快。

⑩ 测试结束，关闭电源开关。

2.1.1.3 空气压缩机

空气压缩机的种类比较多，按照其结构形式的不同，一般可以分为活塞式、单螺杆式、双螺杆式及涡卷式等类型。空气压缩机的作用主要是提供比大气压力高得多的压缩空气，它常常用于轮胎充气，清洁汽车零部件，为气动工具提供动力等。

2.1.1.4 高压储气罐

高压储气罐常常用于储存空气压缩机产生的高压空气，同时还具有稳定系统压力和沉淀高压空气杂质等功能。每天开机前，应检查高压储气罐的连接管路是否正常，检查高压储气罐各阀门是否打开，检查高压储气罐内压力是否正常，清理高压储气罐外部环境。此外，要定期释放高压储气罐内的存水，在湿度较大的环境中或在我国北方的冬季，放水工作应当每天进行。

2.1.1.5 干燥器

干燥器的作用是吸收高压空气中的水分，保证高压空气的质量，如图 2-4 所示。每天开机前，应检查干燥器的连接管路是否正常，检查干燥器各阀门是否打开，并且清理干燥器外部环境。每天开机前应开启干燥器。另外，定期释放干燥器内的存水，在湿度较大的环境中或在我国北方的冬季，放水工作应每天进行。定期检查并更换干燥器的滤芯。

2.1.1.6 过滤器

过滤器的作用主要是过滤高压空气中的杂质，保证高压空气的质量，如图 2-5 所示。每天开机前应检查过滤器的连接管路是否正常，检查过滤器各阀门是否打开，并且清理过滤器外部环境。过滤器滤芯是有使用寿命的，应定期检查并更换。

2.1.1.7 油水分离器

油水分离器的作用是分离高压空气中的水与油液，保证高压空气的质量，如图 2-6 所示。

图 2-4 干燥器

图 2-5 过滤器

图 2-6 油水分离器

油水分离器的使用注意事项如下。

① 每天应检查油水分离器的连接管路是否正常，清理油水分离器外部的环境。
② 对油水分离器进行排水和排油操作。
③ 工作中，应定时观察油水分离器的压力表，发现异常及时关闭。
④ 定时检查油水分离器的工作状态，发现异常及时关闭。

2.1.1.8 气管

气管主要用于传输压缩空气给用气单元，如气动扳手、研磨机、举升机、清洁器等。气管可分为高压气管和低压气管，其中高压气管有帘布层。气管使用的安全、维护要求，见表2-1。

表2-1 气管使用的安全、维护要求

项　　目	要　　求
气管使用的安全要求	①打开供气阀前应检查气管是否损坏 ②不要将气管中的压缩空气直接对着他人 ③用气管中的压缩空气吹干零部件时，要戴护目镜
气管的维护要求	①检查、更换气管和接头 ②不要将气管浸泡在溶剂或油中，气管应采用碱水清洗，清洗后要晾干 ③不要让气管打结，避免减小或切断压缩气体 ④不要在气管管路上放置重物

2.1.1.9 零部位清洗池

零部件清洗池热洗时，可能造成水蒸气喷出，要小心开启。零部件清洗池的转动部位转动时不要用手接触，防止受伤，并且戴护目镜，如图2-7所示。要小心洗涤液里面的化学物质伤害眼睛和皮肤。在作业时，要穿防护服，因为高压的洗涤剂污垢和循环润滑油有可能溅出。此外，有些溶剂会放出有毒的气体，因此要有适当通风。随时保持清洁池周边的清洁、干燥。

2.1.1.10 液压压床

液压压床也称为液压机，是一种以液体为工作介质、根据帕斯卡原理制成的、用于传递能量以实现各种工艺的机器，如图2-8所示。液压压床在汽车维修作业中主要用于轴承的更换、摆臂橡胶套的更换。液压压床主要由本机（支架）、动力系统（液压缸、液压管路、液压杆）和液压控制系统（手柄、泄压阀）三部分组成。

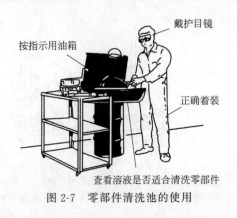

图2-7 零部件清洗池的使用

图2-8 液压压床

液压压床的使用方法和注意事项见表2-2。

表 2-2 液压压床的使用方法和注意事项

项目	要　求
使用方法	①使用前先压动手柄,观察液压杆处是否漏油,如果有漏油,则需要通知工具设备管理员维修 ②将工件平稳放置于托盘上,并注意工件重心位置 ③压动手柄加压,使液压杆逐渐压向工件,当液压杆压倒工件时,检查工件放置位置是否正确、平稳、可靠 ④继续加压至预期压力,完成冲压过程 ⑤旋转泄压阀,泄压复位,释放并且取下工件 ⑥清洁、整理
注意事项	①使用前,应当检查液压缸、压力表、手柄和支架等技术状况是否良好,安全保护装置是否正常,工作台是否清洁 ②工件应当放置平稳后方可施压加工。在加压过程中,如果发现工件松动滑移,应当立即停止加压。松压校正后再继续加工 ③在施压状态下,严禁调整和敲打工件,防止工件弹出伤人 ④不得超负荷使用液压压床;不准对长条形工件直立进行施压加工,以免工件弹出伤人 ⑤工作完毕后,应当将支撑垫块放回适当位置,并且清除杂物,清洁润滑压床各部位,必要时加注液压油

2.1.2 举升设备

2.1.2.1 举升机

举升机的作用是将汽车局部或整车举升到需要高度,便于维修技术人员对汽车各部分进行检查、拆卸、维护和修理作业。汽车维修作业中常用的举升机通常包括单柱式举升机、双柱式举升机、四柱式举升机、剪式举升机和地沟式举升机等几种。

(1) 使用举升机举升车辆

① 车辆在举升机上的定位。首先将车辆停在举升机正中,如图 2-9 所示,要防止车辆滚动,使用驻车制动器,如果有必要,楔住车轮。车辆装载有负荷或两轴负荷不均时,不能举升;然后检查举升机顶部空间,避免碰撞;收缩天线,关闭车门。

② 使用双柱式举升机举升车辆。首先,清理举升机举升平台,确保干燥、没有油污;然后进行车辆定位;将举升机举升平台放在车辆支撑点下面(参照制造厂家维修手册),如图 2-10 所示。升起举升机举升臂直到举升平台接触到车辆支撑点,检查举升平台与支撑点的相互位置是否正确,如果不正确,应当降下举升臂重新定位。将举升机上升到期望的位置,连接安全保险装置,如图 2-11 所示。

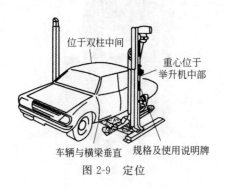

图 2-9 定位

图 2-10 将举升机举升平台放在车辆支撑点下

③ 使用四柱式举升机举升车辆,如图 2-12 所示。首先将把车辆停在举升机中部,施加

驻车制动，手动变速器挂上低速挡，自动变速器选择"停车"挡位或者楔住车轮；然后将举升机升到期望的高度，连接安全保险装置。

图 2-11 连接安全保险装置

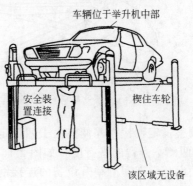

图 2-12 使用四柱式举升机举升车辆

④ 使用单柱式举升机举升车辆，如图 2-13 所示。将车辆放在框架的正中，将支撑块定位于车辆支撑点下方。操作控制杆慢慢升起举升机。在框架下，放上安全支撑腿或适当的支撑柱，以便支持框架，防止下滑。

(2) 举升机安全操作规程

① 使用前，应当清除举升机附近妨碍作业的器具及杂物，并且检查操作手柄是否正常。

② 操作机构灵敏有效，液压系统不允许有爬行现象。

③ 支车时，四个支角应当在同一平面上，调整支角胶垫高度，使其接触车辆底盘支撑部位。车辆不可支得过高，支起后四个托架要锁紧。

④ 待举升车辆驶入后，应当调整举升机支撑块，使其对正该车型规定的举升点。

⑤ 举升时人员应当离开车辆，举升到需要高度时，必须插入保险锁销，并且确保安全可靠才可开始车底作业。

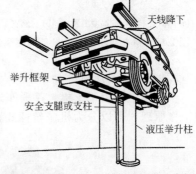

图 2-13 使用单柱式举升机举升车辆

⑥ 除车辆维护及小修项目以外，其他烦琐笨重作业均不得在举升机上操作修理。

⑦ 举升机不得频繁起落；支车时举升要稳，降落要慢。有人作业时，严禁升降举升机。

⑧ 发现操作机构不灵、电动机不同步、托架不平或液压部分漏油，应当及时报修，不得带病操作。

⑨ 作业完毕应当清除杂物，打扫举升机周围以保持场地整洁。

⑩ 定期（半年）排除举升机油缸积水，并且检查油量。若油量不足，应当及时加注相同牌号的压力油，同时应检查润滑、举升机传动齿轮及链条。

(3) 举升机的保养

① 清洁、清理。保持举升设备及其周围环境清洁，定期对举升设备进行清理，如图 2-14 所示。

② 紧固螺栓。举升设备经长期使用，紧固螺栓会松动，需要定期检查紧固螺栓，如图 2-15 所示。

图 2-14　对举升设备进行清理

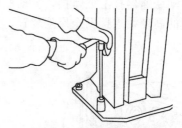
图 2-15　检查紧固螺栓

③ 调整。定期检查并调整由于四轮定位作业的举升设备的水平度。定期检查并且调整举升设备两侧举升臂的平行度，如图 2-16 所示。

④ 润滑。定期润滑举升设备的连接钢缆，如图 2-17 所示。

 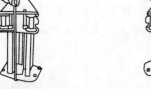

(a) 两侧支车机构的高度测量　(b) 右侧支车机构的高度测量

图 2-16　检查并调整举升设备两侧举升臂的平行度

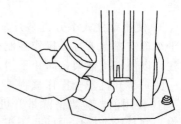

图 2-17　润滑举升设备的连接钢缆

2.1.2.2　千斤顶

千斤顶主要用于支撑、举升车辆或重物，例如举升汽车、支撑汽车总成等。按照千斤顶的工作原理，可以分为机械丝杆式和液压式，如图 2-18 所示。

(a) 机械丝杆式　　　　　　　　　　　　　(b) 液压式

图 2-18　千斤顶

① 起顶汽车前，应当将千斤顶顶面擦拭干净，拧紧液压开关，把千斤顶放置于被顶部位的下部，并使千斤顶与被顶部位相互垂直，以防千斤顶滑出而造成事故。

② 旋转顶面螺杆，改变千斤顶顶面与被顶部位的原始距离，使起顶高度符合汽车需要的顶置高度。

③ 用三角形垫木将汽车着地车轮前后塞住，防止汽车在起顶过程中发生溜车事故。

④ 用手上下压动千斤顶手柄，使被顶汽车逐渐升到一定高度，在车架下放入搁车凳，禁止用砖头等易碎物支垫汽车。在落车时，应当先检查车下是否有障碍物，并确保操作人员的安全。

⑤ 徐徐拧松液压开关，使汽车缓缓平稳地下降，架稳在搁车凳上。

千斤顶的使用注意事项如下。

① 汽车在起顶或下降过程中，禁止在汽车下面进行作业。

② 应当徐徐拧松液压开关，使汽车缓慢下降，汽车下降速度不能过快，否则易发生事故。

③ 在松软路面上使用千斤顶起顶汽车时，应当在千斤顶底座下加垫一块有较大面积且能承受压力的材料（如木板等），防止千斤顶由于汽车重压而下沉。千斤顶与汽车接触位置应正确、牢固。

④ 用千斤顶把汽车顶起，当液压开关处于拧紧状态时，如果发生自动下降故障，则应当立即查找原因，及时排除故障后方可继续使用。

⑤ 如发现千斤顶缺油，应当及时补充规定油液，不能用其他油液或水代替。

⑥ 千斤顶不能用火烘热，以防皮碗、皮圈损坏。

⑦ 千斤顶必须垂直放置，以免因油液渗漏而失效。

2.1.3 安全支撑

安全支撑主要用于支撑车辆，并保持一定高度，使维修技术人员能够在汽车下面工作，拆下车轮和汽车零部件等，安全支撑的结构如图2-19所示。安全支撑的高度可以调整，也可以设置成固定高度。对于一些大型的安全支撑，可以用于货车和重型设备，大部分普通的安全支撑，重量较轻，只能够支撑1～2t的质量。有的安全支撑与千斤顶设计在一起，采取机械锁紧或插销的方法来支撑车辆。

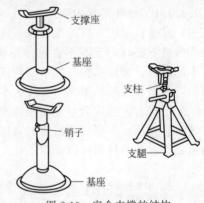

图 2-19 安全支撑的结构

2.1.3.1 安全支撑的检查

安全支撑在使用前，应当认真检查，主要检查项目包括以下几方面。

① 检查鞍座是否有裂纹和变形，鞍座是否清洁、干净，不能有油脂。

② 检查安全支撑在地板上是否稳定，机座和支腿应当没有变形。

③ 安全支撑上的螺纹、齿条或销子应当运转良好、锁定可靠，支撑重量不要超过最大安全工作载荷。

2.1.3.2 安全支撑的正确使用

使用安全支撑时，其正确的操作方法如下。

① 首先应当将安全支撑调整到期望高度，两边安全支撑高度应相等，车辆在安全支撑上应当处于水平状态。

② 举升车辆到略高于要求的高度。

③ 把安全支撑放在加强梁下面，确保安全支撑不能损伤任何部件，例如地板、车身零部件、管线和电缆等。

④ 轻轻地降下车辆，落实安全支撑，检查车辆是否正确支撑在安全支撑的鞍座上，如图2-20所示。

⑤ 移走千斤顶前，应确保车辆妥善地支撑在安全支撑上，进而保证在车下工作是安全的。

需要注意的是，安全支撑鞍座应当接触车辆的水

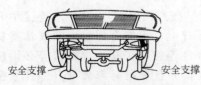

图 2-20 由安全支撑支持

平面，而不是锥面和斜边，否则易造成车辆滑移和倾覆。

2.1.4 吊具及吊索

在汽车维修车间里，有时需要起吊大型零部件，例如汽车发动机、变速器、前后桥等，这时就要用到举升吊具及吊索等设备。常见的举升吊具主要有发动机吊机、手动葫芦、平衡架等，它们的结构如图2-21所示。

(a) 发动机吊机　　(b) 手动葫芦　　(c) 平衡架

图 2-21　常见的举升吊具

2.1.4.1　举升吊具的使用

（1）发动机吊机　发动机吊机需要定期进行维修和检查，以确保其安全操作。当有人或装备在吊机下面时，千万不要操作吊机。使用吊机来起吊发动机时，需检查吊机的承载能力，不能超载，确保吊钩与起吊部件连接牢固。不要将吊机起重臂伸得太长，如果超出规定范围值，则吊机在起吊重物时会失去平衡，如图2-22所示。如图2-23所示，不要让重物一直处于悬空状态，且应当尽量使重物刚好离开地面或车辆，悬空物体越高，起重机就越不平稳，越容易翻覆。当移动起吊物时，应当尽量避免起吊物摇晃，起吊物离地应很近，因而起吊物重心低，起吊过程可以保持平稳。

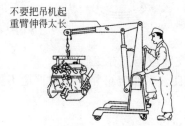

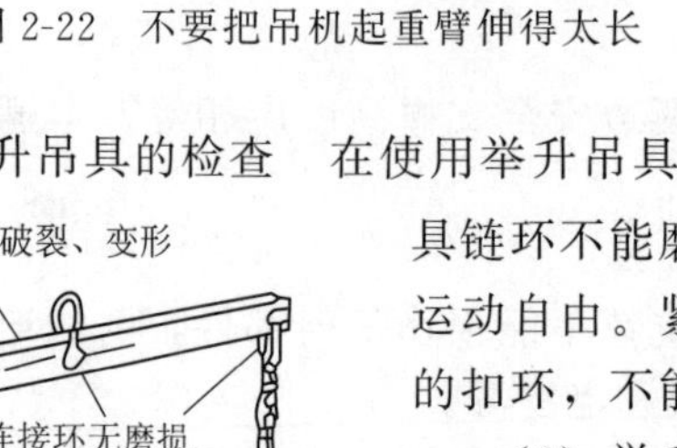

图 2-22　不要把吊机起重臂伸得太长

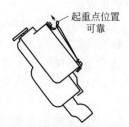

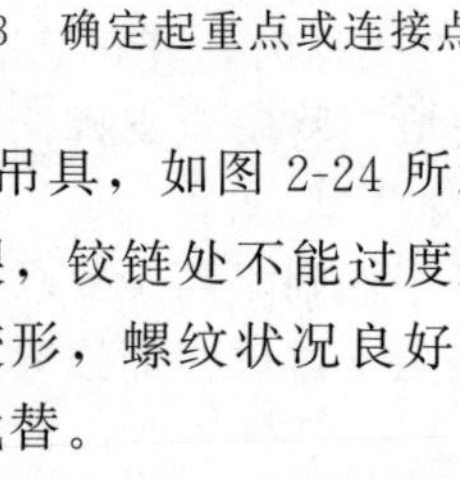

图 2-23　确定起重点或连接点可靠

（2）举升吊具的检查　在使用举升吊具前，应认真检查吊具，如图2-24所示。举升吊具链环不能磨损、张开及开裂，铰链处不能过度磨损，应当运动自由。紧固件不能拉伸变形，螺纹状况良好。使用标准的扣环，不能使用螺栓和销代替。

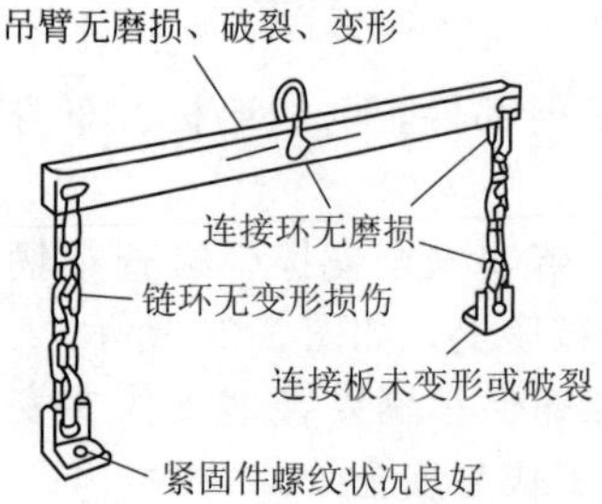

（3）举升吊具的连接　按照图2-25所示要求连接举升吊具。吊具螺母必须全部拧上，不能有螺母、螺纹暴露在外面。当吊具与被举升部件连接时，螺栓、螺钉等必须旋进至少1.5倍直径的深度，并且使吊具与被举升部件紧密连接。

图 2-24　举升吊具的检查

2.1.4.2 举升吊索的使用

当拆下发动机或变速器时,如果没有专用的吊具,就有必要利用链条、钢丝绳或吊索作为吊具。

(1) 吊索的检查　在使用吊索前,应当做细致检查。

① 钢丝绳和吊索上是否有磨损、绞缠和缺陷。

② 是否有张开和断裂的链环,确保吊索能承受负荷,其安全工作负荷大于起吊部件重量。

③ 如有必要,查看厂家说明书。

(2) 吊索的使用

① 使用吊索时,应当将吊索安全地连接到起吊部件。

② 用物体包住起吊部件的所有尖锐边缘,防止损坏吊索,如图 2-26 所示。

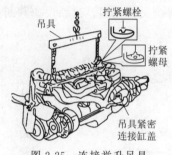

图 2-25　连接举升吊具

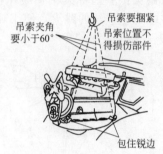

图 2-26　用物体包住起吊部件的所有尖锐边缘

③ 吊索应远离燃油管、机油管、电缆、分电器、燃油泵及机油滤清器等零部件。

④ 确保吊索不会从吊钩上滑脱。

⑤ 将吊钩挂住吊索起吊部件,以保持角度和平衡。

⑥ 保持吊索夹角小于 60°,因为在这个角度,每根吊索上承受的力量稍大于起吊重量的 1/4。这个力量会随着夹角的增加而增加,当夹角为 120°时,每根吊索上的力量超过起吊部件重量,这就很危险,吊索随时可能被拉断。

⑦ 逐渐将部件重量加到吊索上,检查吊索是否正确定位。

2.2　发动机检测维修工具与设备

2.2.1　火花塞检修工具

2.2.1.1　火花塞套筒

火花塞套筒专门用于火花塞的拆卸及更换,可视为长套筒的一种变形,采用薄壁结构以避免与其他部分干涉,如图 2-27 所示。目前车型主要使用 16mm 类型,旧车型也有采用 21mm 类型的。套筒内部装有磁铁或橡胶圈,由于大多数火花塞都是朝下布置的,必须从火花塞孔深处朝上取出,因此采用橡胶圈或磁铁来防止火花塞掉落。火花塞保持在套筒中时,也要小心操作,防止其坠落而损坏电极。装复火花塞时,为了保证火花塞能够正常地装入气缸盖中,首先要用手仔细地旋转套筒,使火花塞螺纹带入后,如图 2-28 所示,再用配套手柄将其紧固。

图 2-27　火花塞套筒

图 2-28　装复火花塞

2.2.1.2　火花塞检测仪

火花塞检测仪专门用于安全快速检测火花塞的性能和好坏，如图 2-29 所示，它代替了传统的随车跳火试验，将火花塞放在检测仪上，该检测仪可以产生高性能、稳定的点火高压，使火花塞产生连续的跳火，便于观察和比较火花塞跳火的强弱，进而快速判断火花塞性能的好坏。

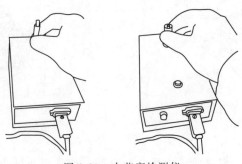
图 2-29　火花塞检测仪

2.2.2　活塞环检修工具

2.2.2.1　活塞环拆装钳

活塞环拆装钳是一种专门用于拆装活塞环的专用工具，如图 2-30 所示。在维修汽车发动机时，必须使用活塞拆装钳拆装活塞环。在使用活塞环拆装钳时，将拆装钳上的环卡卡住活塞环开口，握住手把稍稍均匀地用力，使拆装钳手把慢慢地收缩，环卡将活塞环徐徐地张开，使活塞环能从活塞环槽中取出或装入。使用活塞环拆装钳拆装活塞环时（图 2-31），用力必须均匀，以免用力过猛而导致活塞环折断，同时可以避免伤手事故。

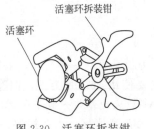
图 2-30　活塞环拆装钳

图 2-31　拆活塞环

2.2.2.2　活塞环压缩器

活塞环压缩器的作用是将活塞环包紧在活塞环槽内装入气缸。活塞环压缩器通常用带有刚性的铁皮制成，如图 2-32 所示。活塞环压缩器的大小和型号有所不同，在选用时要根据活塞的直径选择合适的压缩器。安装活塞环前，应当按原厂规定检查每个环的弹力、漏光度和各项间隙是否符合标准。在安装时，要在活塞及活塞环四周涂好机油，按照要求进行装配，注意活塞环的正反方向等事项。安装活塞环时，应当将各环口位置正确地分布后，将活塞环压缩器包裹在活塞的外面，然后使用配套扳手收缩压缩器（或用配套钳子夹紧压缩器），将活塞环压入环槽内，如图 2-33 所示。将带压缩器的活塞下部放入气缸内，并且要求压缩器的下平面要和气缸体的上平面结合好。使用木棒等工具轻击活塞顶部，使活塞顺利进入气缸内。严禁使用金属棒锤击活塞顶部，防止对活塞造成损伤，如图 2-34 所示。需要注意的是，无论使用哪种活塞环压缩器，都要防止活塞环环口随压缩器的旋转而改变位置。

图 2-32　活塞环压缩器

图 2-33　安装活塞环

2.2.3　气门检修工具

2.2.3.1　气门铰刀

在维修汽车发动机配气机构时，如果气门与气门座密封不严，就需要进行铰削和研磨工艺，这就必须选用汽车维修作业的专用气门铰刀。如果气门导管磨损严重，铰削和研磨工艺应当在导管修配后进行。如图 2-35 所示，手用气门铰刀是一套组合工具，由导杆、手柄及不同角度的铰刀头组成。

图 2-34　压入活塞

图 2-35　手用气门铰刀

（1）气门铰刀的类型　在实际维修作业时，应当根据气门的直径和气门导管内径来选择铰刀和铰刀导杆。根据作用不同，铰刀头可以分为 15°、30°、45°及 75°等多种类型。

（2）气门铰刀的使用 选择好导杆和铰刀头后进行组装（图2-36），将导杆的下端置于气门导管内，起导向和定位作用。铰削气门座时，导杆应当保持垂直，两手用力要均匀，转动应当平稳，将气门工作面的烧蚀、斑点、凹陷等缺陷铰去，如图2-37所示。

图2-36 组装导杆和铰刀头后

图2-37 铰削气门座

如图2-38所示，铰削时，用45°或30°铰刀铰削气门座的工作面，用75°铰刀铰削15°上斜面，用15°铰刀铰削75°下斜面。15°和75°铰刀主要用于修正工作面位置及接触面大小。接触面偏上时，用75°铰刀铰上口，使接触面下移；而接触面偏下时，用15°铰刀铰下口，使接触面上移。

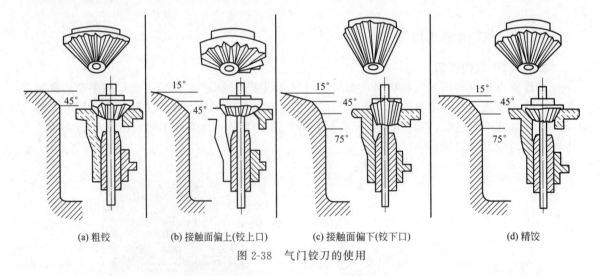

(a) 粗铰　　　　　(b) 接触面偏上(铰上口)　　　(c) 接触面偏下(铰下口)　　　(d) 精铰

图2-38 气门铰刀的使用

铰削结束后，应当保证气门与气门座的接触面位于气门头部锥面的中下部，接触面宽度：进气门为1~2mm，排气门为1.5~2.5mm。如果接触面位置和尺寸不符合要求，可以使用45°或30°铰刀进行修铰。

2.2.3.2 气门弹簧钳

在汽车维修作业中，气门弹簧钳是专门用于拆装气门的专用工具，如图2-39所示。在安装发动机气门时，气门弹簧处于预压缩状态，要想拆卸气门或气门锁片，必须对气门弹簧进行压缩。如图2-40所示，使用气门弹簧钳时，应当将凸台顶住气门头部，压头贴住气门弹簧座，然后下压手柄（或旋动压缩螺杆）带动压头和气门弹簧下行，使锁片脱落在压头的凹槽内。如图2-41所示，使用磁棒取出气门锁片后，首先解除压头的锁止装置，然后轻轻回位下压手柄（或旋松压缩螺杆），使气门弹簧压力释放，这样就可以轻松地取下气门弹簧及气门了。为使气门弹簧钳活动自如，气门弹簧钳的活动部分应当保持良好的润滑。

图 2-39　气门弹簧钳

图 2-40　气门弹簧钳的使用

图 2-41　使用磁棒取出气门锁片

2.2.3.3　气门油封钳

气门油封钳是专门用于拆卸气门油封的专用工具。如图 2-42 所示，气门油封钳的铰接结构与普通钳子类似，其主要区别在于其夹持用的端部，端部形状与气门油封外形吻合，啮合后其内径尺寸小于气门油封的外径尺寸，这样可以夹紧气门油封，同时在端部内侧还设有槽纹，能够增大夹持摩擦力，进而防止在拆卸过程中气门油封从钳中脱落。在拆卸气门油封时，应当将气门油封钳的前端部伸入气门油封的外侧，用手握住钳子手柄（应当注意控制好握力的大小，如果握力过大，则气门油封就会变形紧卡在气门导管上，难以拆卸，严重的话还可能伤及气门导管；如果握力过小，则钳子无法夹住气门油封，油封就会从钳中滑脱），使钳子端部正好钳住气门油封，然后向外拉拔，必要时可以缓慢转动气门油封，使之与气门导管脱落。如图 2-43 所示为沃尔沃汽车使用气门油封钳免拆缸更换气门油封。

图 2-42　气门油封钳

图 2-43　沃尔沃汽车使用气门油封钳免拆缸更换气门油封

2.2.4 点火正时测试灯

点火正时测量灯是用于检测发动机点火是否正时，如图 2-44 所示。点火正时测量灯的使用方法：将点火正时灯正确连接到汽车发动机上，将传感器夹在气缸高压线上；启动发动机，使其至正常工作温度状态，保持在怠速下稳定运转；打开正时灯并对准正时标记（正时刻度盘或正时指针），调整正时灯电位器，使正时标记清晰可见，此时表头读数即为发动机怠速运转时的点火提前角。用同样的方法可分别测出不同工况、转速时的点火提前角并记录。在拆下真空管接头并堵住（点火提前机构不起作用）的情况下，怠速时测出的点火提前角为初始提前角（基本点火正时）。测出的点火提前角应当与规定标准值进行对照，判断点火提前角的大小是否符合要求，如图 2-45 所示。如果不符合要求，应调整点火正时。

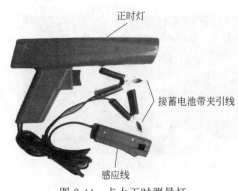

图 2-44 点火正时测量灯

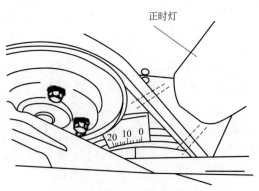

图 2-45 点火正时测量灯的使用

2.2.5 手动式真空泵

手动式真空泵如图 2-46 所示，可以用于检查发动机各种真空系统或尾气控制系统的负压泄漏，以及真空阀动作检查等。

2.2.5.1 手动式真空泵的构造

手动式真空泵的构造如图 2-47 所示，主要由气泵、过滤器、连接真空表及单向阀等组成。使用者捏握手柄时拉动活塞，被测零件内的空气经过单向阀 B 被吸入气缸内，松开手柄时，单向阀 B 关闭，被压缩的空气经过打开的单向阀 C 排出。如此重复操作，即可使零件内形成负压。前后扳动放气扳手即可使真空表指针回零。

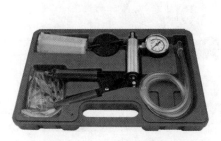

图 2-46 手动式真空泵

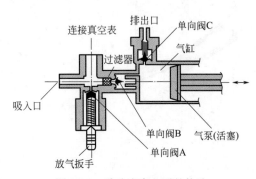

图 2-47 手动式真空泵的构造

2.2.5.2 手动式真空泵的使用方法

手动式真空泵在汽车维修作业中用途很多,可以用做真空表,用于测量进气歧管入口的负压;也可以用于产生压力,来检测燃油蒸发排放活性炭罐净化阀是否正常,以本田飞度轿车为例,可按照表 2-3 的操作步骤执行检测。

表 2-3 用手动式真空表检测燃油蒸发排放活性炭罐净化阀的步骤

步骤	操作方法
1	将真空软管从燃油蒸发排放活性炭罐净化阀上断开,然后将真空泵连接到软管上
2	启动发动机,使发动机怠速运行
3	当发动机冷却温度低于 60℃时,进行测量
4	检查真空泵的真空表是否有真空
5	若有真空,则可以检查真空软管。若真空软管正常,则说明燃油蒸发排放活性炭罐净化阀损坏,应当予以更换

2.2.6 发动机机油滤清器扳手

常见的一次性机油滤清器直径均在 8cm 以上,顶部被冲压成多棱面(就像一个大螺母),如果要拆装,则需要使用专用机油滤清器扳手。发动机机油滤清器扳手类型很多,结构各异,但作用相同,使用操作方法也基本相似。

2.2.6.1 杯式机油滤清器扳手

如图 2-48 所示,杯式机油滤清器扳手类似于一个大型套筒,拆卸不同车型的滤清器需要不同尺寸的扳手,在购买时多为组套形式配装。在使用时,将杯式滤清器扳手套在机油滤清器顶部的多棱面上,如图 2-49 所示,使用方法同套筒扳手。

图 2-48 杯式机油滤清器扳手

图 2-49 将滤清器扳手套在机油滤清器顶部的多棱面上

2.2.6.2 钳式滤清器扳手

如图 2-50 所示,钳式滤清器扳手可以说是钳子的改型产品,使用方法同鲤鱼钳。

2.2.6.3 环形滤清器扳手

如图 2-51 所示,环形滤清器扳手的结构为一个可以调节大小的环形,环形内侧设计为锯齿状。在使用时,将其套在滤清器顶部的棱面上,扳动手柄,扳手的环形会根据滤清器大小合适地卡在棱面上,顺利地完成拆装工作。

图 2-50 钳式滤清器扳手

图 2-51 环形滤清器扳手

2.2.6.4 三爪式滤清器扳手

如图 2-52 所示，这种机油滤清器扳手需配套套筒手柄或是扳手使用，其内部设计有行星齿轮传递机构，可以根据机油滤清器的大小自动调节三爪的大小。

2.2.6.5 链式机油滤清器扳手

在没有专用滤清器扳手的情况下，也可以使用图 2-53 所示的链式机油滤清器扳手，进而达到拆装的目的。

图 2-52 三爪式滤清器扳手

图 2-53 链式机油滤清器扳手

2.2.7 汽车异响探测器

汽车异响探测器是为了检测汽车异响而设计的专业检测设备。汽车维修技术人员在进行汽车修理作业时，借助汽车异响探测器可以快速且准确地判断出汽车故障点，有利于提高汽车维修的质量，大幅度提高维修技术人员的工作效率。

2.2.7.1 探针式汽车异响探测器

汽车异响探测器主要适用于噪声的探测，可以轻易地查探汽车早期隐患，便于对汽车及早进行维修，进而保证各系统、各部件的正常运转，避免由于个别部件的损坏而造成巨大经济损失，如图 2-54 所示。汽车异响探测器是采用 IC 电路及晶体管电路组成的，因此具有体积小、重量轻、操作方便等特点。汽车异响探测器有高灵敏探头，能够迅速测出汽油机/柴油机气缸发出的机械杂声并帮助维修技术人员快速准确地找出故障部位。能够对各种发动机、电动机等发出的异常噪声和杂声进行鉴别进而避免事故发生。可以查探出任何机械发出杂声的部位，无论是气门震颤、挺杆震响、松动的活塞、齿轮和泵的各类震响、继电器的螺线管操作的声响都可以清晰地查探出来，还可以检测监听管道中液体流动和阻塞的状态，也可以对各种轴承运转状态

图 2-54 探针式汽车异响探测器

做快速判别。此外，还适用于对汽车底盘、船舶运行状况进行监听。

2.2.7.2 无线异响探测仪

汽车异响探测仪又称为汽车异响听诊器或汽车异响测试器,是为了检测汽车异响而设计的专业汽车检测设备。汽车声音是衡量汽车是否处于完好状态的重要的指标,不同品牌、不同型号的汽车发出的声音也不相同,仅靠人的大脑里储存的信息是很难准确判断出汽车异响的来源的。而事实上,凭借经验来判断汽车异响虽然有一定效果,但实际操作中经常会出现错误,即使是一个很有经验的驾驶人员或车辆维修技术人员也不能保证自己的判断百分之百准确,而汽车异响探测仪就很好地解决了汽车异响诊断的困惑。

① 使用无线汽车异响探测仪诊断故障,在设置好探头后,打开主机开关,发光二极管可以指示当前工作通道以及异响信号的强度。

② 通过四个通道的信号强弱的对比,维修技术人员可以很快找到发动机运转时异响的准确位置。维修技术人员通过将发射器放在齿轮、轴承及悬挂系统下来探测异响故障,如图 2-55 所示。

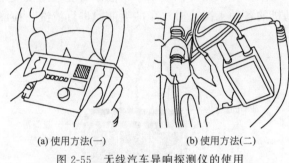

(a) 使用方法(一)　　　　(b) 使用方法(二)

图 2-55　无线汽车异响探测仪的使用

③ 快速找到底盘下及悬挂系统的异响源。例如吱吱声、爆裂音、咔嗒咔嗒声、嘎吱声、沉闷的金属声、咆哮声和滴答声。套件包括四个带感应传感器的钳夹,可以对多处异响情况进行测试。

④ 应用于燃油喷射系统的异响诊断。

⑤ 应用于寻找行驶系统中轴承、交流发电机、水泵、空调压缩机和张紧轮滑轮的异响故障。

2.2.7.3　使用汽车异响探测器对汽车各关键点进行探测

使用汽车异响探测器对汽车各关键点进行探测的方法与技巧见表 2-4。

表 2-4　使用汽车异响探测器对汽车各关键点进行探测的方法与技巧

项目	方法与技巧
汽车齿轮、轴承及悬挂系统的探测	①首先将四个传感器探头分别夹在变速器输出轴外壳、悬挂系统的下转向节、下支臂胶套边缘、差速器外壳上,然后将传感器探头钳夹连接到无线发射器上。发射器吸附在就近的钢件上,并用扎带将发射器扎牢在金属杆件上,防止车辆行驶中掉落 ②两人操作,一人驾驶车辆,另一人戴上耳机,在副驾驶座进行探测 ③切换按钮,对比四个通道的信号强弱,对不同的工作通道进行探测
汽车燃油喷射系统的探测	①将车辆停放好,拉紧驻车制动操纵杆;将四个传感器探头钳夹分别夹在四个喷油器上,并且将传感器探头钳夹连接到无线发射器上 ②启动发动机 ③辨听喷油器的声音 ④切换按钮,对比四个通道的信号强弱,对不同的工作通道进行辨听

续表

项目	方法与技巧
交流发电机、水泵、空调压缩机和张紧轮滑轮的探测	①将车辆停放好后,拉紧驻车制动操纵杆 ②将四个传感器探头分别夹在交流发电机壳体、水泵外壳、空调压缩机壳体和张紧轮滑轮壳体边上,并且将传感器探头钳夹连接到无线发射器上 ③启动发动机,辨听耳机中的声音 ④切换按钮,对比四个通道的信号强弱,对不同的工作通道进行辨听 需要注意的是,传感器探头钳夹有时候需要使用延长线才能连接到无线发射器,无论使用与否都应当将导线归置利落,以防启动发动机后被旋转件缠绕

2.2.8 喷油器清洗检测仪

喷油器清洗检测仪是一种对汽车发动机喷油器采用超声波清洗和功能检测的机电一体化检测设备。在汽车维护与维修技术人员作业中,喷油器清洗检测仪应用十分广泛。喷油器清洗检测仪可以模拟发动机的各种工况,对汽车的喷油器进行清洗、检测。喷油器清洗检测仪如图 2-56 所示。

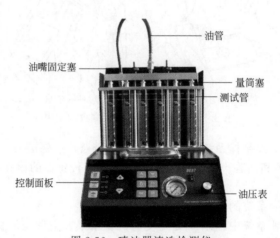

图 2-56 喷油器清洗检测仪

喷油器清洗检测仪可以对单个和多个(1~8 个)喷油器的滴漏、喷油角度、喷油雾化状况、喷油均匀度进行自动静态检测、动态检测与选择检测,而且能够模拟发动机任意工况,真实观察到喷油器工作的全过程。喷油器清洗检测仪的使用见表 2-5。

表 2-5 喷油器清洗检测仪的使用

项目	内容
检测范围	喷油脉宽:1~20ms,步长 0.1ms。喷油计次:0~10000 次,步长 50 次。转速:0~9950r/min,步长 50r/min。喷油计时:0~600s,步长 1s 在上述范围内,可以任意设定各种喷油脉宽、喷油次数或喷油时间、转速;检测模式可以是静态、动态、加速、减速;检测过程中可以中断或恢复原操作程序
使用特点	①能对单个和多个喷油器,无论是高阻、低阻、电压式、电流式等都能进行自动检测清洗、反冲清洗、超声波清洗 ②可使用计次方式检测,也可以使用计时方式检测。有背景灯,可观看喷油器的工作状况 ③设有独特的喷油器开、关周期检测装置,可检测鉴定喷油器的质量和品牌 ④有闪光测定喷油角度和雾化状况检测装置

续表

项目		内容
使用特点		⑤无须移动即可检测喷油器的滴漏、喷油角度、雾化状况、喷油均匀度的变化，并且能够在封闭的状态下实现安全常喷循环自动检测清洗 ⑥有独特的万能双集油系统，适用于所有的顶置、侧置、多点或单点喷油器的连接，并且具有测试自动排放功能，免除手动排液回缸 ⑦如遇新型喷油器，只需选配合适的接头，更换 O 形环即可 ⑧采用微电脑技术和智能机电一体化设计，并且设有工作电源和特定的喷油器自动保护装置，保证能够对高阻、低阻、电压式、电流式各种喷油器常喷安全检测和清洗 ⑨有反冲洗设计，可以对多个喷油器同时进行反冲洗 ⑩有安全、定时的超声波清洗系统。提供 40kHz 高频超声波清洗系统，在保证不损伤喷油器的条件下，按照喷油器制造商的建议进行操作 ⑪配有阻尼系统、安全系统和不锈钢容器，无须配制高压的压缩气体供油系统，系统压力 0～441kPa 可调，并且能够准确显示（精度 9.8kPa） ⑫免拆检测清洗。对于电喷汽车、普通化油器汽车的发动机，可以实现免拆检测清洗，不需购买免拆清洗机（需要选购与汽车连接的接头） ⑬提供安全的检测液和自动回收方法，无腐蚀，无污染，保证操作安全 ⑭有多种接头。可以与各种喷油器匹配，适用于标准型、Hose-Tail 型、K 型、TBL 型等，并可根据用户要求设计 ⑮采用微电脑自动调节供油系统的压力，有压力超限保护，保证流量、压力的稳定 ⑯有可燃气体超浓度（体积分数≥2%）报警和检测清洗液超温显示报警安全系统
免拆清洗使用方法		①在被清洗汽车的汽油格（过滤器）接口处断开汽车进油管，并断开油泵熔丝，然后选用与汽车供油口连接的接头与 ϕ10mm 油管接通，ϕ10mm 油管的另一端与本机配的免拆清洗快接插头连接，然后将插头插入本检测仪检测液出口快接接口 ②断开被清洗汽车发动机的回油管，用 ϕ10mm 油管接通，并用卡箍锁紧，然后用 ϕ10mm 变 ϕ8mm 油管连接，再与本检测仪配的快接接头接通，并且插入本检测仪右上方回收检测液接口 ③将检测仪的油压调至被清洗车规定的系统油压，启动汽车发动机，清洗 15min（汽油与清洗剂的体积比例为 10∶1），清洗剂为专用免拆清洗用（需选购），连续踩汽车加速踏板排出污物即可
保养与维护	更换检测清洗液的方法	检测液使用多次后会污浊，当发现有污浊现象时，则应当更换检测液，更换方法如下 ①把本检测仪配的抽油管带插头的一端插入本检测仪上方的检测液出口的快接接口处，抽油管的另一端插入接污液的油桶（罐） ②按油泵（PUMING）键，这时油箱的污液自动抽出来，直至抽干后，立即关闭油泵 ③拧开测试架上的固定螺栓，拿开测试架上面与喷油器接头相连的油路器，然后按回油（DRAIN）键，接着对各个试管灌入新的检测液，直至油箱高位灯亮为止
	安全使用注意事项	①必须按使用手册规定的操作规程进行操作使用 ②仪器的供电电压为交流 220V、50Hz，而且必须要接地 ③使用时，周围必须严禁烟火，不准吸烟 ④保修期内不能擅自打开机壳检测。如果有故障，请与当地经销商联系 ⑤仪器适用于各种车型喷油器的检测清洗。对于美国通用产的凯迪拉克、雪佛兰和日本生产的大霸王、小霸王、蓝鸟王这几种特殊喷油器也适用，但必须向生产商另外选购特种接头 ⑥必须使用专用测试液和清洗液
	维护保养方法	①防尘。仪器用完后，需要用塑料罩盖好，防止灰尘进入玻璃试管，避免回油电磁阀阻塞。每用完一次，都应当将操作平台清洗干净 ②油泵保护。免拆清洗结束，应当将油箱中的脏检测液抽出，避免脏检测液腐蚀损坏油泵。仪器应当经常使用。停用或少用时，至少每隔 6 天要通电测试使用一次。也就是说，每隔 6 天要把检测液注入油箱至高位灯亮。按面板的油泵（PUMPING）键，10min 后即闭。油箱中的检测液污浊后，应当及时更换 ③电源。供仪器用的电源一定要接地 ④清洗液、测试液的选用。选用的清洗液和测试液，必须要无腐蚀性、不含水分、无毒、不易燃

2.2.9 无负荷测功仪

2.2.9.1 测量发动机功率的方法

发动机输出的有效功率是发动机综合性评价指标。通过该项指标，可以定性地确定发动机的技术状况，并定量地获得发动机的动力性。目前测量发动机功率可采用稳态测功和动态测功的方法，见表 2-6。

表 2-6 测量发动机功率的方法

项目	内容
稳态测功	稳态测功是指发动机在节气门开度一定、转速一定和其他参数保持不变的稳定状态下，在水力测功器、电力测功器或底盘测功试验台上给发动机施加一定负荷，测出额定转速及相应扭矩，进而计算出功率数。稳态测功的结果比较准确可靠，但成本高，一般运输、维修和交通监理部门不采用
动态测功	动态测功是指发动机在节气门开度和转速均变化的状态下，测定功率的一种方法。由于动态测功无须对发动机施加外部负荷，因而又称无负荷测功。这种测功的方法是，当发动机在怠速或空载的某一低转速下运行时，突然节气门全开，使发动机克服惯性和内部摩擦阻力加速运转，用其加速性能好坏直接反映出功率大小。因此，只需要测量出加速过程中的某一参数，就可以得出相应的最大功率。由于动态测功不加负荷，可以就车进行，特别适用于在用车辆发动机功率的检测

2.2.9.2 无负荷测功原理

当发动机在怠速或某一空载低转速运转时，突然加速时节气门全开，此时发动机产生的动力，除了克服惯性和内部各种运转阻力距外，将会使曲轴加速运转，即发动机以自身运动机件为载荷加速运转。如果被测发动机的有效功率越大，则曲轴的瞬时角加速度也越大，从一个转速到另外一个更高转速的加速时间越短。因此只要测得角加速度或加速时间，就可以获得发动机功率。无负荷测功原理可以通过测定角加速度或者加速时间这两种方法来测量平均功率。测瞬时加速度是通过测量加速过程中某一转速的加速度进而获得瞬时功率。仪器由传感器、脉冲整形装置、时间信号发生器、加速度计算器、控制装置、转换分析器、转换开关、功率指示表、转速表及电源组成，其方框图如图 2-57 所示。

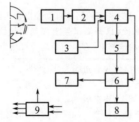

图 2-57 瞬时加速度测试法电路方框图
1—传感器；2—脉冲整形装置；3—时间信号发生器；4—加速度计算器和控制装置；
5—转换分析器；6—转换开关；7—功率指示表；8—转速表；9—电源

测加速时间是通过测量加速过程中某一转速范围内的加速时间，进而获得平均功率的一种方法。该仪器由转速传感器、脉冲整型装置、起始转速（n_1）触发器、终止转速（n_2）触发器、时间信号发生器、计算与控制装置及显示装置等组成，其方框图如图 2-58 所示。如图 2-59 所示为无负荷测功仪的面板。它可以测出发动机加速过程中从起始转速（n_1）至终止转速（n_2）转速范围内的加速时间，即平均功率。无负荷测功仪的等级显示有良好、合格、不合格 3 个等级。

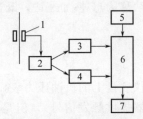

图 2-58 加速时间测试法电路方框图
1—转速传感器；2—脉冲整形装置；3—起始转速（n_1）触发器；4—终止转速（n_2）触发器；
5—时间信号发生器；6—计算与控制装置；7—显示装置

国家标准规定：在用发动机功率不得低于原标定功率的75%，大修后发动机最大功率不得低于原设计标定值的90%。无负荷测功仪可以测出发动机整机功率，然后测出某单缸断火情况下的发动机功率，两者之差即为断火缸的单缸功率，即无负荷测功仪可以检测某气缸的单缸功率。技术状况良好的发动机，各缸功率应是一致的，称为动力平衡。对于工作正常的发动机，在某一转速稳定运转时，发动机的指示功率与发动机运动机件摩擦所消耗的功率是平衡的。此时，如果通过断火停止某一气缸的工作，则会打破原来的平衡，使发动机转速下降，并且达到另一个新的平衡转速。

图 2-59 无负荷测功仪的面板

2.2.9.3 使用无负荷测功仪检测车用发动机的功率

使用无负荷测功仪检测车用发动机的功率见表 2-7。

表 2-7 使用无负荷测功仪检测车用发动机的功率

项目	内容
准备工作	①检查仪器状况。在未接通电源前，如果指示装置为指针式的，应当检查指针是否在机械零点上，如果指示装置指示不准确，则应当进行调零。带有数码管的仪器，数码管的亮度应正常，并且数码管均应当在零位 ②测加速时间-平均功率的仪器，要调整好起始转速（n_1）和终止转速（n_2）。微机控制的仪器，可通过数字键键入转速 n_1、n_2 的设定值 ③接通电源，电源指示灯亮，预热仪器至规定时间 ④按照仪器使用说明书给定的方法，对仪器进行检查、调试和校正，待完全符合使用要求后才能投入使用
发动机准备	预热发动机至正常工作温度（80~90℃）。调整发动机使其在规定的转速范围内稳定运转
仪器与发动机联机	仪器与发动机准备好后，把仪器的传感器（包括夹持器）连接到发动机规定部位
测功	①按下"复零"键，使指示装置复零。按下其他必要的键位，例如机型选择键、缸数选择键、测试键等。需要输入操作码的仪器，则应当按照要求输入规定的操作码 ②发动机在怠速下稳定运转，在驾驶室内将加速踏板急速踩到底，使发动机转速猛然上升。当发动机转速超过终止转速（n_2）时，立刻松开加速踏板，切忌长时间高速空转 ③记下或打印出测量结果，按下"复零"键，使指示装置复零 ④重复上述操作 3 次，取算术平均值作为检测结果
查对功率	对于仅能显示加速时间的无负荷测功仪，测得加速时间后应当对照仪器制造商推荐的曲线图或表格查出对应的功率值，以便与标准功率值比对，并进行分析

需要注意的是，上述测功的方法称为怠速-加速法，既适用于汽油机也适用于柴油机。

2.2.10 压力表、油压表

2.2.10.1 机油压力表

润滑系统的机油压力值由汽车仪表盘上的机油压力表显示出来或者由指示灯闪亮情况显示压力是否正常（由机油压力传感器提供触发信号），但是由于仪表盘上的机油压力表或油压传感器不能保证必要的测量精度，因此机油压力需定期使用机油压力表检测。如图2-60所示，机油压力表由表头、连接管路及接头组成。表头多为指针式，仪表的刻度单位一般采用"bar、kPa、psi"来表示。

（1）压力测试前的检查项目　为了保证机油压力测试的准确性，在测试前应当对发动机润滑系统进行必要的检查，主要包括以下几个方面：检查机油液位是否过低；检查机油压力开关是否异常；检查机油黏度是否不当或被稀释（汽油涮缸）或进水；观察机油是否有泄漏或堵塞。在确认已经解决上述问题的前提下，进行机油压力测试。

（2）机油压力测试方法　断开机油压力开关的线束插接器，拆卸机油压力开关。将机油压力表接头按扭矩要求安装在机油压力开关的座孔上（图2-61），确保连接密封性良好，无渗漏。启动并且运行发动机，在不同工况下观察和记录机油压力表的读数。

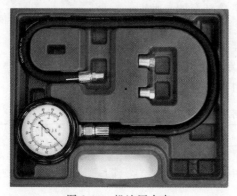 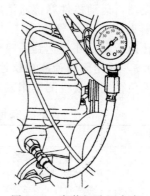

图2-60　机油压力表　　　　图2-61　安装机油压力表

（3）机油压力测试项目
① 怠速时的机油压力值。
② 加速时的机油压力值：随转速提高，机油压力也随之提高。
③ 发动机转速稳定时的机油压力值：机油压力也应当稳定在规定值范围内。
④ 当转速升高到一定值时，机油压力不再上升。

不同工况下的机油压力值是否符合要求，应当以所测车型的维修手册标准为准。

（4）机油压力故障分析　见表2-8。

表2-8　机油压力故障分析

故障	分析
机油压力过低	①机油泵本身磨损、泄压，或限压阀故障 ②油路、轴承磨损泄压导致 ③集滤器漏气 ④油底壳碰撞变形，紧贴至集滤器

续表

故障	分析
机油压力过高	①滤清器堵塞 ②旁通阀卡滞堵塞 ③机油泵限压阀卡滞,不回油

2.2.10.2 气缸压力表

气缸压力表（图 2-62）是一种专门用于检查气缸内气体压力大小的量具，按照测量范围和用途分为汽油机压力表和柴油机压力表两种。

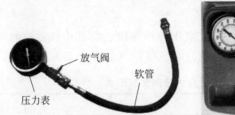

图 2-62　气缸压力表

(1) 气缸压力检测条件　由于影响气缸压力的因素很多，因此测量气缸压力时，必须满足下列条件。

① 蓄电池电力充足。
② 按照规定力矩拧紧气缸盖螺栓。
③ 彻底清洗空气滤芯或更换新的空气滤芯。
④ 发动机达到正常的工作温度（水温 80~90℃，油温 70~90℃）。

需要注意的事项如下。

① 对于电喷车，在测试前必须移除燃油泵、喷油器和分电器的熔丝或继电器再进行测量，否则将会导致测量的结果不准。
② 测试中起动机运转时间不能过长或过短，时间过长会消耗电能和损坏起动机，时间过短则达不到测试标准。

(2) 气缸压力表的使用方法　使用气缸压力表时，应当首先启动发动机并运转到正常工作温度，旋下汽油机火花塞或柴油机喷油器。对于汽油机，必须将节气门和阻风门完全打开，将气缸压力表的锥形橡胶圈压紧在火花塞座孔上，如图 2-63 所示。对于柴油机，必须采用螺纹接口式气缸压力表，将气缸压力表螺纹接口旋入喷油器座孔内，如图 2-64 所示。用起动机带动曲轴旋转 3~5s，使发动机转速保持在 150~180r/min（汽油机）或 500r/min（柴油机），此时气缸压力表所指示的压力值就是该气缸的气缸压力。按照下气缸压力表上的放气阀，则气缸压力表指针回零。在实际测量气缸压力时，每个气缸应重复测量 2~3 次，最后取平均值。

(3) 气缸压力表使用及维护注意事项
① 使用后一定要按下单向阀，使指针对到零位。
② 不允许在热源和火源附近使用气缸压力表。
③ 不允许将气缸压力表暴露在阳光下或淋雨，应当在通风良好的环境中保管和使用。
④ 使用过程中软管应远离转动零件和发热部件，例如风扇、散热器等。
⑤ 不允许强烈振动气缸压力表。

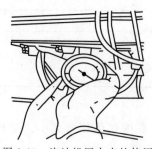 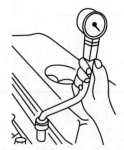

图 2-63 汽油机压力表的使用　　图 2-64 柴油机压力表的使用

2.2.10.3 气缸压力检测仪

气缸压力检测仪主要有压力传感器式气缸压力检测仪、启动电流式气缸压力检测仪和电感放电式气缸压力检测仪等形式，用于检测发动机各缸气缸压力，见表 2-9。

表 2-9 气缸压力检测仪的形式

类别	内容
压力传感器式气缸压力检测仪	压力传感器式气缸压力检测仪是利用压力传感器拾取气缸内的压力信号，即可测得气缸压力。采用此种方法检测气缸压力时，需要拆下被测缸的火花塞，旋上仪器配置的传感器，用起动机带动曲轴旋转 3~5s 即可
启动电流式气缸压力检测仪	启动电流式气缸压力检测仪是通过测量启动过程中启动电流的变化而去评价各气缸压力的方法，进而比较出各缸压力是否平衡。启动电流变化波形上的峰值与发动机各缸压力的最大值有关。如果将启动电流各峰值与各缸压力最大值对应起来，在启动电流波形上，凡是峰值高的气缸压力也高，峰值低的气缸压力也低，找准一个缸号，即可按照发动机点火顺序找出其他各缸的对应关系
电感放电式气缸压力检测仪	电感放电式气缸压力检测仪是通过检测汽油发动机点火次级电压来确定气缸压力的方法。在工作中，次级电压击穿火花塞间隙，并维持火花塞放电。次级电压与气缸压力之间具有近乎线性的对应关系，因此各缸点火线圈次级电压可以作为检测各个气缸压力的信号，信号经变换处理后即可显示气缸压力

使用以上气缸压力测试仪检测发动机气缸压力时，发动机不应着火工作。对于汽油机，可以拔下二次高压总线并且可靠搭铁或按测试仪要求处理；对于柴油机，可以旋下喷油器高压油管接头断油，即可达到目的。

2.2.10.4 燃油压力表

燃油压力表是用于测试汽车发动机燃油系统供油压力的专用工具。如图 2-65 所示，燃油压力表主要由表头、连接管路和接头组成。在连接管路上设有回油控制阀，用以在压力测试完毕后将压力表内的压力燃油通过泄油管路泄放掉。燃油压力表的表头通常为指针式，仪表的刻度单位通常用"bar、psi"来表示。

（1）发动机燃油压力对发动机的影响　发动机燃油管路压力过高或过低都对发动机的性能造成直接影响，具体如下。

① 发动机燃油系统压力过高：发动机不易启动；发动机怠速运转不稳，排气管有"突突"声；发动机动力下降，油耗增加；火花塞有积炭等。

② 发动机燃油系统压力过低：发动机启动后转速不易提高；加速易熄火；排气管放炮；汽车行驶动力不足；发动机过热等。

（2）燃油压力测试前的准备

① 泄压。首先拔下燃油泵熔丝、继电器，再启动发动机，直至发动机自行熄火后，再

次启动发动机 2～3 次，然后拆下蓄电池负极。

② 安装燃油压力表。如图 2-66 所示，将燃油压力表串接在进油管中（带测压口的车辆将燃油压力表连接到测压口上），在拆卸油管时，需要用一块毛巾或棉布垫在油管接口下，防止燃油泄漏在发动机上引发火灾。

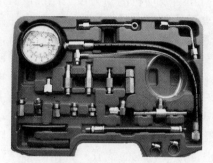

图 2-65 燃油压力表

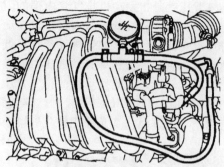

图 2-66 燃油压力表连接到进油管路

（3）燃油压力测试　燃油压力测试的项目主要包括：静态油压、怠速油压、最大油压及残余油压等，见表 2-10。

表 2-10　燃油压力测试

项目	内容
静态油压测试	恢复燃油泵熔丝或继电器，不启动发动机，通过诊断仪对燃油泵进行作动测试或者通过直接为燃油泵供电（例如跨接燃油泵继电器两个触点端）使之运转，读取燃油压力表读数。通常带回油管路的双管路（进、回管路）燃油供给系统的静态油压在 300kPa 左右，无回油管路的单管路（只有进油管路）燃油供给系统的静态油压在 400kPa 左右，标准数值以具体车型的维修手册要求为准
怠速油压测试	启动发动机，使燃油泵在怠速下运转，这时燃油压力表的读数为怠速工作油压，对于带回油管路的双管路燃油供给系统，其怠速油压一般约为 250kPa，无回油管路的单管路燃油供给系统的怠速油压约为 400kPa，标准数值以具体车型的维修手册要求为准
最大油压测试	该测试只适用于双管路燃油供给系统，用包有软布的钳子夹住回油管，此时油压表读数为油泵最大供油压力，通常为正常工作油压的 2～3 倍
残余油压测试	发动机熄火，燃油泵停止运转 10min 后，读取燃油压力值，油管保持压力应大于规定值（以具体车型的维修手册要求为准）

（4）拆卸燃油压力表　首先执行泄压程序，然后拆去燃油压力表，将进油管重新连接好，启动发动机，检查油管是否渗漏。

（5）燃油压力分析　燃油压力表的读数不外乎油压为零、油压正常、油压过高和油压过低四种情况。

① 若油压为零，首先检查油箱存油量，油道是否严重外泄，燃油滤清器是否完全堵塞。排除可能性后，油压依然为零，则需要检查燃油系统的控制电路，例如熔丝是否烧断、继电器是否不工作、油泵电路线束有否开路、油泵是否损坏等。

② 若油压过高，主要原因为油压调节器故障（无法回油或回油量过小）、回油管堵塞等。

③ 当燃油压力过低或者油泵停止工作 2～5min 内油压迅速下降，在排除油路向外泄漏的前提下，可能的原因主要包括：燃油泵中的止回阀卡滞常开、燃油压力调节器故障（回油量过大）及喷油器泄漏等。

需要注意的是，上述的燃油压力测试通常只用于汽油发动机的进气管燃油喷射系统，而对于缸内直喷汽油发动机和柴油发动机，由于其燃油压力过高，因此无法使用这种测试方法。

2.2.10.5 排气背压表

排气背压就是指发动机排气管内部的阻力。排气背压对发动机的动力性、经济性及排放性能有重要影响。排气背压增大将导致发动机燃料燃烧效率下降，经济性变差，动力性会下降，排放也会变差。但是如果排气背压很低，在低转速工况时，由于排气门的提前开启，在活塞达到下止点前，仍然具有一定压力的燃气就通过通畅的排气门被排掉了，损失了一部分做功，削弱了转矩，因此发动机的排气背压应当保持在一定合理的范围之内：急速时，排气背压不高于8kPa；在2500r/min时，排气背压一般不高于13.8kPa。排气背压过高的主要原因有以下三个方面：三元催化转化器堵塞；排气门卡住；排气管受撞击后凹陷。当发动机的动力性、经济性与排放性能出现下降时，可以用排气背压表进行排气背压的检查。常用的排气背压表为指针式，如图2-67所示，排气背压表主要由表头、连接管路和接头组成。表头多为指针式，仪表的刻度单位通常用"kgf/cm^2、kPa和psi"等来表示。

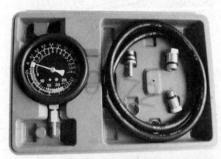

图2-67 排气背压表

（1）排气背压表的作用 排气背压表是测试发动机排气背压的专用工具。

（2）排气背压表的使用方法

① 检测前准备。利用排气背压表对排气压力进行测试是准确快速判断发动机排气堵塞故障的有效方式。在检测排气背压前，应当首先确认发动机点火正时和配气相位正确、气门间隙正确、进气系统无泄漏和堵塞现象。

② 排气背压表检测的使用。拆下三元催化转化器前端的氧传感器，如图2-68所示。在氧传感器的安装座孔处接上排气背压表。在连接时，应当注意拧紧的力矩，扭力过大会损坏螺栓，扭力不足会导致漏气。对于装有二次空气喷射系统的汽车，也可以从二次空气喷射管路上脱开空气泵止回阀的接头，在二次空气喷射管路中接入排气背压表进行测量。

前端的氧传感器

图2-68 拆卸三元催化转化器前端的氧传感器

启动发动机，使发动机达到85℃以上的正常工作温度，读取发动机急速时指示的背压值，如不超过8kPa时，则可以将发动机转速提高到2500r/min。检查压力应当不超过13.8kPa，如图2-69所示。如果超过标准值，则说明排气系统存在堵塞（由于排气温度较高，因此测试时间应尽量缩短，避免仪器连接的橡胶软管部件由于长时间的高温而损坏）。

排气背压表拆下后，应当采用自然冷却降温的方式，不能强行降低温度，待接头温度和室外温度一致时，方可将仪器放入盒内。

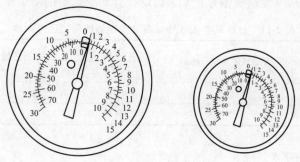

图 2-69 排气背压测量值

（3）使用排气背压表的注意事项
① 使用前检查排气背压表是否良好。
② 应当选择合适的连接接口。
③ 连接后检查接口应密封完好，无漏气现象。
④ 规范操作仪表，防止仪表掉落在地。
⑤ 测量完毕后，应当将仪表归位放置。

2.2.10.6 自动变速器油压表

测试自动变速器的油压是检验发动机变速器各部件工作状态、排除自动变速器故障的重要手段。自动变速器油压的测试通常利用自动变速器油压表来实现。自动变速器油压表与燃油压力表相似，所不同的是其压力测量量程较大。下面以日产风度 A33 轿车（发动机型号：VQ20DE）的 4 速自动变速器为例来说明自动变速器油压表的使用方法。

（1）自动变速器油压测试前的准备
① 检查自动变速器油和发动机机油的液面高度，如果有必要则添加，达到规定要求。
② 驾驶车辆行驶大约 10min 或者直至自动变速器油液和机油达到工作温度（自动变速器油液工作温度应达到 50~80℃）。
③ 将自动变速器油压表安装在自动变速器对应的管路压力测试孔，如图 2-70 所示。
④ 拉起驻车挡制动手柄并挡住车轮。

（2）自动变速器油压测试
① 急速压力测试。启动发动机，将变速器挡位分别设置到 D、2、1 和 R 等挡位，测量不同挡位在急速时的管路压力。
② 失速压力测试。

a.启动发动机，踩下制动踏板将选挡杆置于 D 挡位。

b.踩下制动踏板的同时逐渐踩下加速踏板使节气门全开。

c.记录下发动机的失速转速和变速器管路压力，并立即释放节气门（VQ20DE 发动机的失速转速正常应当在 2200~2600r/min 之间）。注意：在测试过程中不要使节气门全开超过 5s。

d.将选挡杆置于 N 挡位。

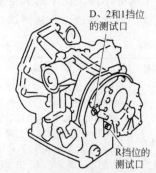

图 2-70 将自动变速器油压表安装在自动变速器对应的管路压力测试孔

e. 冷却发动机自动变速器油液温度,使发动机怠速运转至少1min。

f. 将挡位杆置于2、1和R挡重复b～e步骤。

日产风度A33轿车(发动机型号:VQ20DE)自动变速器的测试压力标准见表2-11。

表2-11 日产风度A33轿车自动变速器的测试压力标准

发动机型号	发动机转速/(r/min)	管路压力/kPa(bar,kgf/cm^2,psi)	
		D、2和1挡位	R挡位
VQ20DE	怠速	500(5.00,5.1,73)	779(7.79,7.94,113)
	失速	1,206(12.06,12.3,175)	1,873(18.73,19.1,272)

2.2.11 真空度表

在汽车维修作业中,经常会用到真空度表,如图2-71所示。真空度表用来检查汽车发动机(通常用于自然吸气发动机)节气门后方的真空度。汽车检测用真空度表主要由表头、软管与接头三个部分组成。表头的仪表盘刻度单位常用"kPa""MPa""mmHg"(毫米汞柱)、"inHg"(英寸汞柱)或"psi"(磅/平方英寸)来表示。

在汽车维修作业中,经常利用真空度表检测发动机节气门后方的真空度,用来判断发动机的运转是否正常、进排气是否顺畅、怠速时发动机节气门后方是否漏气等。为了更好地使用真空度表,在测试真空度前,应当严格地按照技术要求调整好初始点火正时与怠速极限值,如果这些操作都能精确地进行,那么任一偏离正常真空度的值,都说明发动机存在故障。在测量时,真空度表的真空务必直接来源于进气歧管,如图2-72所示,因为只有进气歧管的真空度是直接来源于发动机的真空。

图2-71 真空度表

图2-72 真空度表连接进气歧管

为了区分不同工况下的真空度值所反映出来的故障,应测试发动机进气歧管的真空度,通常包括:启动测试、怠速测试、急加速测试与排气系统阻塞测试四项,见表2-12。

表2-12 测试发动机进气歧管的真空度

测试项目	测试内容	故障现象	故障原因
启动测试	为了使测试结果精确,需要保持发动机在热车时进行。如果发动机因故障无法着车,也可以在冷车时测量,但是精确度却会降低。测量时,应当关闭节气门,切断点火系统,连接真空度表于节气门后方的进气歧管上,启动发动机,观察真空度表数值应在11～21kPa之间	真空度表数值低于10kPa	发动机转速过低、活塞环磨损、节气门卡滞、进气歧管漏气、过大的怠速旁通气路等

续表

测试项目	测试内容	故障现象	故障原因
急速测试	性能良好的发动机在急速运转时，真空度表数值应当稳定在50～73.5kPa之间	真空度表数值低于正常数值且稳定	点火正时推迟、配气正时延迟（过松的正时齿带或正时链条）或凸轮轴升程不足等
		发动机急速过高，测试歧管真空度小于40kPa	发动机节气门之后的歧管或总管漏气，漏气部位大多数是歧管垫以及与歧管相连接的许多管路，例如真空助力器气管等
		真空度表数值从正常值下降后又返回，有节奏地来回摆动	个别气门发卡或某一凸轮轴严重磨损
		真空度表在52～67kPa之间摆动，且随着发动机转速的升高摆动加剧	气门弹簧的弹力不足
		真空度表在38～61kPa之间来回摆动	气门漏气、气缸垫损坏、活塞损坏、缸筒拉伤等
		真空度表指针在18～65kPa之间大幅度摆动	气缸垫漏气所引起的
急加速测试	急加速时，真空度表的读数应当突然下降；急减速时，真空度表指针将在原急速时的位置向前大幅度跳越。当迅速开启和关闭节气门时，真空度表指针应随之在7～8kPa之间摆动。真空度表指针摆动幅度越宽，表明发动机技术状况越好	急速时真空度表指针低于正常值，急加速时指针回落到"0"附近，节气门突然关闭时指针也不能升高到86kPa左右	由于活塞环、进气管漏气导致
排气系统阻塞测试	启动发动机急速运转，记录正常急速下的真空度数值，提高发动机转速至2500r/min，这时真空度表数值应当等于或接近急速时的真空数值，使节气门快速关闭回到急速状态，此时真空读数应当先快速增加然后又回落，即从起初高于急速时读数约17kPa的读数，快速回落到原始的急速读数	发动机在2500r/min时，真空度数值明显地逐渐下降，或在从2500r/min猛然降到急速时，真空度表读数没有增加	排气系统存在阻塞现象，可能是三元催化器堵塞、消声器堵塞等

需要注意的是，进气歧管真空度随海拔的升高而降低。一般来说，海拔每升高500m，真空度将减小5.5kPa，因此，在测定进气歧管真空度时，应当根据所在的海拔高度情况进行换算。

2.2.12 红外测温仪

汽车在运行过程中，当发生故障或有潜在的故障存在时，必然引起汽车零部件表面的温度变化或温度突变。因此在汽车故障诊断方法中，在不解体的情况下通过测试汽车零部件的温度变化和突变，可以迅速找到汽车零部件表面温度变化和温度突变的具体部位，进而找到故障点。因此诊断汽车故障，红外测温仪是一种非常理想和方便的数字诊断工具。红外测温仪是一种非接触式温度测量装置，它使用方便，能够快速进行温度测量。如图 2-73 所示，红外测温仪主要由激光器、红外探测器、光学系统、电路板、液晶显示器等部分组成。光学系统汇聚其视场内的目标红外辐射能量，视场的大小主要由测温仪的光学零件及其位置确定。红外能量聚焦在红外探测器上并转变为相应电信号。该信号经过放大器和信号处理电路，并且按照仪器内置的算法和目标发射率校正后转变为被测目标的温度值。

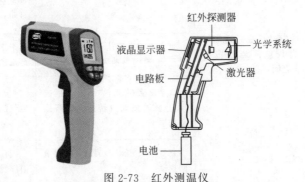

图 2-73　红外测温仪

非接触红外测温仪在汽车故障诊断时的应用主要表现在以下几个方面。
① 能够迅速检查发动机某一缸不点火或工作不良。
② 能够检查发动机独立点火系统的点火线圈工作不良。
③ 检查冷却系统故障，能够准确判断汽车散热器和节温器是否阻塞以及水温传感器好坏。
④ 检查废气控制系统，能够准确检查三元催化转换器，诊断检查排气管故障。
⑤ 检查空调和暖风系统的性能及故障。
⑥ 能够测量检查轮胎和制动鼓的温度突变，检查轴承、起动机、刹车盘和制动鼓的温度突变。
⑦ 能够检查加热座椅、后挡风玻璃除霜装置工作状况。

2.2.12.1　红外测温仪的选择

选择红外测温仪可分为三个方面：性能指标方面，例如温度范围、光斑尺寸、工作波长、测量精度、响应时间等，见表 2-13；环境和工作条件方面，例如环境温度、窗口、显示和输出、保护附件等；其他选择方面，例如使用方便、维修和校准性能以及价格等，也对测温仪的选择产生一定的影响。随着科学技术的不断发展，红外测温仪最佳设计和新进展为用户提供了各种功能及多用途的仪器，扩大了选择余地。

表 2-13　红外测温仪的选择方法

项目	内容
确定测温范围	测温范围是红外测温仪最重要的一个性能指标。例如 TIME（时代）、Raytek（雷泰）产品覆盖范围为 $-50 \sim 3000 ℃$，但是这并不能由一种型号的红外测温仪来完成。每种型号的测温仪都有自己特定的测温范围。因此，用户的被测温度范围应当考虑准确、周全，既不要过窄，又不要过宽。根据黑体辐射定律，在光谱的短波段由温度引起的辐射能量的变化将超过由发射率误差所引起的辐射能量的变化，因此测温时应当尽量选用短波，效果较好

续表

项目	内　容
确定目标尺寸	红外测温仪根据原理通常可分为单色测温仪和双色测温仪（辐射比色测温仪）。对于单色测温仪，在进行测温时，被测目标面积应当充满测温仪视场。建议被测目标尺寸超过视场大小的50%为好。如果目标尺寸小于视场，则背景辐射能量就会进入测温仪的视场进而干扰测温读数，造成误差；反之，如果目标大于测温仪的视场，则测温仪就不会受到测量区域外面的背景影响。对于Raytek（雷泰）双色测温仪，其温度是由两个独立的波长带内辐射能量的比值来确定的。因此当被测目标很小，没有充满视场，测量通路上存在烟雾、尘埃、阻挡对辐射能量有衰减时，均不会对测量结果产生影响。甚至在能量衰减了95%的情况下，仍能保证要求的测温精度。对于目标细小，又处于运动或振动之中的目标或有时在视场内运动，部分移出视场的目标，使用双色测温仪是最佳选择。如果测温仪和目标之间无法直接瞄准，在测量通道弯曲、狭小、受阻等情况下，双色光纤测温仪是最佳选择。这主要是由于其直径小，有柔性，可以在弯曲、阻挡和折叠的通道上传输光辐射能量，因此可以测量难以接近、条件恶劣或靠近电磁场的目标
确定光学分辨率	光学分辨率（距离及灵敏）是测温仪到目标之间的距离 D 与测量光斑直径 S 之比。如果测温仪由于环境条件限制必须安装在远离目标之处，而又要测量小的目标，则应当选择高光学分辨率的测温仪。光学分辨率越高，即增大 D 与 S 比值，测温仪的成本也越高
确定波长范围	目标材料的发射率与表面特性决定测温仪的光谱响应或波长。对于高反射率合金材料，有低的或变化的发射率。在高温区，测量金属材料的最佳波长是近红外，可以选用 $0.18\sim1.0\mu m$ 波长，其他温区可以选用 $1.6\mu m$、$2.2\mu m$ 和 $3.9\mu m$ 波长。由于有些材料在一定波长是透明的，红外能量能够穿透这些材料，对于这种材料应当选择特殊的波长。如果测量玻璃内部温度则选用 $1.0\mu m$、$2.2\mu m$ 和 $3.9\mu m$（被测玻璃要很厚，否则会透过）波长；如果测量玻璃表面温度则选用 $5.0\mu m$ 波长；如果测低温区则选用 $8\sim14\mu m$ 波长为宜；如果测聚乙烯塑料薄膜则选用 $3.43\mu m$ 波长，聚酯类选用 $4.3\mu m$ 或 $7.9\mu m$ 波长，厚度超过 $0.4mm$ 时选用 $8\sim14\mu m$ 波长；如果测火焰中的 CO_2 用窄带 $4.24\sim4.3\mu m$ 波长，测火焰中的 CO 用窄带 $4.64\mu m$ 波长，测量火焰中的 NO_2 用 $4.47\mu m$ 波长
确定响应时间	响应时间能够反映红外测温仪对被测温度变化的反应速度，定义为达到最后读数的95%（双色比色光纤只需要5%的能量）能量所需要时间，它与光电探测器、信号处理电路及显示系统的时间常数有关。新型红外测温仪响应时间可以达到1ms。这要比接触式测温方法快得多。如果目标的运动速度很快或测量快速加热的目标时，应当选用快速响应红外测温仪，否则达不到足够的信号响应，会降低测量精度。但是并不是所有应用都要求快速响应的红外测温仪。对于静止的目标或目标热过程存在着热惯性时，测温仪的响应时间则可以放宽要求。因此红外测温仪响应时间的选择要和被测目标的情况相适应

2.2.12.2　使用红外测温仪时的注意事项

① 红外测温仪无法透过玻璃测量温度，因为玻璃具有很特殊的反射和透过特性，会影响红外线温度读数的精确性，但是可以通过红外线窗口测温。

② 红外测温仪不宜用于光亮的或抛光的金属表面的测温（如不锈钢、铝等）。

③ 红外测温仪只能测量物体的表面温度，不能测量物体的内部温度。

④ 在测量时，要仔细定位热点，发现热点，用红外线测温仪瞄准目标，然后在目标上做上下扫描运动，直至确定热点。

⑤ 在使用红外测温仪时，应当注意环境条件：烟雾、蒸汽、尘土等，它们均会阻挡仪器的光学系统而影响精确测温。

⑥ 使用红外测温仪时，还应当注意环境温度，如果红外测温仪突然暴露在环境温差为20℃或更高的情况下，允许仪器在20min内调节到新的环境温度。

2.2.12.3　使用红外测温仪测量汽车各关键点的温度

使用红外测温仪测量汽车各关键点的温度，见表2-14。在检测过程中，分别记录冷车、热车、试车后不同情况下各测点的温度，进行分析对比。

表 2-14 使用红外测温仪测量汽车各关键点的温度

测试项目	测量步骤
冷车时的测量	①关闭点火开关 ②将仪器对准要测试的目标后,按下触发器,在仪器的 LCD 屏上读出温度数据,并保证设置好距离和光斑尺寸之比以及视场,进行测温 ③检测散热器的温度。观察散热器的进出水口与散热器芯管走向。在冷却风扇不运转的情况下,分别检测芯管两端的温度,并且进行温度对比 ④检测后挡风玻璃除霜装置,检测加热座椅,检测空调出风口温度,检测轮胎温度 ⑤打开发动机机舱盖,检测发动机 ECU 接头的温度 ⑥检测水温传感器
热车时的测量	①启动发动机,预热至正常工作温度,宜为 80～90℃。 ②打开空调,启动后挡风玻璃除霜装置 ③将仪器对准要测试的物体后,按下触发器,在仪器的 LCD 屏上读出温度数据,并且保证设置好距离和光斑尺寸之比以及视场,进行测温 ④检测散热器的温度。在冷却风扇运转时,再一次测量芯管两端的温度,并且进行温度对比 ⑤将仪器对准要测试的气缸外部,检测气缸工作温度 ⑥检测发动机 ECU 接头的温度 ⑦检测水温传感器 ⑧检测后挡风玻璃除霜装置。检测后挡风玻璃除霜装置开关接通后的温度,并且对冷车与热车两种状态下测得的结果进行对比,进而判明该装置是否正常 ⑨检测加热座椅和空调出风口的温度
热车举升后的测量	①将车辆举升至适当高度 ②检测轴承外壳的温度 ③测试发动机排气口的温度(需要注意的是,不是排气管出口的温度),检测三元催化转换器前后两端的温度,检测加热型氧传感器周围排气管的温度
试车后的测量	①试车后,检测轮胎的温度,并且与冷车时的测量结果进行对比 ②检测散热器的温度。在冷却风扇运转时,再次测量芯管两端的温度,并且进行温度对比。检测水温传感器 ③将仪器对准要测试的气缸体外部,检测气缸工作温度
试车完毕举升后的测量	①试车后,将车辆举升至适当高度 ②检测轴承外壳的温度 ③检测制动系统温度,检测制动鼓(盘)的温度 ④检测排气口和三元催化转换器前后两端的温度 ⑤检测加热型氧传感器周围排气管的温度

2.2.13 尾气分析仪

2.2.13.1 尾气分析仪的作用

尾气分析仪是用来检测汽车尾气排放的专用检测仪器,它除了具有对机动车的排放情况进行检测,监测其污染物的排放水平,判断排放污染物是否合格或超标的作用外(图 2-74),还具有以下功能。

① 通过对装有三元催化器的电喷汽车的检测诊断,能够监测其电控系统、燃烧系统、催化转化系工作是否正常,从而达到发现问题并找出解决相应问题办法的目的。

② 检测汽车排放系统是否存在泄漏、破损。

③ 可以检查包括燃烧情况、点火能量、进气效果、供油情

图 2-74 尾气分析仪

况及机械情况等发动机故障。

④ 其他涉及的诊断用途，例如采用OBD接口技术，进行系统故障码的诊断，判断其空燃比、氧传感器等是否正常等。

2.2.13.2 尾气测试方法

尾气测试主要包括怠速法、双怠速法、工况法三种方法，见表2-15。

表2-15 尾气测试方法

方法		具体内容
怠速法		指车辆发动机处于怠速状态下对汽车尾气进行测试的方法。怠速是指发动机在无负荷状态下所能维持的最低的稳定转速（即离合器处于接合状态，变速器处于空挡位置）
双怠速法		指在怠速和高怠速两种状态下分别对汽车尾气进行测试的方法。高怠速是指将发动机转速稳定控制在50%额定转速。一般轻型汽车的高怠速转速规定为(2500 ± 100)r/min，重型汽车的高怠速转速规定为(1800 ± 100)r/min
工况法	稳态工况法	ASM5025和ASM2540两种工况法的结合（ASM5025表示车速25km/h，负荷的50%对该工况进行加载，因此称ASM5025工况；ASM2540表示车速40km/h，负荷的25%对该工况进行加载，因此称ASM2540工况）。稳态工况法主要检查汽油车在实际行驶时CO、HC、NO_x和CO_2的排放状况，如果每种污染物的排放浓度都在标准规定的限值内，则可认为该车辆的简易工况法排放检测结果合格
	瞬态工况法	常用的是简易瞬态工况法（Vmas）。简易瞬态工况法在分析仪下不仅要测试稳态工况法所测试的几种气体，还需要使用气体流量计与其一起完成测试，如都满足相应标准限值的要求，则检测结果合格

2.2.14 发动机综合性能检测仪

发动机综合性能检测仪也称为发动机综合性能分析仪，是发动机检测诊断仪器中检测项目最多、功能最全、涉及面最广的一种仪器。发动机综合性能检测仪不仅能够检测、分析、判断发动机动静态的工作性能和技术状况，还增加了对防抱死制动系统和安全气囊装置等的检测诊断。因此，发动机综合性能检测仪在汽车综合性能的检测诊断中所发挥的作用越来越大，可用于发动机实验室、检测线、汽车修理厂等。

2.2.14.1 发动机综合性能检测仪的组成部分

发动机综合性能检测仪主要由信号提取系统、信息处理系统及采控显示系统三大部分组成，如图2-75所示为国产EA3000型发动机综合性能检测仪。国产EA3000型发动机综合性能检测仪能够对汽车发动机及其电控系统进行检测及诊断，可以检测发动机各系统的工作状态、运行参数及排放性能，可实时采集初次级点火信号、喷油信号、电控传感器信号、进排气系统等的动态波形，同时可以进行性能分析、波形存储与回放、测试结果查询，还能够对汽车电控系统进行诊断，例如读故障码和数据流等，为发动机的技术状态判断和故障诊断提供科学的根据。

EA3000型发动机综合性能检测仪由信号提取系统、带液晶触摸屏主机（内置高速采集卡、通信卡）、喷墨打印机、废气分析仪、机架及诊断SMART-BOX等几部分组成。

（1）信号提取系统　信号提取系统主要由各类夹持器、探针和传感器组成，与发动机的被测部位直接或者间接连接以拾取被测信号。该系统由12组拾取器组成，每一组拾取器根据其任务不同而由相应的夹持器、探针及传感器通过电缆与其适配器或插头连接构成。各拾取器测试电缆上均带有活动滑块，标识其名称。

(a) 主机正面　　　　　　　　(b) 主机背部接线

图 2-75　国产 EA3000 型发动机综合性能检测仪

(2) 信号输入系统　主机背面有 12 个信号输入接口，每个接口都标识号码（1280401～1280412）。当插入适配器时，注意需要插入相应的接口，否则是检测不到输入信号的。

(3) 采控与显示系统　现代的发动机综合性能检测仪均是由计算机控制的，能够高速采控信号。检测仪的显示装置多为彩色显示器或液晶显示器。系统采用菜单式操作，使用方便。

1280401：初级点火信号适配器（图 2-76）。红、黑夹分别连接点火线圈"＋""－"极。主要用于测试传统式点火系统初级电压波形及自动断缸控制。

1280402：柴油机喷油压力测试线（图 2-77）。将传感器安装在 6mm 管径的高压油管上。主要用于拾取柴油机喷油过程。

 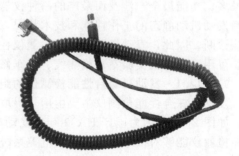

图 2-76　初级点火信号适配器　　　　图 2-77　柴油机喷油压力测试线

1280403：蓄电池充电电压测试线。其作用是测量蓄电池电压、充电电压值，蓄电池电压夹持器连接汽车蓄电池电极柱，红正、黑负，充电电压探针接发电机输出端。主要用于检测汽车发电机电压。

1280404：大电流钳测试线（图 2-78）。主要用于测试发动机的启动电流。

1280405：小电流钳测试线。主要用于测试发电机的充电电流。

图 2-78　大电流钳测试线

1280406：一缸信号适配器（图 2-79）。该传感器非常重要，通过它不仅可以测试汽车发动机转速，还可以用于高速采集的信号触发。使用时，通过转接接头接在相应位置。

1280407：进气压力测试线。主要用于检测汽车发动机进气歧管的真空度。

1280408：次级高压适配器（图 2-80）。主要用于检测常规点火系统的次级高压点火信号波形。

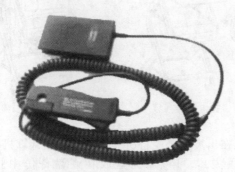
图 2-79　一缸信号适配器

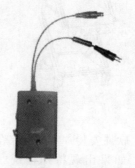
图 2-80　次级高压适配器

1280409：万用表测试线（图 2-81）。主要用于检测电压、电流、电阻。红色和黑色探针用于检测电压和电阻，黄色和黑色探针用于检测电流。

1280410：通用探针测试线。主要用于检测电控燃油喷射传感器信号和数字示波器的信号输入端子。

1280411：频闪灯测试线（图 2-82）。主要用于和频闪灯连接来检测汽油机点火提前角和柴油机喷油提前角。

1280412：温度测试线。主要用于检测汽车发动机进气温度、冷却水温度和机油温度。

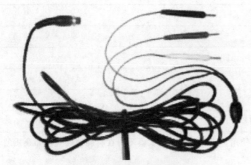
图 2-81　万用表测试线

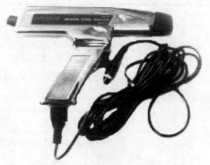
图 2-82　频闪灯测试线

2.2.14.2　仪器安装、软件安装

（1）仪器安装

① 首先将机架从箱中取出、摆正，左右支架向相反方向拉开，然后将挂钩架按图 2-83 所示放入，两端拧入锁紧螺钉，将键盘托板插入相应位置。

② 将主机、键盘和打印机等按图 2-84 所示放到规定的位置。

③ 打开线材箱，把各适配器插到相应的位置，然后挂好，如图 2-85 所示。

④ 接插各适配器时，贴有 128040X 的滑块应与主机后盖上贴有相同标识字样 128040X 的一一对应连接，其中的 1280401、1280406 和 1280408 要通过 DB15 与航插 9Pin 转接线转接连接。

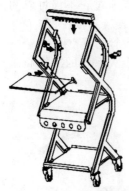  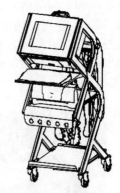

图 2-83　安装步骤（1）　　　图 2-84　安装步骤（2）　　　图 2-85　安装步骤（3）

（2）软件安装　发动机综合性能检测仪在出厂前已经将所需软件安装至计算机硬盘并设置完成，如果出现特殊情况（例如文件丢失），可以用光盘或在硬盘备份中找到目录＜EA3000＞，按下列步骤安装。

① 安装采集卡驱动程度：双击 "…/Ea3000/ADLink/9812driver/Disk1/Setup.exe"。

② 安装 EA3000 程序：双击 "…/Ea3000/ADLink/EASetup/disk1/Setup.exe"。

③ 设置诊断程序软件序列号（配置诊断功能的设备才执业此设置）："C:/engine6/SetupSoftSeries.exe"，在 "Soft series" 栏输入软件序列号，点击按钮 "OK"，设置完成。

2.2.14.3　发动机综合性能检测仪的使用要求

利用发动机综合性能检测仪能够较全面地检测发动机系统的工作情况，为故障分析和排除提供很好的参考和指导。发动机综合性能检测仪的使用要求见表 2-16。

表 2-16　发动机综合性能检测仪的使用要求

项目		要　求
对于使用环境的要求	温度	0～40℃
	大气压	650～800mmHg
	相对湿度	小于 85%
	电源电压	(220±22)V
	电源频率	(50±1)Hz
	仪器应在平稳、少振动场合使用，并应避免冲击；仪器不得在有腐蚀性气体和杂质的环境中使用	
个人安全	使用前仔细阅读操作手册，了解各项正确的操作程序及应注意的安全规定。不正确的操作方法将造成设备损坏、人身伤害甚至死亡；绝对不允许未经培训的人员操作发动机综合性能检测仪；注意在插接电源时周围的地板不应太潮湿，以免触电；所使用的熔断丝的电流不要超过允许的数值，否则不能在危险的情况下断电	
通风排气	测试现场应有良好的废气排放通风系统。吸入一氧化碳将造成人员伤害，甚至死亡	

2.2.14.4　发动机综合性能检测仪的使用步骤

EA3000 型发动机综合性能检测仪主界面如图 2-86 所示。

（1）初级点火信号

① 连接。首先将蓄电池充电电压测试线的红、黑夹分别夹在蓄电池的正、负极上，然后将初级点火信号适配器（1280401）的红、黑色探头分别连接到点火线圈的正、负极，再

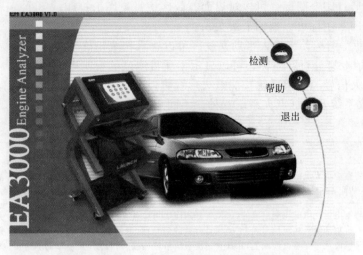

图 2-86　EA3000 型发动机综合性能检测仪主界面

将一缸信号适配器夹在一缸高压线上，如图 2-87 所示。

对于直接点火系统（包括单缸与双缸独立点火系统），应当将蓄电池充电电压测试线的红、黑夹分别夹在蓄电池的正负极上，然后将单、双缸初级信号提取适配器（1280401-1DIS）的各探针依次接入各缸的波形输出端（注意：有些直接点火车辆的初级信号放大器内置在点火线圈内，接线端只能测到初级信号的触发信号。）

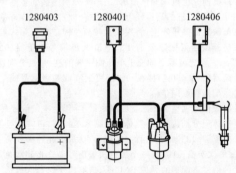

图 2-87　常规初级点火波形测量接线示意

② 操作步骤。在"汽油机检测菜单"下面点击"初级信号"图标，即可进入初级信号检测界面，然后启动发动机即可测到初级点火波形。界面说明如下：

a. 点击"停止"图标（"停止"图标被点击后即变为"测试"图标）系统即可停止采集，再点击此图标即可恢复测试（同时"测试"图标恢复为"停止"图标）；

b. 点击"波形选择"图标，系统弹出波形选择窗口，可以在其中选择其他波形显示形式；

c. 点击"选择缸号"图标，在系统弹出的小窗口中，可以选择显示每一缸或所有缸的初级波形；

d. 点击"显示调整"图标，系统即弹出显示调整窗口，用户可以根据需要点击相应图标进行 X 轴单位调整并将波形进行横、纵向平移和缩放；

e. 点击"保存数据"图标，系统将当前特征保存到数据库；

f. 点击"保存波形"图标，系统可以将当前界面波形保存于指定目录；

g. 点击"图形打印"图标，可以对界面有效区域进行图形打印；

h. 点击"返回"图标可以返回上级菜单；

i. 点击"帮助"图标，将进入帮助系统，可以查看相关正确与故障波形以供参考；

j. 点击"显示专家分析"图标，可以显示本项目测试的智能提示内容。

（2）次级点火信号　点火系统按照点火形式可以分为常规点火系统（指有分电器的点火系统）、单缸点火系统及双缸点火系统三种。不同点火系统的连线方法不同，见表2-17。

表2-17　不同点火系统的连线方法

项目	要　　求
常规点火系统	首先将蓄电池充电电压测试线的红、黑夹分别夹在蓄电池的正、负极上，将红色次级信号夹夹在中心高压线上（从适配器1280408的红色BNC头引入设备），一缸信号适配器夹在仪器高压线上，如图2-88所示
单缸点火系统	首先将蓄电池充电电压测试线的红、黑夹分别连接到蓄电池的正、负极上，再将同步信号适配器（1280406-1）接在一缸喷油嘴或初级信号线上（必须是有效的信号线，两者只能选其一），然后将与所测车型相对应的初级信号感应片卡在点火线圈上，并且通过次级信号转接线、跨接线（某些车辆不用接）和初级信号连接线输入单缸次级信号提取适配器（1280408-SX）相应的BNC头，如图2-89所示 喷油嘴信号线的连接方法是，先将喷油嘴信号线座开开，用转接线将其按原来的连接关系两两连接，然后将同步信号适配器的喷油脉冲测试探针夹插入转接线的通用母插头，将信号提取出，如图2-90所示。喷油嘴信号线有两根，其中一根有效，而另一根无效（相对喷油脉冲适配器而言）。验证有效或无效的办法是，先接其中一根，进入转速稳定性测试界面，查看有无转速，如果有转速，则该信号线有效，如果无转速，则另一根信号线有效。不同的车辆需要选择不同的次级信号输入通道，如果适配器输入通道标贴上的车型号与所测车辆的型号不相符，则可能造成次级信号波形失真
双缸独立点火系统	常规双缸点火系统：首先将蓄电池充电电压测试线的红、黑夹分别连接到蓄电池的正、负极上，将一缸信号适配器（1080406）夹到一缸的高压线上。然后将红色次级信号夹夹在正触发高压线上，黑色次级信号夹夹在负触发的高压线上，将次级信号夹按颜色标记分别接入红、黑色次级信号汇接器，再将次级信号汇接器按颜色标记分别接入双缸次级信号适配器（1280408-D1）的红、黑BNC头，如图2-91所示。首先将蓄电池充电电压测试线的红、黑夹分别连接到蓄电池的正、负极上，将同步信号适配器（1280406-1）接在一缸的喷油嘴或初级信号线上，可以提取同步信号，也可以用一缸信号适配器提取同步信号 将红色次级信号夹夹在正触发的高压线上，黑色次级信号夹夹在负触发的高压线上，再将次级夹按颜色标记分别接入红、黑色次级信号汇接器，再将次级信号汇接器按颜色标记分别接入次级信号拾取器（1280408-D1）的红、黑BNC头。此种夹线方式为，取三个黑色次级夹分别夹取1~3缸的次级高压线，将三个黑色次级信号夹连接到黑色次级信号汇接器，再将黑色汇接器接入次级信号适配器的黑色BNC头；选取三个红色次级信号夹分别夹4~6缸的次级高压线，将三个红色次级信号夹连接到红色次级信号汇接器，然后将红色汇接器接入次级信号适配器（1280408-D1）的红色BNC头。进入用户数据设定界面后，按照被测车辆的实际参数设置好车辆的冲程数、缸数，并将车辆的点火方式设置为"双缸点火"，同步方式设置为"喷油信号同步"。然后点击"确定"，退出用户数据设置，返回检测界面 依次点击"汽油机"图标、"初级信号"图标，系统进入"双缸点火初始化对话框"，提示用户选择输入"红色通道优先点火缸号"，即正触发的缸号。用户只要点击从红色BNC头输入的次级信号夹所对应的缸号即可（点击一次，缸号标记亮显，表示该缸被选定为正触发方式；再点击，则缸号标记灰显，表示该缸被系统默认为负触发信号）。选择完毕，点击"确定"，系统即进入次级信号测试界面
	直接双缸点火系统：泛指每两缸共用一个点火线圈，其中一个缸的火花塞通过高压线与点火线圈连接，另一个缸的火花塞不通过高压线而是直接与点火线圈连接，此种点火方式称为直接双缸点火系统。首先将蓄电池充电电压测试线的红、黑夹分别连接到蓄电池的正、负极上，将同步信号适配器（1280406-1）接在一缸的喷油嘴或初级信号线上提取同步信号，也可以用一缸信号适配器提取同步信号。然后，判断高压线的次级触发类型，按照高压线的触发类型选取与之相应颜色的次级信号夹（正触发信号接红色次级信号夹、负触发信号接黑色次级信号夹）夹取高压线，通过对

续表

项目		要 求
双缸独立点火系统	直接双缸点火系统	应颜色的汇接器接入次级信号适配器的相应输入通道。将次级信号感应片卡在点火线圈上,用次级信号转接线连接各个感应片,通过次级信号转接线、跨接线和次级信号连接线输入次级信号适配器的相应 BNC 头(感应片信号与高压线信号的触发方式相反。如果高压线次级信号从红色 BNC 头输入,则感应片次级信号从黑色 BNC 头输入,否则从红色 BNC 头输入),如图 2-92 所示。 进入用户数据设定界面后,按照被测车辆的实际参数设置好车辆的冲程数、缸数,并且将车辆的点火方式设置为"双缸点火",然后以同步方式根据实际夹取的同步信号源分别设置为"初次级同步""喷油同步"。点击"确定",退出用户数据设置,返回主界面,再依次点击"汽油机"图标、"次级信号"图标,系统进入"双缸点火初始化对话框",提示用户选择输入"红色通道有效点火缸号",即正触发的缸号。用户只要点击从红色 BNC 头输入的次级信号夹或次级信号连接线所对应的缸号即可(点击一次,缸号标记亮显,则表示该缸被选定为正触发方式;再次点击缸号标记灰显,则表示该缸被系统默认为负触发信号)。选择完毕,点击"确定",系统即进入次级信号测试界面

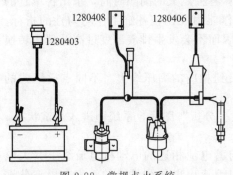

图 2-88 常规点火系统

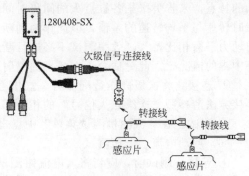

图 2-89 单缸点火系统

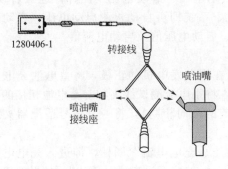

图 2-90 喷油嘴接线

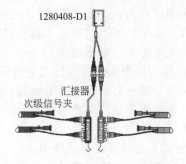

图 2-91 常规双缸点火系统接线

(3) 点火提前角 在"汽油机检测"菜单中点击"点火提前角"图标后,启动发动机。连接红频闪灯,按下频闪灯电源按钮,将频闪灯对准曲轴飞轮或皮带轮上的一缸上止点标记处,然后调整频闪灯上的电位器,使闪光相位前后移动直到曲轴飞轮上的标记上止点标记对准指示标记,如图 2-93 所示,这时显示器即会显示点火提前角数值。

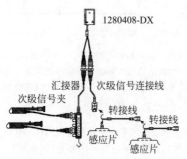

图 2-92 双缸独立点火系统接线

图 2-93 频闪灯测定点火提前角

(4) 动力平衡

① 连接。测试前，应当将一缸信号适配器夹在一缸高压线上，初级点火信号适配器夹在点火线圈上（红正、黑负）。

② 测试。在"汽油机检测"菜单中点击"动力平衡"图标，即进入动力平衡测试状态。

(5) 气缸效率测试　气缸效率测试功能是根据汽车发动机各缸间歇工作造成转速微观波动的特点，来告诉采集各缸点火的间隔时间，通过计算各缸点火的间隔时间，求出各单缸的瞬时转速与平均转速的差值，以此作为判断各气缸工作能力及比较各缸工作均匀性的指标。与动力平衡相比，气缸效率测试不必进行断缸测试，因而不会发生排气温度过高及催化转换酶中毒的情况，因此更适合于电子燃油喷射的车辆。

① 连接。将次级高压适配器与一缸信号适配器夹到相应的高压线上。不同点火形式的连接方法请参照"次级点火信号"的相关部分。

② 测试。在"汽油机测试菜单"中点击"气缸效率分析"图标，系统即进入测试状态。

(6) 启动电流、电压测试

① 连接。测试前，应当将大电流钳测试线夹在与蓄电池相连的电动机电流线上（大电流钳测试线箭头的指向应与电流的流向相同），将蓄电池充电电压测试线的红夹、黑夹分别夹在蓄电池的正、负极，将一缸信号适配器夹在一缸高压线上。

② 测试。在汽油机测试菜单中，点击"启动电压、启动电流"图标，进入启动电压、启动电流测试界面，点击"测试"，启动发动机，系统即可自动检测启动电压、启动电流波形，并且显示发动机当前转速、蓄电池电压值、启动电压值及启动电流值。

(7) 充电电流、电压测试

① 连接。检测前，应当将充电电压探针接在汽车发电机的正极，将蓄电池充电电压测试线的红夹、黑夹分别夹在蓄电池的正、负极，将小电流测试线夹在与蓄电池相接的充电电流线上（小电流测试线上箭头的指向应当与电流的流向相同），将一缸信号适配器夹在一缸高压线上。

② 测试。在汽油机测试菜单点击"充电电压、充电电流"图标，即进入充电电压、充电电流测试界面。点击"测试"图标（"测试"图标被按下后变成"停止"，如果想停止该项操作，再点击此图标即可），系统即可自动检测充电电压波形且显示发动机当前转速、蓄电池电压值及充电电流值。

(8) 气缸相对压缩压力测试

① 连接。测试时的连接方法应当同启动电压、启动电流测试一样。

② 测试。点击"测试"图标（"测试"图标被按下后即变为"停止"，如果想停止该项操作，再点击此图标即可），系统进入测试状态；如果汽车已经启动，则会弹出对话框，提

示用户先关闭发动机。启动发动机，系统测试完毕将自动显示发动机启动转速、蓄电池电压值、气缸相对压缩压力直方图及启动电流波形。右侧坐标系内启动电流波形上方对应标出各缸启动电流峰值，左侧为气缸相对压缩压力（%）的直方图。

（9）进气管真气度波形

① 连接。检测前，应当将进气压力测试线（1280407）上的橡胶软管通过三通连接到发动机真空管的接头处，将一缸信号适配器夹在一缸高压线上，如图 2-94 所示。

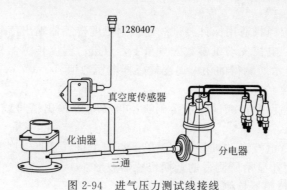

图 2-94　进气压力测试线接线

② 测试。在"汽油机测试菜单"中，点击"进气管真空度"图标，进入进气管内真空度测试状态。

（10）温度测量

① 连接。将温度测试线分别插入进气管口、机油尺口和冷却水箱口中。

② 测试。在"汽油机测试菜单"中点击"温度测量"图标，系统即进入温度测试状态，并显示所测部位的温度及发动机的转速。

（11）废气分析　检测条件要求启动发动机，使其工作温度正常。

① 连接。废气分析仪是通过主机 RS-232 接口与 EA3000 正常联机的，应当将废气测试管插入汽车排气管中。

② 测试。在"汽油机测试菜单"中点击"废气分析"图标，系统即进入废气检测功能，默认界面为折线图。

（12）转速稳定性分析

① 连接。将一缸信号适配器夹在一缸高压线上。

② 测试。在"汽油机测试菜单"中，点击"转速稳定性分析"图标，系统即进入转速测试状态，并显示发动机的实时转速及在 32 个循环内的最高、最低转速；用户也可以自行输入平均循环数值。

（13）无外载测功

① 连接。将一缸信号适配器夹夹在一缸高压线上。

② 测试。在"汽油机测试菜单"中，点击"无外载测功"图标，系统即进入无外载测功测试界面，或点击"方式选择"图标选择"P"进入无外载测功界面。设定怠速转速 n_1（发动机怠速转速）、额定转速 n_2（发动机额定转速）和当量转动惯量（小型车的当量转动惯量在 0.1~0.5 之间，大货车的当量转动惯量在 1.0~5.0 之间）。当记数为零时，迅速踩下汽车加速踏板，使发动机尽可能地将转速迅速提高，当发动机转速超过设定的额定转速 n_2 时，快速松开加速踏板，使发动机回到怠速工况，系统将自动检测发动机的输出功率并显示。其中，加速时间是指发动机从怠速加速到额定转速的时间，额定功率是指发动机在额

定转速时的瞬时功率。

（14）转速（相位）传感器检测

① 连接。检测前，应当用通用探针测试线连接转速传感器输出信号线，将一缸信号适配器（1280406）夹在一缸高压线上。

② 操作说明。在"发动机电控参数"菜单下，点击"转速（相位）"传感器图标，系统可以进入转速传感器测试界面并显示所测得的转速传感器波形。

（15）温度传感器检测

① 测试前连接。应当将通用探针测试线连接到温度传感器输出信号线上。

② 操作说明。在"电控发动机参数"菜单下，点击"温度传感器检测"，系统即进入温度传感器测试界面并显示所测得的相应温度传感器电压数值。

（16）进气管真空度传感器检测

① 连接。应当将通用探针测试线连接到真空度传感器输出信号线上，再将一缸信号适配器夹在一缸高压线上。

② 操作说明。在"电控发动机参数"菜单下点击"进气管真空度"，系统即进入进气管真空度传感器测试界面并显示所测得的近期传感器波形。

（17）节气门位置传感器检测

① 连接。用通用探针测试线连接节气门位置传感器输出信号线，应当将一缸信号适配器夹在一缸高压线上。

② 操作说明。在"电控发动机参数"菜单下点击"节气门位置"图标，系统即可快速进入节气门位置传感器测试界面，并且显示所测得的节气门位置传感器波形。

（18）爆震信号传感器检测

① 连接。用通用探针测试线连接爆震信号传感器输出信号线。将一缸信号适配器夹在一缸高压线上。

② 操作说明。在"电控发动机参数"菜单下点击"爆震信号"图标，系统即可进入爆震信号传感器测试界面，并显示所测得的爆震传感器波形。

（19）氧传感器检测

① 连接。用通用探针测试线连接氧传感器输出信号线，将一缸信号适配器夹在一缸高压线上。

② 操作说明。在"电控发动机参数"菜单下点击"氧传感器"图标，系统即可进入氧传感器测试界面，并且显示所测得的氧传感器波形。

（20）空气流量传感器检测

① 连接。用通用探针测试线连接空气流量传感器输出信号线，应当将一缸信号适配器夹在一缸高压线上。

② 操作说明。在"电控发动机参数"菜单下点击"空气流量"图标，即可进入空气流量传感器测试界面，并且显示所测得的空气流量传感器波形。

（21）喷油脉冲检测

① 连接。用通用探针测试线连接喷油脉冲传感器输出信号线。将一缸信号适配器夹在一缸高压线上。

② 操作说明。在"电控发动机参数"菜单下点击"喷油脉冲信号"图标，系统即可进入喷油脉冲传感器波形测试界面，并且显示所测得的喷油脉冲传感器波形。

（22）车速传感器检测

① 连接。用通用探针测试线连接车速传感器输出信号线，应当将一缸信号适配器夹在

一缸高压线上。

② 操作说明。在"电控发动机参数"菜单下点击"车速"图标,系统即可进入车速传感器测试界面,并且显示所测得的车速传感器波形。

使用发动机综合性能检测仪检测发动机其他项目的方法和步骤,可参阅使用说明书进行。

2.2.14.5 发动机综合性能检测仪常见故障排除方法

发动机综合性能检测仪常见故障排除方法,见表2-18。

表2-18 发动机综合性能检测仪常见故障排除方法

常见故障	排除方法
按下电源总开关,主机未启动	检查电源开关处的熔丝是否熔断
适配器自检图标显示红色	检查适配器是否插到位或插错位
进气真空度测试时,压力显示小于10kPa	检查真空度传感器与测试线是否连接到位或插反
测试汽油机,转速有大幅度跳变	试着改变一缸信号适配器的夹持方向或移动夹持位置
进入柴油机界面转速显示 6000r/min 左右	未接地线或地线未连接好,重新连接地线
测试波形无显示	检查所有必需的适配器是否连接好
测试中发现界面上的数据不刷新	退出测试程序,对系统进行复位,重新进入测试
测气缸相对压缩压力、启动电流、启动电压时,测不到信号	检查接线,特别注意大电流测试线上红色箭头方向一定要与电流流向相同,若大电流钳测试线夹反则测不到
操作系统崩溃	恢复设备出厂时的安装内容、标定数据及操作系统,可通过"D:/Diskbak/FileC.gho"文件恢复,此文件是对设备出厂时整个C盘的备份。恢复方法如下 (1)重新启动计算机并切换到 MS-DOS 方式 (2)在 MS-DOS 下运行 Ghost 可执行文件后(该文件一般在 D:Tools/Ghost/目录下),进入 Ghost 的主界面 (3)依次点击主菜单的 Local-Partition-From Image 项,进入 File name to load image from 对话框 (4)在 File name to load image from 对话框通过 Tab 键的切换选中需要相应恢复系统的文件(一般为 D:/Diskbak/FileC.gho)按"Open"按钮,进入下一级对话框 (5)在 Select source partition from image file 对话框中按"OK"按钮,进入下一级对话框 (6)在 Select local destination drive by clicking on the drive number 对话框中选择要恢复的相应硬盘后,按"OK"键进入下一级对话框 (7)在 Select destination partition from drive 对话框中选择要恢复的相应分区后,按"OK"键进入下级对话框 (8)在 Question 对话框中按"OK"键后,Ghost 程序就开始运行,将 FileC.gho 文件镜相到选择的损坏的分区中 通过状态条显示镜相的进度,可以了解完成恢复所需的时间,完成后按照提示重启计算机,即恢复正常

2.2.15 汽车耗油仪

燃油消耗量是评价汽车经济性能的主要指标，油耗仪是测量车辆燃油消耗量的主要仪器，油耗仪的精确度直接影响着汽车经济性能的评价。

检测油路的连接与排除油路中空气泡，合理布置检测油路与排净油路中气泡对保证检测准确性是至关重要的问题。

2.2.15.1 油路的连接

如图 2-95 所示为油耗传感器在柴油车中的连接方法。此种连接方法的主要特点是把油耗传感器串联在油箱到高压油泵的油路当中。值得注意的是应当为其接好回油管路，且必须将回油管路接在油耗传感器的出口管路上，以免燃油被油耗传感器重复计量使油耗检测数据失真。图 2-96 的连接方法在小流量测试时没有问题，但是对于大流量的发动机测量，由于气穴现象产生气泡，会引起测量误差，因此应在油箱和油耗传感器之间装上辅助油泵。

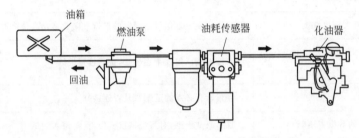

图 2-95 油耗传感器在汽油车中的连接方法

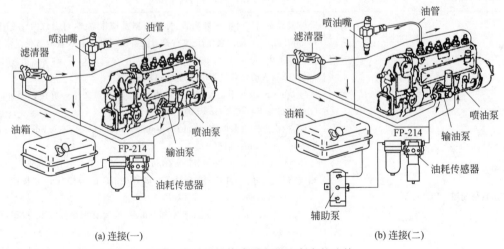

(a) 连接(一)   (b) 连接(二)

图 2-96 油耗传感器在柴油车中的连接

2.2.15.2 汽油路中空气泡的排除

排除汽油车检测油路中的空气泡是一件很费时的工作，特别是当管路中存在堵塞或泄漏情况时，将使空气泡无法彻底排尽。空气泡一旦产生，对油耗检测结果的影响非常大，油耗传感器会将空气泡所占的容积当作燃油消耗量计量，使得检测数据高于实际数，这样会造成测量值的失真。汽油路中空气泡的排除见表 2-19。

表 2-19 汽油路中空气泡的排除

项目	内容
空气泡产生的原因	①拆装油管时,原本充盈的油管产生滴漏现象,使得油管装好后里面充满空气泡 ②连接油管时,因夹箍没夹好,接头处造成渗漏,形成空气泡 ③因汽油泵进油阀皮碗老化,密封性下降,造成供油压力不足,不断形成空气泡 ④因发动机过热,形成气阻产生空气泡 ⑤从油箱到汽油泵这一段管路局部存在老化、密封性差,不断产生空气泡 ⑥汽油滤清器堵塞或油箱盖上气孔被堵塞,从而造成汽油泵泵油时形成"真空",产生空气泡
排除空气泡的方法	做油耗检测时必须排除空气泡,通常可采取如下方法 ①将车上从油箱到汽油泵的管路"短路",装上新的、密封性好的、无堵塞的油管 ②采用性能较稳定的电动汽油泵和汽油滤清器代替原车相应部件 ③减短油泵到传感器的油管长度,使油泵到油耗传感器的阻力大大减小
柴油路中空气泡的排除	在柴油车油路中装好油耗传感器后,应当用手动泵泵油,以泵油压力排除油路中的空气泡,它与汽油车差别之一在于汽油车可以在启动后排除空气泡,而柴油车必须在启动之前排尽油路中的空气泡;差别之二在于汽油车在拆去油耗传感器恢复其原油路时,无须排除空气泡,而柴油车在拆去传感器恢复原油路后仍然需要排除油路中刚产生的空气泡

2.2.16 冷却系统压力测试仪

冷却系统的作用主要是使发动机在所有工况下都保持在适当的温度范围内,防止发动机工作温度过冷或者过热。此外,冷却系统还使得发动机能够尽快地达到正常的工作温度。过冷或者过热都会导致发动机出现相应的故障。在汽车日常维修作业中,对于冷却系统的检查需要用到专用的检测仪器,那就是冷却系统压力测试仪。目前的汽车发动机均采用封闭式冷却系统,冷却液温度升高后,会使系统内压力升高。在汽车维修时,为了检测冷却系统是否存在泄漏的故障,必须要对系统进行加压,加压工具就是专用的汽车冷却系统压力测试仪。冷却系统压力测试仪也称作冷却系统泄漏测试仪、冷却系统压力表、散热器测漏仪、散热器压力表及打压表等。如图 2-97 所示为冷却系统压力测试仪,该测试仪主要由带压力表的真空泵、固定夹和散热器盖适配器等组成。

图 2-97 冷却系统压力测试仪

2.2.16.1 冷却系统压力测试仪的作用

冷却系统压力测试仪主要用于发动机冷却系统的压力检查、冷却系统的泄漏检查和冷却系统散热器盖的性能检查。

2.2.16.2 冷却系统压力测试仪的使用方法

① 应当确保发动机处于冷车状态。

② 测试前，拆下散热器盖，检查冷却液液位，不满时应当将其注满，如图2-98所示。

图2-98 检查冷却液液位（不满时应将其注满）

③ 选择与测试车型一致的适配器，并安装到车辆上。
④ 连接打气泵到适配器上。
⑤ 一手握住打气泵外壳，另一手对冷却系统进行打气。同时观察压力表的指针，当压力达到120~140kPa时，停止打气，如图2-99所示。

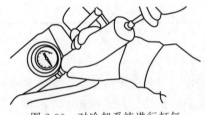

图2-99 对冷却系统进行打气

⑥ 观察指示表的压力显示，根据压力变化情况判断冷却系统故障。如果指针维持稳定不变达到5min，则表示冷却系统不存在泄漏现象；如果有压力值缓慢下降的情况，则表示发生少量泄漏或者渗漏；如果压力值快速下降，则表示发生严重泄漏。

⑦ 按下打气泵的泄压按钮，首先对打气泵进行泄压，然后脱开打气泵与适配器的快速接头，拆下适配器，安装散热器盖。

⑧ 冷却系统压力测试仪还可以检测散热器盖阀门的性能好坏，检测时需配合附件一起使用。

2.2.16.3 使用冷却系统压力测试仪的注意事项

① 应当选择与测试车型合适的适配器接头，否则会损坏部件或者适配器。
② 发动机处于热状态下严禁打开散热器盖，否则会发生烫伤的危险。
③ 测试时，应当确保各个接头部位密封良好，否则会影响测试结果。
④ 测试仪的打气压力不宜过大，否则会损坏冷却系统部件或者导致系统泄漏。
⑤ 测试结束后，应当将测试仪残留的冷却液清理干净后再将测试仪放入盒子内，保证测试仪的使用性能。

2.3 底盘系统维修工具与设备

2.3.1 四轮定位仪

2.3.1.1 认识四轮定位仪

四轮定位是以车辆的四轮参数为根据，通过调整以确保车辆良好的行驶性能并且具备一定的可靠性。轿车的转向车轮、转向节和前轴三者之间的安装具有一定的相对位置，这种具有一定相对位置的安装称为转向车轮定位，也称为前轮定位。前轮定位包括主销后倾（角）、主销内倾（角）、前轮外倾（角）和前轮前束四项内容；对两个后轮来说也同样存在与后轴之间安装的相对位置，称后轮定位。后轮定位包括车轮外倾（角）和逐个后轮前束。前轮定位和后轮定位合称为四轮定位。

当车辆出现以下状况时，应当进行四轮定位。

① 车辆的行驶性能受到了影响，例如车辆跑偏、转向后无法自动回正等。
② 当底盘及悬架使用磨损或因事故造成损伤时。
③ 当轮胎出现异常磨损时。

四轮定位仪是用于汽车四轮定位的专用设备，如图2-100所示，其主要由主机柜和专用举升机两大部分组成。主机柜上包括电脑主机（内置可升级车型定位数据资料的定位软件）、显示器、打印机、测量头（或称定位仪传感器）、机柜等；用于四轮定位的举升机有剪式，也有四柱式，但无论是哪种形式，都要具备二次举升功能，且举升机上应装有转角盘和后滑板，或者预留出安装转角盘和后滑板的位置。

二次举升器

图 2-100　四轮定位仪

为了确保四轮定位的可靠性及准确性，四轮定位仪通常还需要配套附加设备，主要包括：刹车锁1把，用于压住刹车踏板；方向盘锁1把，用于固定方向盘位置；转角盘2个；后滑板2个；卡具4个，每个车轮1个，用于安装定位仪传感器；标定装置1个，由标定杆和T形标定架组成，用于对举升机台面水平位置进行修正，进而对传感器进行前束和外倾角标定。

2.3.1.2　四轮定位仪的使用

（1）四轮定位仪的使用注意事项　在使用四轮定位仪时，应当懂得如何最大限度地减小测量误差，以充分保证测试精度。四轮定位仪在测试中可能引起误差的地方有表2-20中所列的三个方面，使用中必须要注意。

表 2-20　四轮定位仪在测试中可能引起误差

项目	内　容
违反操作规程或未妥善保管设备引起的误差	转角盘保管得不好,将使其在转动前轮时有阻力,造成前轮悬架撑紧,将会给前轮前束和外倾角的测量带来误差。同样,后滑板也有上述情况。违反操作规程安装卡具,将会使距离销磨损不均匀,导致前束和外倾角的测量误差,因而必须进行轮辋的偏位补偿。传感器上的插销受损（由于带有油污的砂粒作用）,将会导致卡具上的传感器插销过度磨损,进而引起前束和主销后倾角的测量误差。插座受损将会引起电路不良接触或断路,这将引起程序运行和测量过程受到破坏

续表

项目	内　　容
检测平台引起的误差	现代汽车的底盘测量系统要求有很高的精度,为了避免检测平台引起测量误差,必须注意以下几方面:检测平台应在车间内安置好,以使汽车能直线驶上检测平台。在选取四柱举升机时,应当充分考虑到在4点支撑的测量板上,通过2个甚至3个点工作高度的调节使汽车行驶轨道能准确地被校准,这样可得到极好的稳定性。放置转角盘和后滑板的支点应只有横向最大1mm和纵向最大2mm的标准误差,否则将对前束、外倾角和主销后倾角的测量产生很大影响。为了避免四轮定位仪测量系统上的电流交叉,应当安装好接地装置。如果在测量板旁再安装一个插座,则能够避免测量板上的行驶轨道与电脑间的电位差
操作引起的误差	在四轮定位检测过程中,操作人员的一举一动均可能对检测结果产生影响。为避免操作误差,很多汽车底盘测量系统提供了一个帮助文本。例如百斯巴特汽车的四轮定位仪对每一步测量可以通过"?"键来帮助,以避免操作不当对测量产生影响。尽管如此,操作误差仍然是存在的。下面给出几个减小操作误差的方法:应当检查和按标准调整轮胎气压,否则会产生外倾角的测量误差。在对轮辋偏位进行补偿后放下汽车时,应当将转角盘的转盘对准前轮悬架撑开的方向向里推动一点,否则转角盘在汽车转向时会滑向相反方向,这会导致汽车悬架撑紧而带来测量误差。在汽车驶上平板后,应当上下晃动前后轴,使悬架系统处于自由放松状态。转向时不要忘记安装制动器销,否则车轮在转向时会滑脱,会导致主销内倾角的测量误差。测量前轮的单轮前束时,转向盘要位于正正直行位置。如果在显示器上显示的单轮前束不对称,则表明转向盘在后面的测量中倾斜

需要注意的是,在具体操作中除了尽量减小误差外,还要能根据汽车故障现象尽快确定故障范围或直接找出故障原因,并且加以排除。

(2)对被检车辆的基本要求　在检测汽车的前轮定位时,被检汽车应当满足以下要求:前后轮胎气压及胎面磨损基本一致;前后悬架系统的零部件完好且不松旷;转向系统调整适当,不松旷;前后减振器性能良好,不漏油;汽车前后高度与标准值的差不大于5mm;制动系统正常。

(3)检测前的准备工作　首先拆下各车轮,并且检查轮胎磨损情况;检查轮胎气压,不符合标准时应当充气或放气;进行车轮动平衡,然后将车轮装好;仔细检查车身高度(车身4个角的高度)和减振器技术状况,如车身不平应先调平;检查转向系统和悬架是否松旷,如果松旷则,应当先紧固或更换零件。

(4)四轮定位检测具体步骤　首先将汽车驶到检测平台上,使前轮正好位于转角盘中心。需要注意的是,车辆驶入前要用锁紧销将转角盘锁紧,防止转动。汽车驶入后,再松开锁紧销。将卡盘装在车轮上,夹紧卡盘,卡爪头通常要固定在轮辋圈内侧,避免装在外侧时由于轮辋外侧变形而测量不准;将4个测量头安装在卡盘轴上;应当保证各测量头的位置正确(如前左、前右)。测量头水平,观察水平仪,将气泡调至中间位置,则传感器水平。转动卡盘轴端头的偏心挡块,轴向固定测量头,避免测量头意外坠下。开启测量头电源开关或连接测量头之间的拉线;进入测试程序,输入被检汽车的车型和生产年份,进行轮辋变形补偿。如果自定心卡盘定位正确或轮辋边缘平滑,自动卡盘可以保证传感器与轮辋同轴,通常是不需要自动补偿的;如果轮辋损坏或不平整,则按照四轮定位仪偏摆补偿校正程序进行偏摆补偿。使车轮落到检测平台上,将汽车前部和后部向下压动4～5次,使其做压力弹跳。安装制动杆后,将制动杆大端定在踏板上,制动杆靠在座椅上压紧,使汽车处于制动状态。按照四轮定位仪校正程序提示对后轮和前轮定位参数进行测量操作,将转向盘回正,电脑屏幕上显示出后轮的前束和外倾角检测数值。调正转向盘,并且用转向盘锁定杆锁住转向盘使之不能转动。将安装好在4个车轮上的定位传感器水平仪,调到水平线上,按照电脑屏幕上显示的主销后倾角、主销外倾角、转向轮外倾角和前束的数值进行相应的调整。方块图标用以显示每一车轮的定位角度信息,这些方块图标显示出实际测量值与四轮定位仪设定数据之间的差别,调整数值的标准范围大小决定方块图标中央部分的大小。当车辆正在调整时,相关箭头将随调整逐渐往一个方向移动。当调整到标准范围内,方块图标标记在中央部位,方块图标为绿色即为合格。

2.3.2 轮胎气压表

汽车的轮胎气压是一个非常重要的参数,它应当保持在一个范围之内。轮胎气压过高会使轮胎过硬,失去应有的弹性及吸振能力,不但抓地力变差,而且中央胎纹过度磨损会产生胎纹深度不均的现象,轮胎在高速运转下也有可能因无法承受过度的膨胀压力而发生爆胎。过低的轮胎气压将会使高速行驶的轮胎产生驻波现象,进而影响转向的稳定性;同时,车辆行驶速度是很快的,轮胎的形状处于一种高频交变状态,如果气压不足变形就会加大,胎面两边的胎纹会过度磨损,胎体由于无法抵御地面的压力而扭曲变形,产生高温而加速轮胎的磨损,最终导致爆胎;除此之外,还会影响诸如 ABS(制动防抱死系统)等行车稳定控制系统。综上所述,经常使用轮胎气压表检测轮胎气压是非常必要的。

2.3.2.1 轮胎气压表的分类

轮胎气压表是专门用于测定轮胎气压的量具,车辆轮胎气压表有很多种类,大体有以下分类。

① 按照压力显示方式不同,可以分为数显式和指针式(机械式)两种,如图 2-101 所示。

指针式气压表分为油浸式和非油浸式,油浸式气压表的表盘内部充满了硅油或者甘油,如图 2-102 所示。

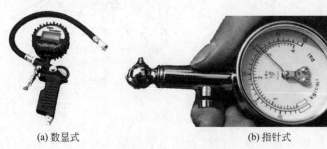

(a) 数显式　　　　　　(b) 指针式
图 2-101　轮胎气压表

图 2-102　油浸式气压表

② 按照功能进行分类,可以分为可加气式和不可加气式,不可加气式的气压表没有加气手柄。

2.3.2.2 轮胎气压表的使用方法

(1) 测量轮胎的充气压力　如图 2-103 所示,在使用时,应当将轮胎气压表测量端槽口与轮胎气门嘴对正压紧。此时,轮胎气压表指针发生偏转,其指示值即该轮胎的充气压力;或是轮胎气压表标杆在气压作用下被推出,此时标杆上所显示的数值即该轮胎的充气压力。测量完毕之后,应当仔细检查轮胎气门芯是否有漏气,如果有漏气,则应当予以排除。

(2) 利用轮胎气压表进行充气　当所检查的轮胎气压过低时,可以利用气压表对轮胎进行充气。

① 连接气源的气管到气压表上的充气口,如图 2-104 所示。

图 2-103 轮胎气压表的使用　　　　图 2-104 连接气源的气管到气压表上的充气口

气管快速接头的连接方法如图 2-105 所示。首先用两根手指捏住快速接头的锁止圈，然后往后侧拉动。将气压表的充气口套到快速接口上，同时将快速接头的锁止圈往反向推动，卡住两个接口。连接完成后确认连接是否完好。

② 按下加气手柄，对轮胎进行充气，如图 2-106 所示。

③ 在充气的过程中，可以松开加气手柄检查轮胎气压是否达到标准要求。当气压达到标准值时再拆下气压表，检查气门嘴的泄漏情况，安装气门嘴盖帽。

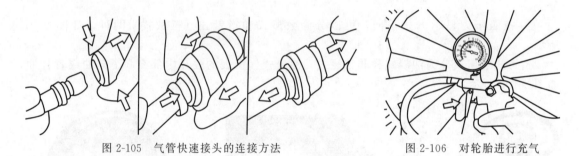

图 2-105 气管快速接头的连接方法　　　　图 2-106 对轮胎进行充气

(3) 利用轮胎气压表进行放气　当所检查的轮胎气压过高时，可以利用气压表对轮胎进行放气。

① 连接气压表到轮胎气门嘴上。

② 放气。第一种放气方法是，当气压表连接气源时按下压力表的放气阀，对轮胎进行放气。第二种方法是，当气压表连接气源时，可以按下加气手柄，对轮胎进行放气。加气手柄如图 2-107 所示。

图 2-107 加气手柄

③ 在放气的同时可松开放气阀或者加气手柄检查轮胎气压，当气压达到标准值时，拆下气压表，检查气门嘴的泄漏情况，安装气门嘴盖帽。

（4）使用轮胎气压表的注意事项

① 使用轮胎气压表前，应当使汽车处于冷车状态，车辆应放于平台上。

② 当读数时，视线需与表面垂直且指针与表盘刻线重叠，防止产生读数误差，并且需要估读到小数点后一位。

③ 测量轮胎气压之前确认气压表的指针处于"零位"。

④ 当测量气压时，应当保证轮胎气压表气嘴与轮胎气门嘴紧密接触，防止漏气。

⑤ 当给轮胎充气（放气）时，应当边充（放）边观察轮胎气压表读数，避免充气（放气）过多。

⑥ 长时间不使用轮胎气压表，应当将其放置在干燥、空气流通、无腐蚀性气体和剧烈振动的地方。

2.3.3 减振器弹簧压缩器

减振器在装配时，向减振弹簧施加了很大的压缩力。要想更换减振阻尼器，则必须拆卸减振器弹簧，而拆卸减振器弹簧就必须要使用专用工具——减振器弹簧压缩器对弹簧进行压缩。减振器弹簧压缩器的结构如图 2-108 所示，其两根长杆上加工有螺纹，在螺纹杆上设计有爪形钩。在使用时，将减振器弹簧压缩器对置于螺旋弹簧的两端，使爪形钩固定于弹簧上，如图 2-109 所示，确保两螺纹杆间隔 180°对置。爪形钩固定好后，使用扳手转动螺纹杆，使两爪形钩之间的距离变短，这样就可以将螺旋弹簧进行压缩。在压缩螺旋弹簧时，一定要确保两根螺旋杆的压缩程度相同，防止滑脱而造成安全事故。

图 2-108 减振器弹簧压缩器的结构

在使用减振器弹簧压缩器时，一定要确保爪形钩牢牢地固定住弹簧，如图 2-110 所示，如果爪形弹簧在操作中弹开，则会造成严重后果，甚至对操作人员的生命安全构成威胁。

图 2-109 减振器弹簧压缩器的使用

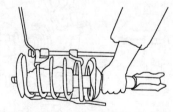

图 2-110 用爪形钩固定住弹簧

2.3.4 球头分离器

车辆长时间使用后，底盘的球头会因为磨损、生锈等原因导致车辆出现异响等故障，那么就要对球头进行更换，因为球头与其他部件如拉杆、摆臂等部件连接，在进行拆卸时必须用到专用的拆卸工具——球头分离器，如图2-111所示。

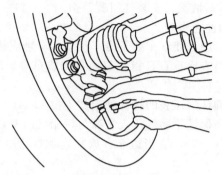

图 2-111　使用球头分离器拆卸底盘部件

2.3.4.1　球头分离器的分类

球头分离器的类型有多种，根据球头的位置不同，设计球头分离器的结构也不同，主要有双叉式球头分离器和鸭嘴式球头分离器。双叉式球头分离器如图2-112所示。鸭嘴式球头分离器如图2-113所示。

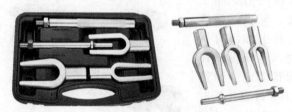

图 2-112　双叉式球头分离器

图 2-113　鸭嘴式球头分离器

2.3.4.2　球头分离器的使用方法

在空间受到限制时，利用球头分离器可以直接轻易地拆除横拉杆球头。

(1) 双叉式球头分离器的使用　将双叉式球头分离器插入转向节与下摆臂之间，利用圆头锤敲击分离器，使得球头与摆臂分离。

(2) 鸭嘴式球头分离器的使用　如图2-114所示，当使用球头分离器时，将其开口插入转向节与下悬臂之间，使用扳手旋动球头分离器后端的螺栓顶动压臂，使压臂将球头压下。

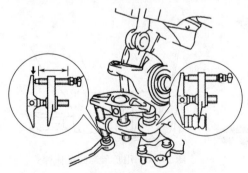

图 2-114　鸭嘴式球头分离器的使用

2.3.4.3　使用球头分离器的注意事项

① 当使用双叉式球头分离器时，必须小心进行敲击，防止手部受伤，敲击时应当防止损坏其他部件。

② 确认分离器完好，无损坏、变形。

③ 当鸭嘴式球头分离器插入球头与摆臂之间时应当要小心，防止损坏球头的防尘套。

④ 球头分离器安装时必须到位。

⑤ 在拆卸过程中，如有必要可以用手扶着球头分离器。

⑥ 在进行作业过程中，球头与摆臂等部件会瞬间分离，要防止手部受伤。

⑦ 使用完毕后，应当将球头分离器进行清洁、润滑，然后归位放置。

2.3.5 拉拔器

拉拔器是用于拆卸通过过盈配合安装于轴上的齿轮或轴承等零件的专用工具,如图 2-115 所示。常用拉拔器为手动式,即在一个杆式弓形叉上装有压力螺杆和拉爪。在使用时,在轴端与压力螺杆之间垫一个垫板,用拉拔器的拉爪拉住齿轮或轴承,然后拧紧压力螺杆,即可从轴上拉下齿轮等过盈配合安装的零件,如图 2-116 所示。使用拉拔器时,不会破坏工件配合性质及工作表面,如拆卸曲轴皮带轮、齿轮等零件应当选用三爪拉拔器;如拆卸轴承等零件,宜使用两爪拉拔器。

 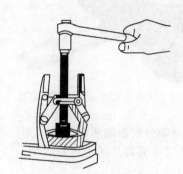

图 2-115 拉拔器　　　　图 2-116 拉拔器的使用方法

2.3.6 制动分泵压缩器

制动系统是可以使汽车的行驶速度强制降低的一系列专门装置,其主要功用是使行驶中的汽车减速甚至停车,使下坡行驶的汽车速度保持稳定,使已经停驶的汽车保持不动。目前,轿车上使用的是液压制动系统,在汽车的使用过程中,制动摩擦片的厚度会随着车辆行驶里程、行驶时间的增加而逐渐减小,为了保证制动系统的制动效果,作用于制动摩擦片的液压制动分泵活塞会向外伸出,消除摩擦片因磨损产生的间隙,当制动摩擦片使用达到极限时,必须更换制动摩擦片,以恢复制动系统的功能。这时必须用到专用的制动分泵压缩工具将移出的活塞压回,以便安装新的制动摩擦片,这个工具就是制动分泵活塞压缩器。

2.3.6.1 认识制动分泵活塞压缩器

制动分泵活塞压缩器的结构如图 2-117 所示,其组成分别有固定顶板、导向杆、螺杆、手柄及活动顶板。

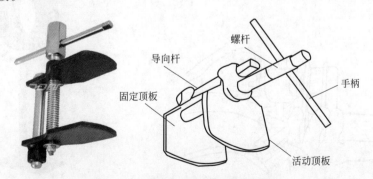

图 2-117 制动分泵活塞压缩器的结构

2.3.6.2 制动分泵活塞压缩器的主要类型

制动分泵主要有鸭嘴式制动分泵活塞压缩器、快速式制动分泵活塞压缩器和专用制动分泵活塞压缩器三种。常见的制动分泵活塞压缩器通常是鸭嘴式制动分泵活塞压缩器。快速式制动分泵活塞压缩器如图 2-118 所示。专用制动分泵活塞压缩器如图 2-119 所示，宝马车型上用到的是此种类型的压缩器。

图 2-118　快速式制动分泵活塞压缩器

图 2-119　专用制动分泵活塞压缩器

2.3.6.3 制动分泵活塞压缩器的作用

制动分泵活塞压缩器是用于将盘式制动分泵活塞进行复位的专用工具，是汽车制动系统维修作业中常用的工具之一。

2.3.6.4 制动分泵活塞压缩器的使用

制动分泵活塞压缩器的使用方法基本相同。下面以宝马车型为例，介绍专用制动分泵活塞压缩器的使用。

① 首先拆下制动摩擦片和制动分泵，然后用挂钩将钳体悬挂起来。

② 将压缩器置于活塞与活塞之间，一手扶住钳体，另一手顺时针缓慢旋转手柄，使活塞压缩器的两个顶板撑开，如图 2-120 所示。

③ 旋转手柄，直至活塞被压回到底部为止，逆时针旋转手柄，拆下压缩器。

2.3.6.5 使用制动分泵活塞压缩器的注意事项

① 压缩时，缓慢旋转手柄。

② 在压缩过程中，时刻观察制动液液位状况。

③ 在压缩过程中，制动分泵活塞应能缓慢移动，否则应检查压缩器是否有卡滞现象。

④ 使用完毕后，对压缩器进行清洁润滑，并放回盒子内。

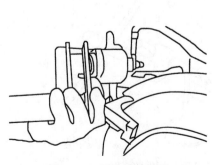

图 2-120　压缩器的使用

图 2-121　扩胎机

2.3.7 轮胎扩胎机

扩胎机是一种将汽车轮胎两侧胎圈之间的距离扩开,并且可以拨动回转的维修设备,维修技术人员使用扩胎机可在轮胎翻修的过程中将轮胎固定、举升并将胎口扩张,以便于对轮胎执行整孔、打磨、吸尘及胶片粘贴修补等工作,如图 2-121 所示。

2.3.8 轮胎充氮机

爆胎最主要的原因是汽车高速行驶时轮胎温度升高,导致轮胎材料力学性能下降。与充气式的轮胎相比,充氮气的轮胎气压稳定,爆胎的概率大大降低,提高了高速行车的安全性。

2.3.8.1 轮胎充氮气的优势

轮胎充氮气的优势,见表 2-21。

表 2-21 轮胎充氮气的优势

项次	优势	说 明
1	减少爆胎概率	汽车在行驶过程中,轮胎的温度逐渐升高,橡胶材料会释放出易燃的烯类气体,当填充空气的轮胎温度达到气体着火点时,烯类气体发生自燃,胎内气体急剧膨胀,就会引起爆胎。而氮气为惰性气体,在惰性气体氛围内,烯类气体不会自燃,因而避免了爆胎的发生
2	延长轮胎及相关部件使用寿命	空气中所含的氧气、水分、油等物质,在温度升高时极易与车轮上的金属件或橡胶件发生氧化反应,导致金属件开裂、生锈、橡胶件老化等。由于氮气是惰性气体,避免了同空气中这些物质不良化学反应的发生。在汽车行驶过程中,可以使轮胎的温度不易上升,热膨胀较少,整体轮胎组合比较稳定
3	节省燃油	充氮轮胎的摩擦系数较小,由于地面的摩擦力减少,因此可提高效率,降低燃料费(省油 10%)
4	使汽车行驶性能较平稳、安定	充氮轮胎可以抑制偏磨耗,使方向盘平稳、安定
5	降低轮胎扁压概率	在橡胶内氮气分子比氧气分子体积大,因此充氮轮胎泄漏量少,可以比压缩空气充填的轮胎多出 30%~40% 的使用时间,不会产生轮胎扁压,导致交通事故
6	降噪声	因声音在氮气中传播速度较慢,因此可以降低车辆在行使中的噪声
7	使胎圈不易生锈和腐蚀	因氮气中的水分含量较少,因此铝合金圈和钢圈不容易生锈、腐蚀

2.3.8.2 轮胎充氮机的使用方法与技巧

轮胎充氮机的使用方法与技巧见表 2-22。

表 2-22 轮胎充氮机的使用方法与技巧

项目		内 容
安装与操作	要求	轮胎充氮机应当放置在宽敞及通风良好的室内,空气中无油及其他有害气体,严禁放置在腐蚀严重的厂房或露天场地。为了确保轮胎充氮机的制氮率及延长使用寿命,须配置使用无油空气压缩机,须定期检查过滤器的使用状态。空气压缩机输出压力通常为 0.8~1.0MPa,产气量≥0.6L/min。制氮机工作时释放大量的氧气,因此必须安装在无明火的地方。电源插座应安置于干燥地方,空气压缩机与轮胎充氮机相连接不应超过 6m。对于用氮气大户或充填高压轮胎,可以增加外储气罐,使用高压的空气压缩机和产气量大的轮胎充氮机

续表

项目		内容
安装与操作	操作步骤	首次开机,先接上电源 AC 220V/50Hz,启动设备,使设备处于工作状态。再接上压缩空气,当储存的氮气达到一定压力时,轮胎充氮机会自动停止工作。当氮气压力下降到 0.7MPa 左右时,轮胎充氮机会自动重新启动,工作灯亮起。轮胎充氮机在工作时应尽可能将机内的氮气储气罐用很小的放气量放出氮气约 20min,目的是将氮气罐内的空气排掉,提高氮气的纯度。当储存氮气压力达到 0.9MPa 时轮胎充氮机将停止工作,工作指示灯熄灭。关机时应先关闭空气进气源,然后关闭电源。在使用中,应当经常将过滤器里的水分放掉,如发现积水过多,有必要停止使用,将轮胎充氮机放置几天后再重新开机
	轮胎充氮操作步骤	首次充氮气的轮胎,需要将胎内空气进行置换。取下气门芯,尽可能放尽胎内空气,充氮至 0.2MPa 后,停止充氮,放掉胎内氮气。然后装上气门芯,最终充至汽车设定的胎压为止
		将无油空气压缩机出气管与真空枪连接,将枪嘴螺母旋松,扳动枪扣就可将轮胎里的空气抽出。如加氮气,则应当将枪嘴螺母扳紧。拔下气枪上的空气压缩机快速接头,重新接上轮胎充氮机出气管接头。装上气门芯,最终充至汽车设定的胎压为止。对于有内胎的轮胎或需补充氮气的轮胎,无须进行抽真空而可直接充填氮气。确保轮胎内的氮气纯度达到要求,再重复一次抽真空(手动放气)和充氮气的操作步骤
		补充氮气。原来已经充氮气的轮胎,直接进行补充氮气至规定胎压即可
	维护与保养	应当经常检查气源是否洁净干燥,通常是每月进行一次。为了避免分子筛因受潮而影响使用寿命,应当每日将过滤器内的积水排空。检查过滤器中的积水情况,必要时将滤芯清洁晾干;严禁用水冲洗机体;尽量远离水源,防止机体因受潮而生锈。保持外观整洁,不沾尘。经常检查各个快速接口部位是否存在漏气现象(用肥皂水即可);应当经常检查阀门是否正常工作;避免硬物碰撞引起油漆掉落或外壳变形而导致电脑控制器损坏

2.3.9 底盘测功机

2.3.9.1 底盘测功机的工作原理

底盘测功机是一种不解体检验汽车性能的检测设备,它主要是通过汽车在室内台架上模拟道路行驶工况的方法来检测汽车的动力性,而且还可以测量多工况排放指标及油耗,同时能方便地进行汽车的加载调试和诊断汽车在负载条件下出现的故障等。由于底盘测功机在试验时能够通过控制试验条件,使周围环境影响减至最小,同时通过功率吸收加载装置来模拟道路行驶阻力,控制行驶状况,因此能够进行符合实际的复杂循环试验,因而得到广泛应用。

2.3.9.2 底盘测功机的功能与类别

(1) 底盘测功机的功能 底盘测功机又称为转鼓式试验台或底盘测功试验台,它主要是通过在室内台架上以滚筒的表面代替路面,并且通过加载装置给滚筒施加负荷模拟行驶阻力,使汽车尽可能在接近实际道路行驶工况下进行各项目的检测与试验。底盘测功机通常可以完成汽车的动力性能、燃料经济性能、滑行性能、制动性能和车速表的示值误差的测定,而且还可以测量多工况排放指标,进行汽车的加载调试和诊断汽车在负载条件下出现的故障。底盘测功机如图 2-122 所示。

图 2-122 底盘测功机

(2) 底盘测功机的类别 按照底盘测功装置中测功器形式不同,可以分为水力式、电力式、电涡流式;按照底盘测功装置中测功器冷却方式不同,可以分为风冷式、水冷式、油冷式;按滚筒装置承载能力不同,可以分为小型、中型、大型、特大型。不同型号底盘测功试验台的承载质量见表 2-23。

表 2-23 不同型号底盘测功试验台的承载质量

底盘测功试验台类别	小型	中型	大型	特大型
承载质量 m/t	$m \leqslant 3$	$3 < m \leqslant 6$	$6 < m \leqslant 10$	$m > 10$

2.3.9.3 底盘测功机的组成结构

底盘测功机的组成部分通常包括框架、滚筒装置、举升装置、测功装置、测速装置、控制与指示装置和辅助装置,其机械部分结构如图 2-123 所示。

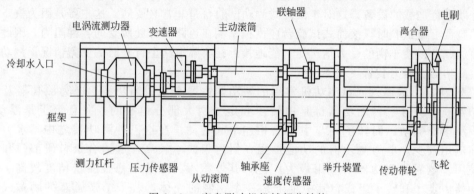

图 2-123 底盘测功机机械部分结构

(1) 框架与滚筒装置 底盘测功机的滚筒可比喻成不断移动的路面,被测车辆的车轮在其上滚动。该种试验台有单滚筒和双滚筒之分,双滚筒又进一步分为单轮双滚筒和双轮双滚筒,如图 2-124 所示。

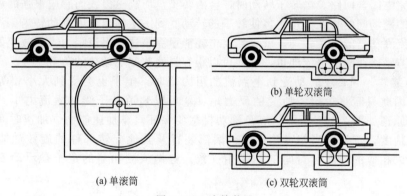

图 2-124 滚筒装置

① 单滚筒试验台。单滚筒试验台的滚筒大多采用硬质木料或钢板制成,其直径在 1500~2500mm 之间,直径较大,随着滚筒直径的加大,车轮在滚筒上的滚动就接近平路上滚动,使轮胎与滚筒间的滚动阻力小、滑转率小,测试精度越高。但是加大滚筒直径会受到制造、安装、占地和费用等多方面的限制,因此滚筒直径不宜过大。单滚筒试验台使用不方便,因为单滚筒试验台要求车轮在滚筒上的安放、定位要准确,而车轮中心与滚筒中心的对中又是比较困难的,仅适用于需要做科研性试验的汽车制造厂、科研院所和大专院校,其不

适用于需要做生产性试验的汽车维修单位、汽车检测站等。

② 双滚筒试验台。双滚筒试验台的滚筒大多使用空心结构，采用钢质材料制成。表面形状有多种形式：光滑式、滚花式、沟槽式及涂覆层式。目前光滑式滚筒使用得最多，滚花式和沟槽式滚筒应用较少。光滑式滚筒的表面摩擦系数较低，而涂覆层式滚筒比较理想，其是在光滑式滚筒表面上涂覆摩擦系数与道路实际情况接近一致的材料。单滚筒机的滚筒通常使用硬质木料或钢板制成，采用空心结构。双滚筒式底盘测功机的滚筒有主、副之分。主滚筒与测功器相连接，左右两个主滚筒之间装有联轴器，左右两边的副滚筒处于自由状态。所有类型的滚筒均是通过滚动轴承安装在框架上的。框架是底盘测功机机械部分的基础，由型钢焊接而成，固定在地坑内。

（2）测功装置　测功装置用于测量发动机经传动系统传至驱动车轮的功率。测功装置是一个可以进行加载的设备，这对于滚筒式测功试验台是非常必要的。这主要是因为汽车在滚筒式试验台上做试验时，滚筒式试验台应模拟车辆在道路上行驶所受的各种阻力，因此需要对滚筒加载，以使车辆的受力情况尽可能地接近在实际道路上行驶时的受力情况。测功装置主要由测功器、测力装置飞轮等组成。

① 测功器。滚筒式底盘测功机常用的测功器主要有水力测功器、电力测功器及电涡流测功器三种。这三种测功器都是由转子和定子两大部分组成的，并且定子是浮动的，可以围绕中心摆动，而转子则与主滚筒相连一起转动。在这三种测功器之中，水力测功器目前应用较少。电力测功器的功能最强，但由于成本较高，更适合于科研部门和高等院校使用。电涡流测功器的应用最为广泛，其体积小、运转平稳且测量精度较高。电涡流测功器由定子和转子组成，其中定子是一个钢制的壳体，若干个带磁芯的励磁线圈沿壳体圆周均匀排布，转子是一个固定在转轴上钢制的、很厚实的圆盘（涡流盘），可以随着转轴一起转动，而转轴则与主动滚筒相连。转子涡流盘、线圈铁芯之间，定、转子之间，都只有很小的间隙。

当在线圈中通入直流电时，则会有较强的磁场产生。磁力线会穿过铁芯、定子和转子盘而形成一个完整闭合回路。当转子转动时，会因转子盘切割磁力线而感应很强的涡流。涡流与励磁线圈的磁场间的相互作用，将使转子的转动受到一定的阻力或制动力矩。汽车驱动轮想要带动涡流测功器的转子转动，就必然要消耗能量克服这种涡流阻力。要改变磁场和涡流的强度，调节励磁线圈的电流即可，这便可以很容易地改变驱动轮的负载。

② 测力装置。当转子转动受到电涡流的阻力矩时，定子也会受到大小相等、方向相反的力矩。因此只需测得定子所受的反力矩，就可以知道转子受的涡流力矩。常用的测力装置工作原理如图 2-125 所示。底盘测功机想要保证汽车加速能力（加速时间）和滑行距离的测试精度，首先应当使飞轮机构、滚筒装置及其他旋转部件的旋转动能与汽车实际在道路上以相应的速度运行时的动能相一致。电涡流测功器的定子是浮动安装的（可

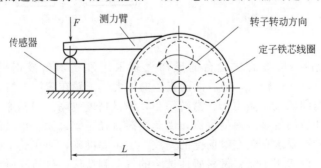

图 2-125　常用的测力装置工作原理

绕中心摆动），在定子表面装有一个测力杠杆，该测力杠杆压在一个压力传感器上面。如此，当定子受到转子转动而产生的反作用力矩时，将通过测力杠杆对传感器施加一个压力。测力杠杆的长度 L 是一定的，进而可以通过传感器受的力 F，计算出汽车在各种不同工况下的驱动力。试验台的速度传感器可以检测车速。车速与检测到的驱动力一起可以计算出驱动轮的输出功率。

③ 飞轮装置。上述对驱动力和车速的测试主要适用于检测稳态时的驱动轮的驱动功率。如果在试验台上要检测汽车的加速性能和滑行性能，则需要模拟汽车行驶时的惯性。为此可以在底盘测功机上安装一套飞轮组，按照不同汽车的质量配以相应转动惯量的飞轮。飞轮与滚筒的接合与断开由离合器控制。

④ 测速装置。车速测试是在底盘测功试验台上在进行测功、加速、等速、滑行及燃料经济性等试验时都需要的，因此应当配备测速装置。测速装置一般采用电测式原理，由速度传感器、中间处理装置和指示装置组成。速度传感器的常见形式有磁电式、光电式和测速发电机等，这些传感器安装在副滚筒一端，随副滚筒一起转动，进而能把滚筒的转动转变为电信号。与测速发电机相配的指示装置为电压计，电压计的刻度盘通常以"km/h"进行指示。部分底盘测功机的速度传感器为光电式，该速度传感器输出脉冲信号，送入单片机处理后，在指示装置上通常以"km/h"进行车速指示。

⑤ 控制与指示装置。底盘测功机的控制装置和指示装置通常制成一体，形成柜式结构，安置在底盘测功机前部易于操作和观察的地方。如果测力装置为电测式，则指示装置能直接指示驱动车轮的输出功率。特别是计算机控制的底盘测功机，测力杠杆下测力传感器输出的电信号送入计算机处理后，可以在指示装置上直接显示功率数值。

测力装置为机械式和液压式的试验台，其指示装置仅能指示驱动车轮的驱动力。这时驱动车轮的输出功率应根据测得的驱动力和对应的试验车速按照下式计算。

$$P_k = \frac{Fv}{3600}$$

式中　P_k——驱动车轮的输出功率，kW；
　　　F——驱动车轮的驱动力，N；
　　　v——试验车速，km/h。

⑥ 辅助装置见表 2-24。

表 2-24　辅助装置

类别	内　容
纵向约束装置	汽车在底盘测功机上试验时，必须加以纵向约束，这样做可以防止汽车因可能出现的摆动、移动或者万一冲出试验台而造成的不良后果。单滚筒试验台应当用钢索拉紧，使汽车能够纵向固定。对于双滚筒试验台，只需要在从动轮前后用三角木块顶住，不必用钢索
冷风装置	冷风装置用于防止汽车发动机过热以及轮胎、驱动桥过热。汽车在底盘测功机上试验时，虽然车轮一直在运转，但汽车并未行驶，没有迎面吹来的风对发动机进行附加的冷却，只靠发动机自身的冷却系统散热则不充足。尤其是当长时间、大负荷试验时，发动机很容易发热。因此，试验时应当在车前放置适当的风机，对发动机进行强制冷却。轮胎也存在同样的问题，轮胎周围空气不流通，轮胎长时间在滚筒上转动也容易受热甚至变形，在驱动轮附近也应采用风机进行强制冷却

2.3.9.4　底盘测功机的操作与维护管理

底盘测功机的操作与维护管理，见表 2-25。

表 2-25　底盘测功机的操作与维护管理

操作与维护		管理内容
操作	车辆准备	①发动机底壳机油液位应在允许范围内 ②发动机机油压力应在允许范围内 ③发动机冷却系统的工作应正常 ④自动变速器(液力变扭器)的液位应在规定的范围内 ⑤汽车发动机和底盘经过维护,供油系统和点火系统处于最佳工作状态 ⑥运行预热全车
	测功机的准备	①开机前必须按使用说明书的要求,对底盘测功机做好准备工作 ②按规定程序进行操作 ③惯性模拟系统除了进行多工况油耗试验、加速、滑行试验用外,不允许任意使用 ④引车员应当严格按引导系统提示操作 ⑤对于水冷测功机,应当将冷却水阀打开 ⑥接通电源,升起举升器托板,根据被检车的功率,选择测试功率的挡位 ⑦用两个三角铁抵住停在地面上的车轮的前方,防止汽车在检测中由于误操作而冲出去 ⑧为了防止发动机过热,将一台冷却风扇置于被检汽车前方约 0.5m 处,对发动机吹风 ⑨使汽车以 5km/h 的速度运行,观察有无异常。看水表指示灯是否点亮 ⑩设定试验车速及转矩 ⑪启动发动机,由低速挡逐级换入直接挡,并同时逐渐踩下加速踏板,使节气门全开 ⑫待发动机稳定后,读取和记录功率值 ⑬重复检测三次,取平均值
维护	例行检查项目	①对于采用水冷电涡流式及水涡流功率吸收装置,要求检查冷却水管路是否有漏水现象 ②润滑系统是否有漏油现象 ③带有扭力箱、升速器的装置检查滚筒轴承、飞轮轴承是否有发热现象 ④检查地沟是否有漏油、漏水及杂物
	每6个月检查项目	①各部螺栓紧固情况(紧固) ②循环水池积垢情况(清除) ③冷却水滤清器堵塞情况(清洗) ④对各支撑轴承及运动齿轮进行润滑 注:②、③是对水冷式功率吸收装置而言

2.3.10　汽车侧滑检验台

汽车在使用过程中,由于车架、车轴、转向机构的变形或磨损改变了原有的参数值,导致前轮定位失准,车辆行驶时转向轮在向前滚动的同时,还将会产生横向滑移,这就是侧滑。当这种现象严重时将会破坏车轮的附着条件,导致轮胎异常磨损,丧失定向行驶能力,还可能引发交通事故。

2.3.10.1　侧滑检验台的技术要求及注意事项

按照《机动车运行安全技术条件》(GB 7258—2017)中的有关规定进行判断,汽车前轮侧滑是通过侧滑检测仪测量的,要求车辆前轮侧滑不大于 5m/km。

侧滑检验台(图 2-126)的使用注意事项如下。

① 不允许超过允许吨位的汽车驶入检验台,防止损坏机件。

② 不允许汽车在检验台上转向或转动,否则会影响测量精度和检验台的使用寿命。

图 2-126　KCH-3 型汽车侧滑检验台

③ 前驱动的汽车在检测时，不允许突然加油、收油或踏离合器，这样做会改变前轮受力状态和定位角，造成测量误差。

④ 检验台不使用时，要锁止滑动板，防止外界因素（例如人或汽车等）引起其经常晃动而损坏测量机件。

⑤ 保持检验台表面及周围环境清洁，及时清除泥、水和垃圾，防止其浸入检验台。

⑥ 侧滑检验台上不准停放车辆和堆放杂物，防止滑动板及测量机件变形或者损坏。

2.3.10.2 侧滑检验台的使用方法

不同型号的侧滑检验台，其使用方法有所不同，应当根据使用说明书制定操作规程。下面以 KCH-3 汽车侧滑检验台为例进行说明。

（1）KCH-3 汽车侧滑检验台使用技术参数

最大通过轮荷：3000kg。

最大检测轮荷：1500kg。

侧滑量检测范围：±15.0m/km。

侧滑量示值分度值：±0.1m/km。

标定比例：1mm：2.0m/km。

结构形式：单滑板（带放松板）。

仪表电源：AC 220V、50Hz，带接地。

检测滑板尺寸（$L \times W$）：600mm×500mm。

放松板尺寸（$L \times W$）：600mm×250mm。

外形尺寸（$L \times W \times H$）：700mm×830mm×65mm。

设备质量：85kg。

使用环境温度：0～40℃。

使用环境相对湿度：≤90%。

（2）车辆侧滑检测

① 松开滑动板的锁止手柄，接通电源。

② 被测车辆以 3～5km/h 低速通过滑动板。速度过高将会因台板的惯性力和传感器的动态响应迟滞而影响测量精度；速度过低将会引起失真误差。

③ 被测车轮从滑动板上完全通过时，查看侧滑试验检测界面，记录滑动板的运动方向，即区别滑动板是向外还是向内滑动，如图 2-127 所示。在进行记录时，应当遵循如下约定：滑动板向外滑动，侧滑量记为负值，则表示车轮向内侧滑动；滑动板向内侧滑动，侧滑量记为正值，则表示车轮向外侧滑动。如图 2-128 所示为车辆侧滑检测及检验台显示结果。

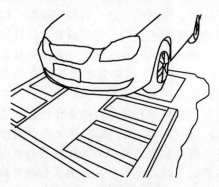

图 2-127　车辆侧滑检验台

图 2-128　检验台显示结果

④ 检测结束后，锁止滑动板，切断电源。

（3）侧滑检验台维护

① 每使用 1 个月，应当重点检查蜂鸣器或信号灯在侧滑量超过规定值时能否及时报警或给出侧滑量不合格的信息。如果蜂鸣器、信号灯或限位开关工作状况不良时，应当给予及时调整或更换。

② 每使用 3 个月，除了做上述保养作业外，还需检查测量装置的杠杆机构指针和复位装置等动作是否灵便。如动作不灵活或有迟滞，应当及时进行清洁和润滑工作，必要时需要进行修理或更换有关零件。

③ 使用 6 个月后，除进行第②项维护工作外，还需要拆下滑动板，检查滑动板下的滚轮及导轨，检查各部位有无脏污、变形、锈蚀、磨损等情况，并且进行清洁、紧固和润滑工作。对于磨损严重的零部件，应当酌情更换。

④ 使用一年后，除进行第③项维护作业外，还应当接受有关部门的检定以确保测试精度。

常见故障及其排除方法见表 2-26。

表 2-26 常见故障及其排除方法

故障现象	故障原因	处理方法
侧滑台滑板复位异常	导轨上有杂物	清理导轨
	复位弹簧过松，拉力不够	调节或更换复位弹簧
	锁紧装置没有完全松开	松开锁紧装置
	限位导轨间隙太小	调大间隙
	导轨或钢珠磨损严重	更换导轨或钢珠
侧滑台检测数据异常	位移传感器有位移	调零后固定传感器
	位移传感器复位不好	清理传感器导轨并加润滑油
	传感器调节装置有松动	调零后固定调节装置
	限位导轨间隙太大	调小间隙
	传感器触头有松动	紧固传感器触头

2.3.11 汽车悬架检验台

悬架装置是汽车底盘的一个重要装置，一般由弹性元件、导向装置及减振器三部分组成。汽车悬架系统的故障将会直接影响汽车的行驶平顺性、操纵稳定性及行驶安全性。因此悬架装置的技术状况和工作性能，对汽车整体性能有着重要影响。汽车悬架装置工作性能的检测方法主要有经验法、按压车体法及检验台检测法三种类型。经验法是通过人工外观检视的方法，主要从外部检查悬架装置的弹簧是否有裂纹，弹簧和导向装置的连接螺栓是否松动，减振器是否漏油、缺油及损坏等项目。按压车体法既可以人工按压车体，也可以用检验台的动力按压车体。按压使车体上下运动，观察悬架装置减振器和各部件的工作情况，凭经验判断是否需要更换或修理减振器和其他部件。检验台能快速检测、诊断悬架装置工作性能，并且能够进行定量分析。根据激振方式不同，悬架装置检验台可以分为跌落式和共振式两种类型。其中，共振式悬架装置检验台根据检测参数的不同，又可分为测力式和测位移式两种类型。如图 2-129 所示为 KXJ 系列汽车悬架检验台。

2.3.11.1 悬架检验台的技术要求及注意事项

(1) 技术要求 《道路运输车辆综合性能要求和检验方法》(GB 18565—2016) 中规定：设计车速不小于 100km/h、轴质量不大于 1500kg 的载客汽车，其轮胎在激励振动条件下测得的悬架吸收率应不小于 40%，同轴左、右轮悬架吸收率之差不得大于 15%。

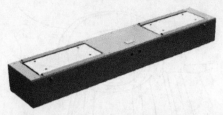

图 2-129 KXJ 系列汽车悬架检验台

(2) 悬架检验台的使用注意事项

① 汽车悬架检验台的管理人员、操作人员、引车员、维修技术人员必须通过上岗培训并取得合格证。

② 使用汽车悬架检验台进行测试时，操作人员和引车员必须按检验台软件界面及点阵屏提示进行操作。

③ 开机前必须按使用说明书的要求对悬架振动台与被测车辆做好准备工作，运行程序时必须按使用说明书来进行。

④ 操作人员在测试过程中，应当注意有无异常现象，例如异响、异常振动等。

2.3.11.2 悬架检验台的使用方法

(1) KXJ-3 汽车悬架检验台的技术参数

最大通过轮荷：3000kg。

最大检测轮荷：1500kg。

称重示值分度值：1kg。

振动板尺寸：700mm×300mm。

振幅：6mm。

振动频率：>15Hz。

车轮直径：500~800mm。

同轴轮胎内侧最小距离：850mm。

同轴轮胎外侧最大距离：2000mm。

电源功率：2×2.2kW。

外形尺寸 ($L×W×H$)：2390mm×450mm×275mm。

设备质量：410kg。

电机电源：AC 3 相 380V/50Hz，带接地。

使用环境温度：0~40℃。

使用环境相对湿度：≤90%。

(2) 悬架检验台的操作

① 合上总电源开关，按下电气控制柜上的 SB1 按钮，接通检验台控制系统电源。预热 10min，打开控制计算机和打印机电源，若计算机显示屏出现检测程序画面，则表示系统已进入测试状态。

② 汽车轮胎规格、气压应符合规定值；车辆空载，不乘人（含驾驶员）。

③ 将被测车辆居中停放在检验台上，切勿倾斜和偏移，关闭发动机，松开驻车制动，变速杆放在空挡位置（图 2-130）。检验台先检测出前轴左右轮的轴重。

④ 根据计算机界面提示输入相关的汽车资料。启动检验台，使激振器迫使汽车悬架产生振动，振动频率逐步增加至超过共振频率。在共振点过后，将激振源关断，振动频率减少，并且将通过共振点。

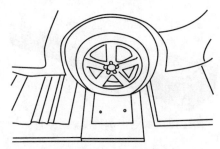

图 2-130 将被测车辆居中停放在测试台上

⑤ 记录衰减振动曲线,纵坐标为动态轮荷,横坐标为时间;测量共振时的动态轮荷,计算并且显示动态轮荷与静态轮荷的比例(%)及其同轴左右轮这个比例(%)的差值。

⑥ 将车辆后轮驶入检验台,检测后轴左右轮的轴重。

⑦ 启动检验台,使激振器迫使汽车悬架产生振动,振动频率逐步增加至超过共振频率;在共振点过后,将激振源关断,振动频率减少,并且将通过共振点。记录衰减振动曲线,纵坐标为动态轮荷,横坐标为时间;测量共振时的动态轮荷,计算并且显示动态轮荷与静态轮荷的比例(%)及其同轴左右轮比例(%)的差值。

⑧ 测试完成,将车辆驶离检验台。

(3) 汽车悬架检验台的维护

① 设备不应受潮和强烈阳光的直射,应当保持各部分的清洁。使用前清除设备盖板上的油、水、泥沙等杂物。

② 不可把水弄到检验台内,特别是控制装置内。

③ 被检车辆一般应为空载,最大载荷不得超过1600kg,通过检验台时速度不能过高。

④ 每周检查机柜内的接线,清理各线路板上的灰尘,防止短路。每月检查一次承载板螺栓是否有松动。每半年给机体内各轴承加注一次润滑油。每半年检查一次传感器是否松动。

(4) 悬架检验台常见故障分析与排除 悬架检验台常见故障与排除见表 2-27。

表 2-27 悬架检验台常见故障与排除

故障现象	故障原因	处理方法
悬架检测台工作噪声大	振动板面板螺钉松动	检查并拧紧
	传感器固定螺钉松动	检查并拧紧
	联轴器胶圈损坏	更换胶圈
悬架检测台轮荷数据异常	传感器固定螺钉松动	检查并拧紧
	传感器损坏	检查并更换传感器
	四个传感器不在一个平面	调整传感器水平

2.3.12 汽车车速表检验台

汽车车速表经长期使用后,其指示误差会越来越大,车速表指示不准或出现故障将直接影响驾驶员对车速的判断,进而影响到行车的安全。为了保证行车的安全,国家标准《机动车运行安全技术条件》(GB 7258—2017)对汽车车速表指示做出了具体规定,并且将车速表的检测列为汽车安全性能检测的必检项目,在汽车综合性能检测站,用车速表检验台检测车速表的技术状况,如图 2-131 所示。

车速表检验台按照有无驱动装置,可以分为标准型与电动机驱动型两种。标准型检验台无驱动装置,它靠被测汽车驱动轮带动滚筒旋转;电动机驱动型检验台由电动机驱动滚筒旋转，然后由滚筒带动车轮旋转。此外，还有将车速表检验台与制动检验台或底盘测功机组合在一起的综合式检验台。目前，检测机构多使用标准型滚筒式车速表检验台。

车速表检验台的型号由三部分组成，如图 2-132 所示：第一部分代表车速表检验台产品分类代码（CS）组成；第二部分代表额定承载质量，单位为吨（t），采用阿拉伯数字表示；第三部分代表产品改进序号，采用 A、B、C…表示。例如额定承载质量为 3t，第三次改进的滚筒式汽车车速表检验台，其型号表示为 CS-3C。

图 2-131 汽车车速表检验台

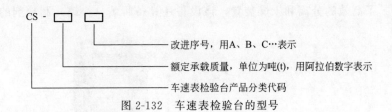

图 2-132 车速表检验台的型号

2.3.12.1 车速表检验台的技术要求

① 超过检验台允许轴重的汽车，不准上检验台进行检测。

② 对于电动机驱动式检验台，必须要注意滚筒所能驱动的车轮负荷，严禁超载。

③ 对于电动机驱动式检验台，如果不用电动机驱动被检测汽车车轮时，必须要注意在检测前用离合器将滚筒与电动机脱开。

④ 对于前轮驱动的汽车，应当用转向盘准确地保持汽车处于直线行驶状态（保持车轮平面与滚筒垂直）。

⑤ 被检测的汽车，如果需要连续进行高速检验时，为了防止轮胎驻波现象的产生，可以适当地提高轮胎气压。

⑥ 检验仪表部分应注意避免让阳光直射、受潮或受振动。

⑦ 检验台滚筒表面应当经常保持清洁、干燥，注意防止泥、水、油污等脏物进入检验台。

⑧ 检验台不检测时，一律不准在上面停放车辆。

2.3.12.2 车速表检验台的使用方法

① 接通检验台电源，升起滚筒间的举升器，将被检车辆驶上检验台，使输出车速信号的车轮尽可能地与滚筒呈垂直状态地停放在检验台上。

② 降下滚筒间的举升器，至轮胎与举升器托板完全脱离为止。

③ 用挡块抵住位于检验台滚筒之外的一对车轮，以防汽车在检测时滑出检验台。

④ 使用标准型检验台时应进行下列操作：待汽车的驱动轮在滚筒上稳定后，挂入最高挡，松开驻车制动器，踩下加速踏板使驱动轮带动滚筒平稳地加速运转；当汽车车速表的指示值达到规定检测车速（40km/h）后，读出检验台速度指示仪表的指示值；或者当检验台速度指示仪表的指示值达到检测车速时，读取车速表的指示值。

⑤ 使用驱动型检验台时应进行下列操作：首先接合检验台离合器，使滚筒与电动机连在一起；然后将汽车的变速器挂入空挡，松开驻车制动器，启动电动机，使电动机驱动滚筒旋转；当汽车车速表的指示值达到检测车速时，读取检验台速度指示仪表的指示值；或者当检验台速度指示仪表达到检测车速时，读取汽车车速表的指示值。

⑥ 测试结束后，轻轻踩下汽车制动踏板，使滚筒停止转动。对于驱动型检验台，应当先关断电动机电源，再踩制动踏板。升起举升器，去掉挡块，汽车驶离检验台。

2.4 空调系统维修工具与设备

2.4.1 空调制冷剂回收加注机

空调制冷剂回收加注机是一种适用于 R134a 汽车空调或其他 R134a 小型制冷系统的检修设备,如图 2-133 所示,其控制系统采用了单片机和无触点继电器相结合,管道系统采用了高效的分离和干燥装置,该设备还具备听装(小罐)制冷剂的加注能力。

图 2-133 空调制冷剂回收加注机

2.4.1.1 功能特点

功能特点见表 2-28。

表 2-28 功能特点

功能	特点
回收功能	将 R134a 空调系统中的制冷剂回收储存到设备的储存罐中,回收的过程中对制冷剂进行净化再生
抽真空功能	对制冷系统抽真空
再循环	利用设备中的净化分离装置再次对储存罐中制冷剂净化再生
加注制冷剂功能	将储存在设备储存罐中的制冷剂精确地加注到制冷系统中
加油功能	补充制冷系统中的润滑油
排油功能	自动排放回收时,从制冷剂中分离出来废润滑油和杂质

2.4.1.2 新机使用前的准备

新机使用前的准备,见表 2-29。

表 2-29 新机使用前的准备

功能	特点
电子秤标定	首次使用设备时,应当先拆除电子秤保护螺栓,采用 M6 的内六角扳手逆时针拧出螺栓即可。拆除保护螺栓后,打开设备电源开关,LCD 显示屏显示主菜单,同步按下"+""-"键进入电子秤清零菜单,选择"1.电子秤",然后按下"启/停"键就完成了对电子秤清零。如果需长途运输设备,则请安装好电子秤保护螺栓
附件安装	将配送的附件包中两条软管的直头端分别接主机右侧板的接头上,然后将高低压快修接头分别对应接到高、低压软管上

2.4.1.3 操作方法

空调制冷剂回收加注机的操作方法，见表2-30。

表2-30 空调制冷剂回收加注机的操作方法

项目	操作
回收操作步骤	在对汽车空调制冷剂回收前，需要先对设备的高、低压软管抽真空，以防止空气进入设备或汽车空调系统。若是操作人员确认设备的高、低压软管没有空气进入，则可以不对高、低压软管抽真空。对高、低压软管抽真空只需把快速维修接头可靠地连接到软管上，打开控制面板上的高、低压手动阀，然后进入抽真空程序即可。将设备接上电源，打开电源开关。液晶显示屏上将显示工作罐制冷剂的质量。首先确定设备软管上的快速维修接头顶针在最短位置，控制面板上的手动阀门是关闭的。将设备的高压和低压快修接头分别接到汽车空调的高压和低压端。如果空调系统可以正常工作，让系统运转3~5min，运行后关闭。如不能正常工作，可省略此步骤。然后顺时针旋转快修接头上的手柄，直到开启状态，观察高压表和低压表是否有压力值。快速维修接头正常开启时，如压力小于120kPa，设备将拒绝执行回收程序，并报警提示，回收软管内无制冷剂。打开设备上高压和低压手动阀门。然后按"回收"键进入回收菜单。用"＋""－"键修改好回收缺省值，最后按"启/停"键运行程序。同时系统将储存设定的缺省值，直到下一次修改。回收结束后按"退出"键退出程序，并关闭操作面板上的手动阀门
回收程序	在启动回收程序时，系统首先会自动检测设备的高压和低压管道的制冷剂压力，如果压力太低，回收程序将拒绝执行。在回收过程中，如果系统储存罐的压力值和质量值达到系统的保护值时，系统自动停机，并报警提示。系统保护压力值为1.7MPa，系统质量保护值为14kg。如果在回收过程中储存罐压力和制冷剂质量都没达到系统保护值，而出现回收程序停止时，就说明系统过载保护已经工作。需要等到储存罐压力下降到1.25MPa时再启动回收程序。回收过程中，当高压软管或低压软管的压力快接近0MPa时，系统会自动补时1min，补时结束后回收完成。系统自动进入30s的排油时间，时间到则自动停机。回收过程中，如果不是系统自动完成回收，高压软管和低压软管还有过高的压力没有回收完或回收过程中手动停机，系统则不会进入排油程序
抽真空操作步骤	将设备接上电源，打开电源开关。液晶显示屏(LCD)上将显示：工作罐制冷剂的质量。打开设备上的高、低压手动阀门，观察高、低压表。如果高于250kPa请先执行回收程序，回收完高、低压软管内的制冷剂。把设备上的高压、低压快修接头分别接到汽车空调上。打开快接阀门和高、低压手动阀门，检查设备高压表和低压表压力。如果高于250kPa系统将拒绝执行抽真空程序，应该首先回收完软管内的制冷剂。然后按控制面板上的"抽真空"键进入抽真空菜单，用"＋""－"键修改好抽真空缺省值，最后按"启/停"键运行程序。同时系统将储存设定的缺省值，直到下一次修改。抽真空完成后按"退出"键退出程序
再循环操作步骤	将设备接上电源，打开电源开关。液晶显示屏(LCD)上将显示：工作罐制冷剂的质量。检查加油阀是否关闭，并且在再循环过程中严禁打开此阀。观察液晶显示屏，制冷剂质量应为2~10kg，否则系统将拒绝执行再循环程序。首先关闭控制面板上的手动阀，然后按控制面板上的"再循环"键进入再循环菜单，用"＋""－"键修改好再循环缺省值，最后按"启/停"键运行程序。同时系统将储存设定的缺省值，直到下一次修改。再循环时间完成，系统将自动回收完设备管道系统内的制冷剂，完成后再循环程序结束。再循环程序完成后按"退出"键退出程序
按照抽真空操作步骤	对空调系统抽真空，并确定储液罐的制冷剂质量和加油瓶冷冻润滑油量能够满足加注量。如果储液罐中制冷剂少于1kg，加程序将拒绝执行，并且会报警提示。如果需补充冷冻润滑油，在抽完真空以后，直接打开油瓶开关，观察油瓶刻度，直到加到需要的油量，关闭阀门即可(如果不加油此步骤可省略)。加油完成后，按"加注"键进入菜单界面，修改好加注量缺省值，按"启/停"键运行程序即可。加注完成后系统自动停机。警告：检测汽车空调高、低压压力时，请关闭高、低压手动阀门，严禁打开高压手动阀门，否则测试将不准确
空调系统补充加注制冷剂	首先确认设备储存罐内有足够的制冷剂。将设备低压软管接到空调系统低压端，打开控制面板上的低压手动阀，关闭控制面板上的高压手动阀。此时再顺时针拧进低压快接接头顶针，使接头处于开启状态。启动汽车空调，并让发动机转速保持在1500r/min左右。按"加注"键进入菜单界面。修改好加注量缺省值，按"启/停"键运行程序即可。加注完成后系统自动停机

续表

项目	操 作
小罐制冷剂的加注方法	打开设备高、低压手动阀门，检查设备高压表和低压表压力。如果高于200kPa应回收完软管内的制冷剂。将设备的低压快修接头接到汽车空调的低压端。拆下设备高压软管上的快修接头，把小罐充注阀接到高压管上，并关闭阀门。打开设备上的高、低压手动阀门和低压软管上的快接阀门。按照抽真空步骤，对空调系统抽真空。抽完真空以后，连接好小罐制冷剂，打开小罐加注开启阀和小罐充注阀。启动汽车空调，并让发动机转速保持在1500r/min左右

2.4.1.4 日常维护

空调制冷剂回收加注机的日常维护见表2-31。

表2-31　空调制冷剂回收加注机的日常维护

项目	内 容
向储存罐内添加制冷剂	新购进的设备或当储存罐内制冷剂接近1kg时，应当向储液罐内添加制冷剂 ①取一罐与设备所用制冷剂(R134a)同类型的制冷剂，将其连接到低压软管上，先不要打开罐上的阀门 ②打开低压手动阀门，关闭高压手动阀门，运行抽真空程序(运行1min即可手动停机) ③打开外部制冷罐上的阀门，设定好回收质量，运行回收程序即可
更换干燥过滤器	在每次执行回收程序时，系统都会自动累计储存回收制冷剂质量。当累计到190kg时，系统会提示更换干燥过滤器，在开机时会显示文字提示信息。当回收制冷剂累计到200kg时，系统将视为故障进行处理，且将拒绝执行和压缩机有关的所有操作 ①打开高、低压手动阀门，检查设备高压表和低压表压力，如果高于200kPa，则需回收完软管内的制冷剂 ②拆开设备后盖，即可见到干燥过滤器，应当拆出旧的干燥过滤器，换上新的干燥过滤器 ③在更换时，注意干燥过滤器的安装方向。更换完干燥过滤器后应重新开机，同时按"＋"和"－"组合键进入清零菜单，选择"2.过滤器"，按"启/停"键即可完成对干燥过滤器的清零操作，否则系统会视为没有更换成功
更换真空泵油	①当检查到油面低于最低油位线时，应当添加真空泵油 ②发现油位太高时，应当打开真空泵底部的放油螺塞，将油放至最低和最高油位线位置之间 ③每次执行抽真空程序时，系统都会自动累计抽真空时间。当累计到150h时，系统会提示更换真空泵油，在开机时会以文字信息提示，并且视为故障进行处理，系统将拒绝执行抽真空程序 ④当发现真空泵油油质异常时(即变为乳白色时)也必须更换真空泵油 ⑤为了确保真空泵处在热态，换油时首先运行抽真空程序1min。打开真空泵底部的放油螺塞，将油放入一个合适的容器。当油停止流动时，旋紧放油螺塞。拧下加油口的油封 ⑥从加油口缓慢加入真空泵油，等待油面上升并稳定下来，然后继续添加。当油面到达最低油位线以上时停止加油，装上油封并拧紧 ⑦更换完后应当重新开机，同时按"＋"和"－"键进入清零菜单，选择"3.真空泵"，按"启/停"键即可完成对真空泵使用时间清零操作，否则系统会视为未更换成功
电子秤标定	在设备内的储存罐更换后，或者设备使用很长时间后电子秤显示的质量值和实际值有偏差时，可以通过"电子秤标定"重新标定电子秤的精度及设备储存罐的罐重。首先，应当确认储存罐内有无制冷剂，或者当储存罐只有少量制冷剂时，可以在主菜单界面下，同步按下"＋"、"－"键进入清零菜单，选择"1.电子秤"，然后按"启/停"键就完成了对电子秤的清零

2.4.2　制冷剂注入阀

为了方便维修汽车空调系统，制冷剂生产企业制造了一种小型罐装制冷剂，其净含量为400g左右，但要将它注入汽车空调制冷系统中去需要专用的接口阀，这就是制冷剂注入阀，由于其兼有开罐的功能，因此常常被称为开罐器或开瓶器。当向制冷系统充注制冷剂时，可以将注入阀装在制冷剂罐上，旋动制冷剂注入阀手柄，阀针刺穿制冷剂罐的封口，即可充注制冷剂。如图 2-134 所示为制冷剂注入阀的结构简图，制冷剂罐内装有制冷剂，接头用软管与歧管压力计的中间接头相连，其具体使用方法如下。

① 按照逆时针的方向旋转注入阀手柄，直到阀针退回为止。

② 先将注入阀装到制冷剂罐上，逆时针方向旋转板状螺母直到最高位置，然后将制冷剂注入阀顺时针方向拧动，直到注入阀嵌入制冷剂密封塞。

③ 将板状螺母按顺时针方向旋转到底，然后将歧管压力计上的中间软管固定到注入阀的接头上。

④ 拧紧板状螺母。

⑤ 按照顺时针方向旋转手柄，使阀针刺穿密封塞。

⑥ 如果要充注制冷剂，则逆时针方向旋转手柄，使阀针抬起，同时打开歧管压力计上的手动阀。

⑦ 如果要停止加注制冷剂，则顺时针方向旋转手柄，使阀针再一次进入密封塞，起到密封作用，并且同时关闭歧管压力计上的手动阀。

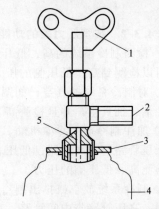

图 2-134 制冷剂注入阀的结构简图
1—制冷剂注入阀手柄；2—注入阀接头；
3—板状螺母；4—制冷剂罐；5—阀针

2.4.3 汽车空调歧管压力表（组）

汽车空调歧管压力表（组）又称为歧管压力计，是维修汽车空调制冷系统必不可少的重要工具，它与制冷系统相接，可以用于对空调制冷系统抽真空、加注或释放制冷剂、添加冷冻润滑油以及空调制冷系统的故障检查及排除等。

2.4.3.1 歧管压力表的结构与工作原理

歧管压力表主要由高压表、低压表、高压手动阀（HI）、低压手动阀（LO）、阀体及三个软管接头组成。三个接头分别与三根不同颜色的橡胶软管相连接，一般规定蓝色软管用于低压侧（接低压检修阀或气门阀），红色软管用于高压侧（接高压检修阀或气门阀），黄色（或绿色）软管用于中间，接真空泵或制冷剂罐，分别完成制冷剂系统抽真空、加注制冷剂等操作。高压表通常用于检测制冷系统高压侧的压力，低压表通常用于检测低压侧的压力。低压表既可以用来显示压力，也可以用来显示真空度，真空度读数范围为 0～0.101kPa，压力刻度从 0 开始，量程不少于 0.42MPa；高压表测量的压力范围从 0 开始，量程不小于 2.11MPa。如图 2-135 所示，歧管压力表通常由高压表、低压表、高压手动阀、低压手动阀

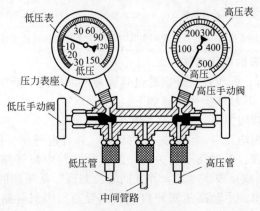

图 2-135 空调压力表

等组成。

2.4.3.2 歧管压力表的功能

① 检测制冷系统的高、低压端压力,如图 2-136(a) 所示。当高、低压手动阀均关闭时,可以检测到高、低压侧的压力。

② 对制冷系统抽真空,如图 2-136(b) 所示。当高、低压手动阀均开启时,可以进行加注制冷剂、抽真空,并且检测高、低压侧的压力。

③ 加注制冷剂和冷冻机油,如图 2-136(c) 所示。当低压手动阀开启、高压手动阀关闭时,低压管路与中间管路、低压表相通,此时可以从低压侧加注制冷剂或排放制冷剂,并且同时检测高、低压侧的压力。

④ 制冷系统放空或排出制冷剂,如图 2-136(d) 所示。当低压手动阀关闭、高压手动阀开启时,高压管路与中间管路、高压表相通,这时可以从高压侧加注制冷剂,并且同时检测高、低压侧的压力。

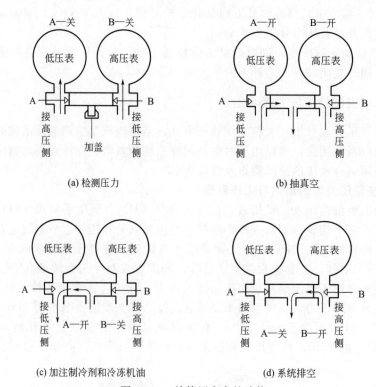

图 2-136 歧管压力表的功能

2.4.3.3 歧管压力表的操作方法

测量系统压力时,高、低压接头分别通过软管与压缩机高、低压阀相接,中间接头与真空泵或制冷剂钢瓶相接,其具体操作步骤如下。

① 将手动高、低压阀均关闭,检测高、低压侧的压力。

② 将手动高、低压阀均开启,可以进行抽真空,并且进行高、低压侧压力的检测。

③ 将手动低压阀开启、手动高压阀关闭,低压管路与中间管路、低压表相通,这时可以进行低压侧加注制冷剂或排放制冷剂,并且同时检测高、低压侧的压力。

④ 将手动低压阀关闭、手动高压阀开启,高压管路与中间管路、高压表相通,这时可以从高压侧加注制冷剂,并且同时检测高、低压侧的压力。

2.4.3.4 使用歧管压力表检测汽车空调制冷系统压力

① 卸掉空调系统高、低压管路上的检修阀（或气门阀）护帽。

② 在将歧管压力表接入空调系统前，应当先检查歧管压力表高、低压手动阀是否处于关闭状态，如果没有，则将其关闭。然后确保歧管压力表高、低压侧手动阀都关闭，蓝色的低压侧软管接低压检修阀，红色的高压侧软管接到高压侧检修阀。

③ 启动发动机，将发动机转速调整至 1250r/min 后，按下空调 A/C 开关，启动空调器，将温度控制器调节到最凉位置，将风量控制器调到最大，使发动机在此工况下运行 5~10min，直至水温达到正常温度，这时方可进行空调系统压力的检测。

④ 如果歧管压力表连接的是气门阀（轿车或小型车辆），则可直接读出压力表的指示值，分别读出高压表和低压表的读数即可。

⑤ 如果歧管压力表连接的是检修阀（检测的是大型客、货车空调系统），则需顺时针方向旋转阀杆至中间位置，分别调整高压检修阀和低压检修阀，直至相应的压力表有指示并且基本稳定，此时分别读出指示值即可。

⑥ 检测完毕后，将发动机熄火，卸掉压力表组，将检修阀的护帽装回原位。

2.4.3.5 使用歧管压力表加注制冷剂

在利用歧管压力表加注制冷剂时，应当注意制冷剂的种类及加注量。加注方法分为高压端加注与低压端加注两种。

（1）高压端加注制冷剂　从压缩机排气阀（高压阀）的旁通孔（多用通道）或高压接头加注，加入的是制冷剂液体。高压端加注制冷剂安全、快速，适用于制冷系统的第一次加注，即经检漏、抽真空后的系统加注。但需要注意的是，加注时，不可开启压缩机（发动机停转），且制冷剂罐要求倒立。如图 2-137(a) 所示，具体加注过程如下：当系统抽真空后，关闭歧管压力表上的高、低压手动阀。将中间软管的一端与制冷剂罐注入阀的接头连接，打开制冷剂罐开启阀，然后拧开歧管压力计软管一端的螺母，使气体溢出几秒钟，然后拧紧螺母。拧开高压侧手动阀至全开位置，将制冷剂罐倒立，从高压侧注入规定量的液态制冷剂。关闭制冷剂罐注入阀及歧管压力计上的高压手动阀，然后将仪表卸下。

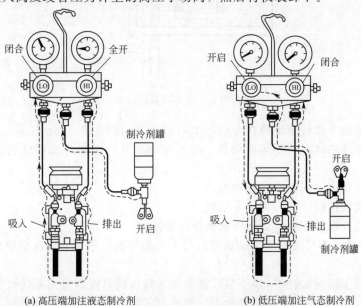

图 2-137　使用歧管压力表加注制冷剂

需要注意的是，在高压侧加注制冷剂时，压缩机必须停转，并且不能拧开歧管压力计上的低压手动阀，防止产生液压冲击。

（2）低压端加注制冷剂 从压缩机吸气阀（低压阀）的旁通孔（多用通道）或低压接头加注，加入的是制冷剂气体。低压端加注制冷剂的加注速度较慢，因此适合在系统补充制冷剂的情况下使用。如图 2-137(b) 所示，具体加注过程如下。

① 打开制冷剂罐，拧松中间注入软管在歧管压力表上的螺母，直至听到有制冷剂蒸气流动声，然后拧紧螺母，以确保排除注入软管中的空气。

② 打开低压手动阀，让制冷剂进入制冷系统，当系统压力值达到 0.4MPa 时，关闭低压手动阀。

③ 先启动发动机，将空调开关接通，并且将鼓风机开关和温控开关都调至最大（最冷）；然后再次打开低压手动阀，使制冷剂继续进入制冷系统，直到加注量达到规定值。

④ 应当先从视液窗处观察，确认系统内无气泡、无过量制冷剂。然后将发动机转速调至 2000r/min，将鼓风机风量开到最高挡，如果气温为 30~35℃，则系统内低压侧压力应为 0.147~0.192MPa，高压侧压力应为 1.37~1.67MPa。

⑤ 加注完毕后，应当关闭低压手动阀，关闭制冷剂罐上的注入阀，停转发动机，将歧管压力计从压缩机上卸下，动作要快，防止过多制冷剂泄出。

2.4.3.6 使用歧管压力表排空制冷剂

在进行排放空调制冷剂前，应当检查歧管压力表高、低压手动阀是否处于关闭状态，如果没有关闭，则将其关闭。

① 将歧管压力表连接到系统的高、低压检修阀上，如图 2-138 所示。

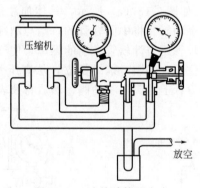

图 2-138 连接歧管压力表

② 启动发动机并使转速维持在 1000~1200r/min，运行 10~15min。

③ 将空调系统的风扇开至高速运转，将系统中所有的控制开关都放到最冷位置，使系统达到稳定状态。

④ 将发动机转速调到正常怠速状态。

⑤ 关闭空调的控制开关，关闭发动机。

⑥ 缓缓地微开启低压阀，让制冷剂从中间管流出。

需要注意的是，不可将低压手动阀开启过大，如果制冷剂排出太快会导致压缩机冷冻机油从系统中溢出。

⑦ 当高压表下降到 980kPa 以下后，逐渐加大低压阀开度以排出系统低压侧制冷剂。随着压力的下降，逐渐将低压侧手动阀全开。然后打开歧管压力表上的高压阀，当歧管压力表的高、低压力表指示为 101325Pa 时，则说明系统已经排空。

⑧ 排放制冷剂完毕后，关闭歧管压力表高、低压侧手动阀，并且将歧管压力表拆下。

2.4.3.7 利用歧管压力表抽真空

利用歧管压力表抽真空通常采用重复抽真空法，即第一次抽真空完毕后，再连续抽30min以上，如图2-139所示。

抽真空的主要过程如下。

① 打开歧管压力表上的高、低压手动阀；启动真空泵，观察压力表，将系统真空抽至98.70～99.99kPa。

② 关闭手动阀，观察压力表针是否回升。如果回升，则说明有泄漏，应当检修；如果表针不动，则打开手动阀，再抽真空15～30min，使压力表指针稳定。

③ 关闭高、低压手动阀。

④ 关闭真空泵。

需要注意的是，应当先关闭手动阀，再关闭真空泵，防止空气进入制冷系统。

2.4.3.8 利用歧管压力表加注冷冻润滑油

利用歧管压力表加注冷冻润滑油，如图2-140所示。

① 首先对制冷系统抽真空，然后选用一个有刻度的量筒，盛入比需要的加注量还要多的冷冻润滑油。

② 将连接在压缩机上的低压软管从歧管压力表侧拧下来，将其插入盛有冷冻润滑油的量筒内。

③ 启动真空泵，打开高压手动阀，润滑油就会被吸入压缩机中。当达到规定加注量时，停止真空泵的抽吸，关闭高压手动阀，然后继续对制冷系统抽真空、加注制冷剂。

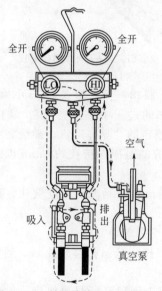

图2-139 利用歧管压力表抽真空

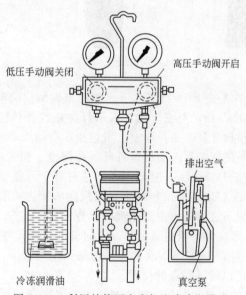

图2-140 利用歧管压力表加注冷冻润滑油

2.4.3.9 使用注意事项

① 压力表软管与接头连接时，只能用手拧紧，不准用工具拧紧。

② 当不用时，应当将软管与接头连起来，以防灰尘、水或杂物进入管内。

③ 使用时，应当将管内的空气排空。

④ 歧管压力表是一种精密仪表，应当细心维护，保持仪表及软管接头的清洁。

⑤ 对于使用不同制冷剂的系统，歧管压力表应专用。

2.4.4 空调检漏仪

空调检漏仪又称为制冷剂检漏仪，其一端为红外源（或发射源），另一端为红外能量检测器，两者之间是滤光器的取样单元。如图 2-141 所示为常见空调检漏仪。在汽车的日常维修作业中，空调检漏仪主要用来检测空调和制冷系统中制冷剂的泄漏，可以快速确认空调系统中存在的泄漏位置。

2.4.4.1 空调检漏仪的使用

D-TEK Select 是德国英福康（INFICON）公司推出的一款高灵敏度的制冷剂检漏仪。D-TEK Select 制冷剂检漏仪对所有制冷剂的灵敏度都是相同的。如图 2-142 所示为 D-TEK Selecl 制冷剂检漏仪。下面以常用的 D-TEK Select 制冷剂检漏仪为例讲解其使用方法。

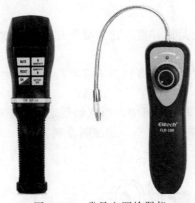

图 2-141 常见空调检漏仪

图 2-142 D-TEK Selecl 制冷剂检漏仪

① 首先按下 D-TEK Select 制冷剂检漏仪的电源开关，将检漏仪电源置于"ON"位置，绿色"ON"指示灯亮，黄色指示灯将在红外传感元件预热的过程中从左亮到右（约 60s）。当仪器预热并且准备使用时，黄色指示灯熄灭，同时听到稳定的"哔哔"声。然后将空调检漏仪探头的探尖尽可能接近可疑漏孔部位。探头离可能漏源的距离保持在约 6mm 以内。慢速地（25～50mm/s）移动探头，通过每个可能的漏点。

② D-TEK Select 制冷剂检漏仪能够检测从漏孔中泄漏出来的制冷剂浓度变化。移动探头的探尖通过漏孔可得到正确的读数。

③ 当仪器检测到漏源时，它的黄灯会亮，并发出一种变异的声调。

④ 当 D-TEK Select 制冷剂检漏仪出现泄漏信号时，将探头从漏孔移开片刻，然后再回到漏孔，以确定漏点的位置。

⑤ 如果是大漏孔，制冷剂气体的浓度高，再重新将探头移回可疑漏源前将灵敏度开关转换至"LOW"灵敏度挡。低灵敏度设定值将更有助于确定大漏孔的确切部位。

⑥ 一旦已经将漏源隔离，应将灵敏度开关恢复至"HIGH"灵敏度挡，继续使用 D-TEK Select 制冷剂检漏仪检漏。

2.4.4.2 使用空调检漏仪时的注意事项

① 利用防护罩防止灰尘、水汽和油脂阻塞探头。

② 使用空调检漏仪前，均应检查探头和防护罩无灰尘或油脂。

③ 禁止用汽油、松节油和矿物油等溶剂，因为这些溶剂会残留在探头上并降低仪器灵敏度。

④ 定期更换探头。

2.4.5 检漏阀

检修阀是一个三通阀，利用它可以对汽车空调系统进行抽真空、检测系统压力以及加注制冷剂，其结构简图如图2-143所示。阀上有四个通道接口，接口3接压力表，接口4接旁路电磁阀，接口5接制冷系统管道，接口6接压缩机。

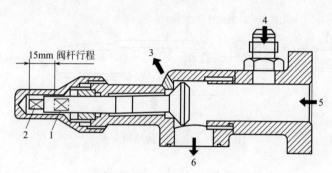

图2-143 检修阀结构简图
1~6—接口

无论是高压检修阀还是低压检修阀均有三个位置，即后座、中间和前座。如图2-144所示，其阀杆可利用棘轮扳手转动，使该阀处于下列三种位置中的任何一种位置。

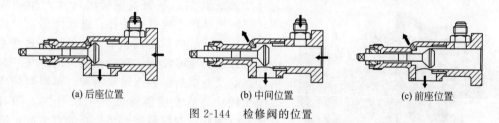

(a) 后座位置　　(b) 中间位置　　(c) 前座位置

图2-144 检修阀的位置

（1）后座位置　如图2-144(a)所示，后座位置又称为正常位置，逆时针方向旋转阀杆至极限位置，阀便处于后座位置，这时制冷剂可进、出压缩机，但无法进入压力表。制冷系统正常工作时，压缩机上的两个检修阀处于此位置。

（2）中间位置　如图2-144(b)所示，歧管压力计、压缩机、制冷剂管道全部连通。这个位置可以加注制冷剂、抽真空或用歧管压力计检查制冷系统的压力。制冷剂可以在整个系统内流通，压缩机内的制冷剂既可进入管路系统，又可以进入压力表口，以便检测系统压力。

（3）前座位置　如图2-144(c)所示，顺时针转动阀杆至阀的极限位置，阀便处于前座位置，此时系统内制冷剂不能流到压缩机，阀处于关闭位置。而压缩机与系统其他部分隔绝，如果松开检修阀的固定螺钉，则可以更换压缩机或者将压缩机拆下来进行修理，而不必打开整个制冷系统。但从压缩机上拆下检修阀时一定要小心，因为压缩机内还残存有制冷剂，因此拆卸检修阀时速度要慢，并遵守有关操作规程。检修结束后，应当恢复到后座位置，否则压缩机将封闭工作而损坏。

2.4.6 气门阀

气门阀主要用于非独立驱动的汽车空调制冷系统维修,例如轿车空调等。在轿车空调系统中,为了简化制冷系统结构,压缩机上不设检修阀,而是利用维修接口来代替,每个维修接口上都装有气门阀。气门阀的结构简图如图2-145所示,轿车空调压缩机吸、排气管接头都采用这种气门阀,它和轮胎的气门芯相似,只有开与关两个位置。使用时只要将检测用软管接头拧在工作阀口上,阀芯就被压开,制冷剂就进入检测软管;卸下检测软管时,则自动关闭系统接口。

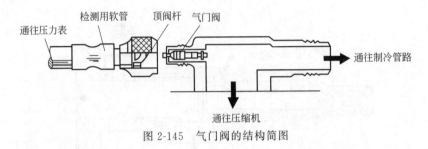

图 2-145 气门阀的结构简图

2.4.7 真空泵

汽车空调系统在检修过程中如果打开过,就很难避免空气和水分混入,混入空调系统内的空气和水分会阻碍制冷剂流动,导致空调工作不良,因此对汽车空调系统执行完维修后,要使用真空泵对空调系统执行抽真空作业,将混入的空气和水分彻底抽取干净。真空泵通常为叶片式旋转泵,靠偏置旋转的叶片产生抽吸作用,使被抽系统形成真空条件,进而降低系统内的压力,排除系统内的空气和水分。此种方式使系统中的水分在低压时冷凝,然后和残留的空气一起排出。真空泵有单级泵和双级泵两种。单级泵的应用范围比较广,真空度能够低到100.3kPa,而且重量轻、价格低。双级泵能产生更高的真空度,因为真空先从一级开始再排到二级,好的双级真空泵能在长时间内保持101kPa的真空度,如图2-146所示。

图 2-146 真空泵

2.4.8 汽车空调诊断仪

汽车空调诊断仪能够测量、监控、诊断整个空调系统工作状态,检测某个零件或者系统的某项功能,通过USB连接到电脑进行储存和打印诊断报告。如图2-147所示为RA007PLUS汽车空调诊断仪主机和各配件设备。表2-32为空调故障诊断仪的测量参数。

表 2-32 空调故障诊断仪的测量参数

项目	测量部位	测量元件	无线/有线
低压侧制冷剂压力	低压维修接口	低压快速连接器(蓝色)	有线

续表

项目	测量部位	测量元件	无线/有线
高压侧制冷剂压力	高压维修接口	高压快速连接器(红色)	有线
冷凝器入口温度	冷凝器入口金属管路	TK1 探针(红色)	有线
冷凝器出口温度	冷凝器出口金属管路	TK2 探针(黄色)	有线
蒸发器入口温度	蒸发器入口金属管路	TK3 探针(黑色)	有线
蒸发器出口温度	蒸发器出口金属管路	TK4 探针(蓝色)	有线
环境温度和相对湿度	距车辆2m部位	THR 传感器	无线
出风温度和相对湿度	中央出风口部位	THR 传感器	无线
制冷剂压力信号	制冷剂压力传感器的信号线	HP1000 电缆(选装)	有线
车辆电源	车辆供电电压	CRCO PSA 电缆(选装)	有线

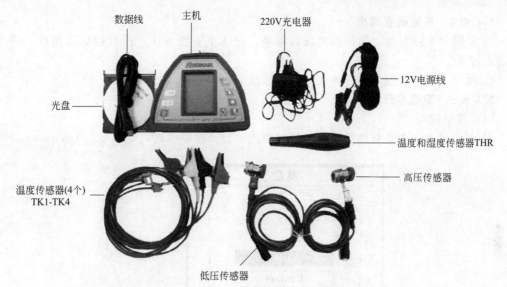

图 2-147 RA007PLUS 汽车空调诊断仪主机和各配件设备

2.4.8.1 开机
① 按下打开/关闭按钮。
② 使用方向键,选择菜单。
③ 按确认键,进入相应菜单,如图 2-148 所示。

2.4.8.2 设置菜单
第一次使用设备时,需要对语言进行设置。
① 按"光标"键,选择设置菜单,按"确认"键。
② 按"光标"键,选择第三项的语言项目,按"确认"键。
③ 按"光标"键,选择第二项的英文,按"确认"键。
④ 按"返回"键,返回主菜单。

2.4.8.3 数据保存菜单

使用光标键,选择数据保存菜单,进入下一级界面,进行数据保存(只有前期储存了相关数据,才会有结果显示),如图2-149所示。

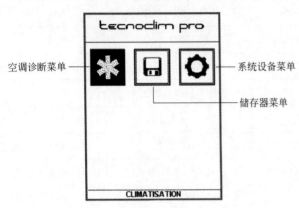

图2-148 菜单

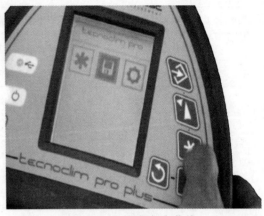

图2-149 数据保存菜单

2.4.8.4 系统设置菜单

① 使用"光标"键,选择系统设置菜单,进入下一级界面,内容包括对比度、背景亮度、语言等。

② 使用"光标"键,选择英文,然后选择Close,返回主菜单。

2.4.8.5 空调诊断菜单

(1) 菜单说明

① 工作模式。主要有测量模式、控制模式、自动诊断模式,如图2-150所示。

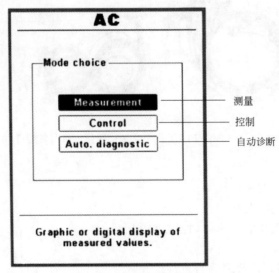

图2-150 工作模式

a. 测量模式:能够以图形或数字显示测量值。

b. 控制模式:能够监测空调电路的某个组件或某种功能。

c. 自动诊断模式:能够对空调进行完整诊断,并得到诊断的结果。

② 车辆配置。无论选择的是何种模式，都要对待检空调系统的配置进行选择。车辆配置菜单说明如图 2-151 所示。

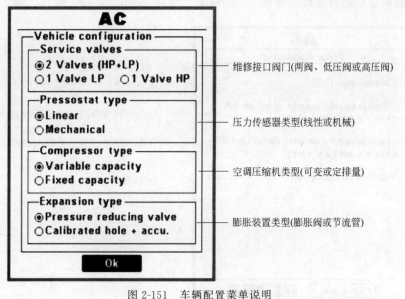

图 2-151　车辆配置菜单说明

③ 工作模式操作流程（图 2-152）。

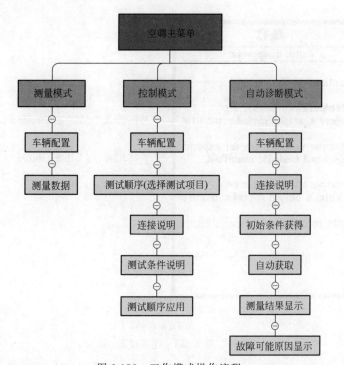

图 2-152　工作模式操作流程

（2）自动诊断模式　在操作过程中，空调故障诊断仪会指导用户如何做，包括对测试每个阶段前要完成的连接说明，以及如何实施测试作出精确的说明。

① 在空调主菜单中选择"Auto. diagnostic"项目。
② 选择车辆配置。
③ 按提示信息进行连接，如图2-153所示，选择"Next"，按"确认"键。

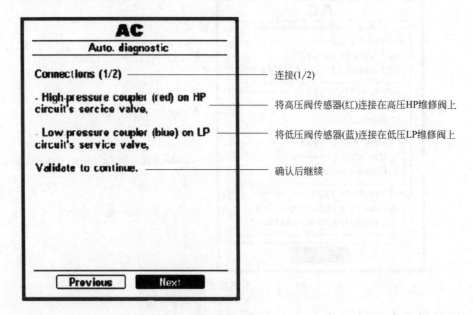

(a) 连接说明(一)

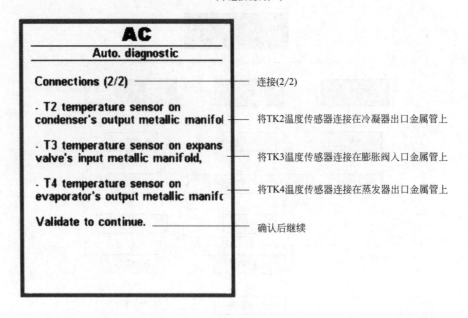

(b) 连接说明(二)

图 2-153　连接说明

④ 初始条件测量。按提示信息进行连接，选择"Next"，按"确认"键，如图2-154所示。
⑤ 读取环境空气温度和相对湿度数据，然后按"确认"键。

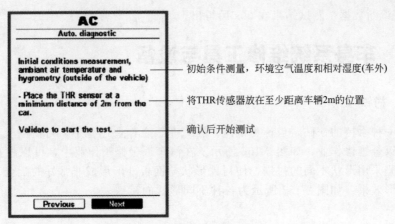

图 2-154　初始条件测量

⑥ 设置测试条件（图 2-155）。按提示信息进行连接，选择"Next"，按"确认"键。

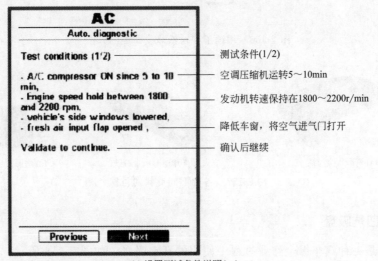

(a) 设置测试条件说明(一)

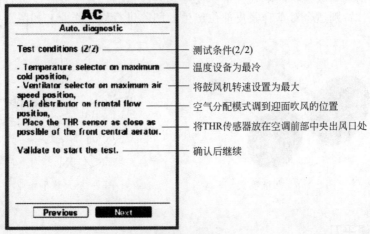

(b) 设置测试条件说明(二)

图 2-155　设置测试条件说明

⑦ 读取诊断数据。测试结果在 60s 后得出。

2.5 车身系统维修工具与设备

2.5.1 衬铁

衬铁是一种手持的铁砧，也称为抵座。在汽车钣金作业过程中，衬铁一般和锤子一起配合使用进行钣金维修作业，如图 2-156 所示。在汽车钣金修整作业中，可以根据车身表面不同形状的凹陷采用形状不同的衬铁，使衬铁形状与面板外形形成非常好的配合，进而得到良好的钣金整形效果。如图 2-157 所示为各种不同形状的衬铁。

图 2-156　用锤子和衬铁修复凹陷的方法

(a) 弯形钣金衬铁

(b) 扁形钣金衬铁

(c) 墩形钣金衬铁

图 2-157　各种不同形状的衬铁

2.5.2 凹坑吸盘

凹坑吸盘是一种汽车钣金作业过程中使用的真空吸盘，如图 2-158 所示。对于车身面板凹陷，可以使用真空吸盘将凹陷处拉平。使用真空吸盘的优点主要在于进行凹陷修平时不会损伤车身漆面，特别适合对车身蒙皮部位产生的凹陷进行修平作业，如图 2-159 所示。

图 2-158　凹坑吸盘

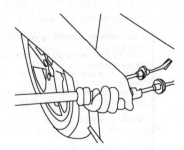

图 2-159　修平作业

2.5.3 修平刀

修平刀是车身修理的特殊工具。使用时，首先将修平刀紧紧贴在待修表面，然后锤打修平刀，对修复某些微小隆起或使划伤部位恢复原状非常有效，如图 2-160 所示。对于某些衬铁无法放入操作的弧形凹陷位置，也可以使用修平刀充当衬铁使用。

图 2-160 用修平刀和钣金锤恢复划伤部位

2.5.4 金属剪

汽车钣金维修中常用的金属剪是一种金属切割工具。

2.5.4.1 铁皮剪

铁皮剪如图 2-161 所示，可以用来剪切薄钢板，它可以将薄钢板剪切成各种形状。

图 2-161 铁皮剪

2.5.4.2 金属切割剪

金属切割剪的种类如图 2-162 所示，可以用来切割硬度较高的不锈钢等硬金属。

图 2-162 金属切割剪的种类

2.5.4.3 面板切割剪

面板切割剪是一种特殊的铁皮剪，在汽车钣金维修作业中常常用来切断车身钣金件中被损坏的部分，此种剪刀切出来的切口非常清洁、平直，便于实施焊接作业。

2.5.5 铆枪

铆枪是汽车钣金维修作业中经常使用的维修工艺，铆接时就使用铆枪将铆钉组件插入被连接件的通孔中，利用铆钉器将外伸的铆钉杆拉断，即可完成铆接作业，将板材铆接在一起。常见的铆枪如图 2-163 所示，铆接示意如图 2-164 所示。

2.5.6 车身锉刀

车身锉刀是在汽车钣金维修中用来修整由于使用锤子、衬铁或使用修平刀等钣金工具造成的凹凸不平的加工痕迹的重要工具，如图 2-165 所示。使用车身锉刀可以将加工痕迹锉平，以便进行喷漆等修补。车身锉刀的使用方法如图 2-166 所示。

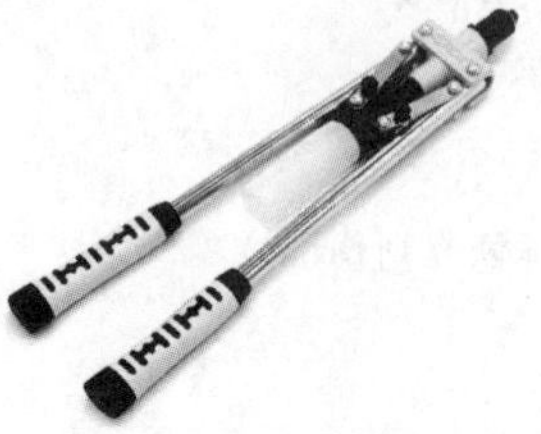

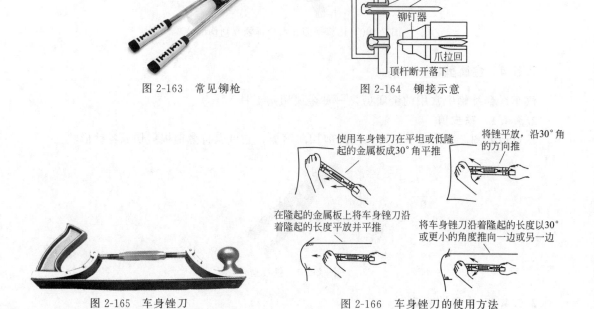

图 2-163　常见铆枪　　　　图 2-164　铆接示意

图 2-165　车身锉刀　　　　图 2-166　车身锉刀的使用方法

2.6　内饰饰板拆装常用工具

2.6.1　饰板撬板

车辆内饰主要有车门饰板、门柱饰板与仪表饰板等，这些饰板的安装除了常用的螺栓固定外，还需要利用到塑料胶扣、塑料胶钉进行固定，如图 2-167 所示，而这些部件属于橡胶部件、皮革部件等，在进行汽车维修拆装作业时必须用到塑料撬棒、塑料撬刀和胶扣起子，否则容易损坏。

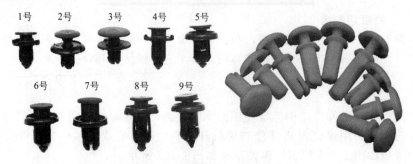

图 2-167　塑料胶钉、塑料胶扣

车门饰板、仪表饰板的材料通常是天然纤维或者合成纤维纺织品、皮革、人造革、多层复合材料和连皮泡沫材料等，如图 2-168 所示。

图 2-168　车门饰板

饰板安装到车门框架上除了用到常规的螺栓固定外，一般还需要用塑料胶钉将车门扣于车门框架，这样就使得车门可以牢固安装而不影响美观，那么在拆卸饰板时需要用饰板撬棒将饰板与车门框架分离，在拆卸的同时保护饰板。撬棒也称作撬板，如图 2-169 所示。

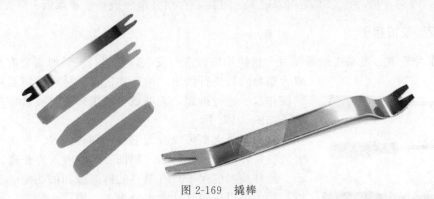

图 2-169　撬棒

撬棒是一种专门用于拆卸汽车内饰饰板组件、仪表和音响中控区的工具，根据形状和功能不同，有些撬棒具备胶扣起子的作用。撬棒根据所拆卸饰板等部件的不同，类型、用途也有所不同。

① 适用于拆卸汽车内饰较小、材质脆弱、容易破损和接缝的位置，如图 2-170 所示。

图 2-170　撬棒的使用（一）

② 适用于汽车音响饰板、内饰较大较硬接口处、汽车饰板卡扣、塑料扣子和小接缝处，如图 2-171 所示。

 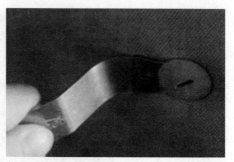

图 2-171 撬棒的使用（二）

使用撬棒的注意事项主要有：
① 根据所要拆卸的饰板选择合适的撬棒，否则会损坏饰板；
② 在拆卸某些类型的饰板时，必须要利用胶布缠绕撬棒，否则会损坏饰板；
③ 在拆卸时，应当注意不能用力过大、过猛，否则会损坏撬棒或者饰板。

2.6.2 胶扣起子

汽车车身外观、发动机舱等位置大量使用饰板进行安装，在进行安装时需要有塑料胶扣或者塑料胶钉进行固定，因此在进行拆装时就需要用到专用的胶扣起子进行拆卸，否则就可能损坏胶钉或者饰板。胶扣起子如图 2-172 所示。

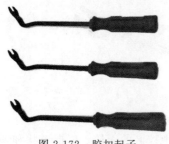

图 2-172 胶扣起子

胶扣起子大概可以分为三种，即普通式、板式和钳式。

(1) 普通式胶扣起子　如图 2-173 所示为普通式胶扣起子。此种类型的起子只有单一的拆卸胶扣的功能。普通式的胶扣起子可以按照尺寸大小分为大、中、小号。

(2) 板式胶扣起子　如图 2-174 所示为板式胶扣起子。这种类型的胶扣起子具备拆卸胶扣和拆卸饰板的功能，如图 2-175 所示。

图 2-173 普通式的胶扣起子　　　　图 2-174 板式胶扣起子

(3) 钳式胶扣起子　如图 2-176 所示为钳式胶扣起子。这种类型的起子除了起胶扣外，还可以起铁片卡、剪胶扣等，如图 2-177 所示。

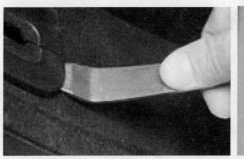 

图 2-175 具备拆卸胶扣和拆卸饰板功能的胶扣起子

 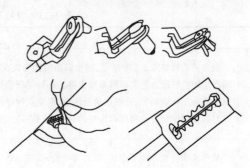

图 2-176 钳式胶扣起子　　　　图 2-177 钳式胶扣起子的作用

2.6.2.1 胶扣起子的使用方法

下面以拆卸凯美瑞车辆后备厢饰板为例，简单介绍一下普通式胶扣起子的使用和使用注意事项。

① 根据所要拆卸的胶扣选择合适的起子。
② 将胶扣起子缓慢插入胶扣下方，如图 2-178 所示。
③ 下压起子手柄，这时便可将胶扣拆下，如图 2-179 所示。

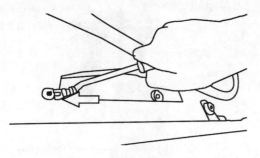 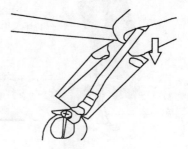

图 2-178 插入胶扣起子　　　　图 2-179 将胶扣拆下

2.6.2.2 胶扣起子的使用注意事项

① 当插入起子到胶扣上时，需要注意，否则会损坏车辆饰板。
② 在拆卸某些特殊位置的胶扣、胶钉时，应当在起子上缠绕胶布，否则会损坏车辆饰板或者车身表面。
③ 禁止将起子当作撬棒使用。

2.7 喷漆涂装工具与设备

2.7.1 喷枪

喷枪是一种经过精密设计和制造的专业工具,主要用于将涂料均匀地喷涂在物件的表面。

2.7.1.1 喷枪的种类

汽车油漆喷枪种类很多,按照涂料的供给方式可分为重力式喷枪、虹吸式喷枪和压力式喷枪,其特点见表2-33。

表 2-33 喷枪种类

种类	特 点
重力式喷枪	重力式喷枪如图 2-180 所示,喷枪的涂料杯安装在喷枪嘴的后上方,喷涂时利用涂料自重与涂料喷嘴尖端产生的空气压力差使涂料形成漆雾。此种喷枪涂料杯的黏度变化对喷出量影响很小,且涂料杯的位置可以由喷漆工任意调节,有很好的灵活性,但是此种喷枪涂料杯的容量较小,因此只能适用于喷雾小块区域,而且在使用中随着涂料杯内涂料的减少,喷涂的稳定性会有所降低,而且不能实现仰面喷涂
虹吸式喷枪	虹吸式喷枪也称作下壶式、吸力式喷枪,如图 2-181 所示。此种喷枪的涂料杯安装在喷嘴的后下方,喷涂时利用气流的作用,将涂料从壶中吸上来,并且在喷嘴处由压力差而形成漆雾。这种喷枪出漆量均匀而稳定,当进行大面积的喷涂操作时,可以更换涂料杯,将抽料皮管直接连接到储有涂料的容器中,从容器中抽取涂料进行连续喷涂操作。但此种喷枪在涂料黏度发生变化时,容易产生喷出量的变化
压力式喷枪	压力式喷枪如图 2-182 所示。此种喷枪的涂料喷嘴与气帽正面齐平,不形成真空。涂料是被压力压向喷枪的,压力由一个独立的压力瓶提供。此种喷枪通常适用于进行连续喷涂,喷涂方位也容易调整

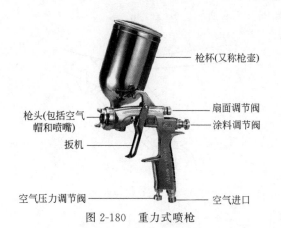

图 2-180 重力式喷枪

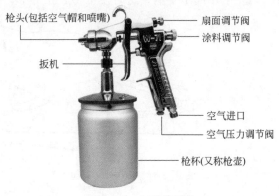

图 2-181 虹吸式喷枪

2.7.1.2 喷涂模式的调整

喷涂模式的调整是指喷雾扇形区域的调节,喷雾扇形取决于空气和雾化的涂料液滴的混合是否合适。涂料的喷涂应平稳,喷涂出的湿润涂层应没有凹陷或流淌现象。在一般情况下,要想获得合适的喷雾扇形,必须进行表 2-34 中三个方面的基本调节。

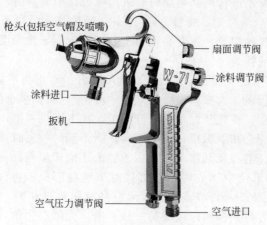

图 2-182 压力式喷枪

表 2-34 喷涂模式的基本调节

项目	内容
调节压力	喷枪喷嘴处的压力对于得到合适的喷雾扇形有明显的影响。因此,应当在喷枪处测量气压值。测量气压最可靠的一种方法是使用一块插在喷枪和输气管接头之间的气压表。有些喷枪本身就带有气压表,可以用来检查和调节喷枪处的压力值。大多数喷枪的气压表是可选件,建议在生产实际中使用气压表
调节喷雾扇形	通过调节喷雾扇形控制旋钮可以调节喷雾直径的大小。在调节喷雾形状时,将扇形控制旋钮旋紧到最小,可以使喷雾的直径变小,形状变圆;将扇形控制旋钮完全打开,可以使喷雾形状变成宽的椭圆形。较窄的喷雾可用于局部修理,而较宽的喷雾则用于整车喷涂
调节涂料流量	调节涂料控制旋钮可调节适应不同喷雾形状所需的涂料流量,逆时针转动涂料控制旋钮可以增大出漆量,而顺时针转动将减小出漆量

最佳的喷涂压力是指获得适当雾化、挥发率和喷雾扇形宽度所需的最低压力。压力过高会产生过多弥漫的喷雾,进而导致用料量增加,而涂层流动性降低,因为在喷涂涂料到达喷涂表面之前已经有大量的溶剂被蒸发掉,易产生橘皮等缺陷。如果压力过低,则会使涂层的干燥困难,因为有大多数溶剂都保留下来,因此容易产生起泡和流挂。不同涂料喷涂时所需的空气压力都有最佳值。

2.7.1.3 喷涂操作与调节

① 一般情况下,喷枪与待喷表面的距离为 20cm 左右,如果喷涂的距离过短,喷涂气流的速度就较快,进而会使涂层出现波纹;如果喷涂的距离过长,则会有过多的溶剂被蒸发,导致涂层出现橘皮或发干,并且影响喷涂颜色的效果。使用延缓蒸发的稀释剂,可以使喷涂时喷枪的位置不太重要,但如果喷涂的距离太近则会导致流淌现象;如果喷涂距离过长,则会形成飘散的雾滴。

② 喷枪移动时,应当保持水平,使喷射线与表面垂直。如果喷枪的角度不正确,并且沿着曲线运动,则将导致漆膜不均匀。这在实际中不可能完全避免,但操作时应当保持小心。

③ 扣下扳机前,空气阀应当先打开,从空气孔高速喷出的压缩空气在喷嘴前形成低压区,然后用力扣下扳机。此时,喷枪的喷嘴打开,喷出涂料。在关机前,应当先松开(涂料)扳机,然后全部松开扳机,关闭空气阀。这样才能平稳过渡,防止大起大落。

④ 喷涂时,注意不要转动,喷枪的运动不要呈曲线形,否则会造成漆膜不均匀。喷漆

时，唯一可以转动的情况是进行局部喷涂时要求边缘处比中间薄时。

⑤ 移动喷枪的速度应当稳定，每秒 30～40cm。喷枪移动过快会导致涂层过薄，而喷枪移动过慢会导致出现流挂的现象。速度必须稳定，否则就会导致涂层不均匀。不要停在一个地方喷涂，否则会形成流挂。

⑥ 喷涂终了时，应当松开扳机，然后在反向喷涂开始时再扣下扳机，也就是说掉头时，应当先松开扳机再扣下扳机。这样操作可以避免"流泪"，减少多余的喷雾，以及节省涂料。扣扳机的正确操作分四步：首先从遮盖纸上开始走，扣下扳机一半，仅放出空气；然后当走到喷涂表面的边缘时，完全扣下扳机，喷出涂料；当走到另一头时，松开扳机一半，涂料停止流出；反向喷涂前再往前移动几厘米，然后重复上述操作步骤。

⑦ 边角等难喷涂的部位应当先喷涂。直接对准这些部位，可以使两侧平面喷涂均匀。喷涂距离应比一般的近 3～5cm，或将喷雾扇形控制旋钮旋进几圈。如果喷涂离得较近，则移动的速度应当快一些，以使漆膜厚度保持一致。喷涂完所有边角后，就可以开始喷涂平面或接近平面的部件。

⑧ 喷涂表面非常窄时，应当更换喷涂图案较小的喷枪或空气帽，而不必重新调节。喷涂图案较小的小修补喷枪比较易于操作。此外，降低气压和涂料流量后，若小心操作也可以使用大号喷枪。

⑨ 一般来说，直立的表面应当从顶部开始喷涂，喷枪的喷嘴应当与该表面的顶部齐平。第二次喷涂向反方向进行，喷嘴应当与上一次喷涂的下边缘齐平，使喷涂的一半与上行程重叠。

⑩ 手持喷枪一次移动的水平距离为 50～100cm，如果面层水平喷涂尺寸超过 100cm，就需分两次移动喷涂。这两次喷涂应当有 10cm 的"湿边缘"重叠，在重叠区操作时，应当掌握好扣动扳机的时机与力度，以免产生双涂层或形成涂料下垂现象，最后喷涂应当位于表面的下边缘。

⑪ 持续来回操作，每走到头应当松开扳机，并且降低喷涂图案一半的距离。最后一遍应使喷雾的一半低于已喷涂平面。

上述步骤是针对单涂层的，对于双涂层，应当在此基础上重复上述操作。一般来说，良好的喷涂面层由双涂层或多涂层涂料组成，在两个涂层之间应有一段快速蒸发的时间，即溶剂蒸发以使涂层稍微变干的所需时间，一般为几分钟。这可以观察到涂层外表稍微变暗。瓷漆外涂层一般需要 2～3 个单涂层。

2.7.2 汽车烤漆设备

烤漆设备是用来固化、烘干涂膜或加快自干漆涂膜的固化设备。在汽车喷漆作业过程中，许多高质量的涂料在喷涂后都需要进行烘烤才能固化，为了提高生产效率和保证喷涂质量，很多维修厂都配备有烤漆设备或建有烤漆房。

2.7.2.1 红外线烤灯

红外线烤灯如图 2-183 所示，属于移动式红外干燥设备，在汽车局部喷漆烘干中使用广泛，它带有滚轮，可以灵活移动，可以用于汽车局部的喷漆区域进行烘干作业。

2.7.2.2 烤漆房

烤漆房如图 2-184 所示，可以进行喷漆和烤漆等作业操作。烤漆房配备有空气过滤装置，喷漆时，外部空气经过初级过滤网过滤后由风机送到房顶，然后经过顶部过滤网二次过滤净化后进入房内。房内空气采用全降式，以 0.2～0.3m/s 的速度向下流动，使喷漆后的漆雾微粒无法在空气中停留，而直接通过底部出风口被排出房外。这样不断地循环转换，使喷漆时房内空气清洁度达 98% 以上，使得喷漆时漆膜纯净，不会混入空气中的灰尘，并且送入的空气具有一定的压力，可以在车的四周形成一恒定的气流以去除过量的油漆，进而最大限度地保证喷漆的质量。

烤漆时，将风门调至烤漆位置，热风循环，烤房内温度迅速升高到预定干燥温度（55~60℃）。风机将外部新鲜空气进行初过滤后，与热能转换器发生热交换后送至烤漆房顶部的气室，再经过第二次过滤净化，热风经过风门的内循环作用，除了吸进少量新鲜空气外，大部分热空气又被继续加热利用，使得烤漆房内温度逐步升高。当温度达到设定的温度时，燃烧器会自动停止；当温度下降到设置温度时，风机和燃烧器又会自动开启，使得烤漆房内温度保持相对恒定。最后，当烤漆达到设定的时间时，烤漆房会自动关机，烤漆结束。

图 2-183　红外线烤灯

图 2-184　烤漆房

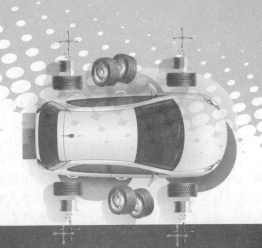

第3章

汽车电路故障检测工具与设备

3.1 汽车电路检修工具与设备

3.1.1 跨接线

跨接线是汽车电路故障诊断中一个非常简单有用的工具。跨接线就是一段多股导线，跨接线中还要有保险装置（如熔丝等），线的两端分别接有鳄鱼夹或者不同形式的插头，如图3-1所示。跨接线的使用如图3-2所示。

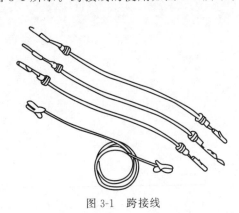

图3-1 跨接线

图3-2 跨接线的使用

3.1.2 汽车专用测电笔

测电笔又称为试灯，其作用主要是检测汽车电路中的被测点是否有电。汽车电路故障检测使用的测电笔如图 3-3 所示,测电笔有一个笔杆,笔杆前端是金属的笔尖,笔杆里有一个发光二极管(或小灯泡),笔杆后端带有一根导线,导线端部有个小夹子。为了安全起见,有的测电笔还装有熔丝。

3.1.2.1 测电笔的工作原理

测电笔的工作原理其实就是应用了电路的回路原理,如图 3-4 所示,如果测试点有电,电流从笔尖流入,经过灯泡、导线,从小夹子流入汽车搭铁(电源负极),灯泡则随之点亮。

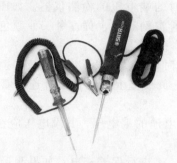
图 3-3 汽车专用测电笔

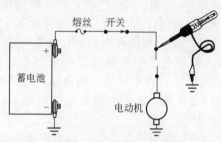
图 3-4 测电笔的工作原理

3.1.2.2 测电笔的使用

使用时,应当将测电笔负极端鳄鱼夹与搭铁可靠的部件相接,将测电笔头逐次碰触到测点,这时测电笔上的两个双色发光二极管可组合指示 6 种颜色,分别对应 6 种不同的电压。测电笔显示颜色与电压值对应关系,见表 3-1。

表 3-1 测电笔显示颜色与电压值对应关系

视孔	显示颜色	12V 电系/V	24V 电系/V	备注
D6	红色	11	23	D7 不亮
	橙色	12	24	
	橙绿色	12.6	24.6	
D7	红色	13	25	D6 显示橙绿色
	橙色	14	26	
	橙绿色	15	27	

需要注意的是,测电笔只适用于汽车电源系统和常规电气系统的故障检测,不适用于电控系统的检测。这主要是因为将测电笔接在电路中,相当于凭空在电路中并入了一个负载,在现代电控汽车上,电路中某点的电位就是电脑的输入信号,因此在车辆运行状态下测量会造成电脑的错误判断。此外,由于测电笔灯的内阻小,测量时容易造成短路,轻则产生故障,重则损坏电路或电子元件。

3.1.3 比重计

在汽车维修作业中,应当经常检测各种液体的密度,例如电解液密度、冷却液密度及喷洗液密度等,可以通过密度情况了解蓄电池的充电情况及冷却液的凝固点。现在以检测蓄电池电解液密度为例介绍比重计的使用方法。在测量电解液密度时,取少许电解液涂于比重计观测口上。注意:不要将电解液滴在身上、衣服上等其他地方,因为电解液为稀硫酸溶液,有很强的腐蚀性。用眼睛直接观测比重计,在观测口中将显示电解液密度,如图 3-5 所示。

图 3-5　用眼睛直接观测比重计

观测口中有着明显的蓝白分界线，下部为蓝色，上部为白色，分界线对应的刻度即为测量液体的密度。比重计使用完后，必须清洁干净，保存于干净的容器内。

3.1.4　高率放电计

高率放电计是一种模拟接入起动机的负荷，通常用于测量蓄电池在大电流放电时的端电压的检测仪器。如图 3-6 所示，高率放电计表盘上通常刻有红、黄、绿三种颜色，绿色代表电量充足，黄色代表亏电，红色代表电放完。

如图 3-7 所示，利用高率放电计对蓄电池进行测试时，可以按以下步骤进行。

① 首先将放电计的两触针紧压在蓄电池单格的正负极桩上（红色触针连接蓄电池正极），然后测量 5s，观察放电计的电压，记录电压值。

② 这时蓄电池是在大电流放电的情况下，检查蓄电池的端电压，其端电压应在 9V 以上，且能稳定 5s。

③ 如果电压值低于 10.4V，则表明蓄电池已放电，需进行保养充电；如果测量时在 5s 内电压连续下降，则表明蓄电池有故障。

需要注意的是，由于高率放电计的型号不一样，所配放电电阻值也不相同，因此测量时的放电电流和电压值也不相同，在使用时应当按照相应说明书的规定判断蓄电池的放电程度，或利用已知容量的蓄电池加以标定。

图 3-6　高率放电计

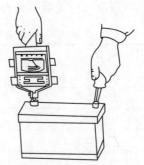

图 3-7　利用高率放电计对蓄电池进行测试

使用高率放电计的注意事项如下。

① 应当严格遵守各种使用规范。

② 在使用高率放电计时，负载按钮不能长时间按压，通常保持时间为 2～3s。

③ 严格注意用电安全。

④ 当对蓄电池进行测试时，应当先将蓄电池正负极导线拆下。

3.1.5　蓄电池测试仪

利用万用表和高率放电计测试蓄电池，只能初步判断汽车蓄电池的工作状况，为了更好、更准确地判断蓄电池的状况，可以用蓄电池测试仪来判断蓄电池的技术状况。

3.1.5.1　蓄电池测试仪的类型

蓄电池测试仪有很多种类型，根据检测设备生产厂家的不同，测试仪也有所不同，如图 3-8 所示。

图 3-8 不同生产厂家生产的蓄电池测试仪

3.1.5.2 蓄电池测试仪的使用方法

如果蓄电池已经拆下,则测试前使用金属丝刷子扫清蓄电池接线柱;如果蓄电池就车检测,测试开始时,要确保所有的车辆附加载荷均已关闭,且点火开关处于关闭位置。

① 使用前,先将蓄电池测试仪的红黑连接线连在蓄电池两端,要求夹钳的两端在测试前均需牢固连接。连接不良将使测试受阻,且屏幕将显示"CHECK CONNECTION"(检查连接)。如果出现这种情况,首先应当清扫接线柱,然后再次连接。

② 选择合适的测量模式。蓄电池测试仪有两种测量模式:一是充电前测试;二是充电后测试。使用上下按键选择后按"确认"进入下一步。

③ 选择蓄电池安装模式有两种方法:一是车内模式(蓄电池放在发动机舱内部,用电缆连接);二是车外模式(蓄电池与车辆连接全部中断)。根据车辆状况选择好后按"确认"进入下一步。

④ 选择蓄电池容量标准,确定蓄电池容量(CCA),观察蓄电池外观,将 CCA 容量通过上下键确定后确认进入下一步。

⑤ 测试仪自动检测蓄电池容量,对蓄电池容量做出判断,如图 3-9 所示。

根据结果出现下列显示。

"GOOD BATTERY"是指蓄电池良好,可继续使用。

"GOOD RECHARGE"是指蓄电池良好,但需要充电。

"CHARGE&RETEST"是指蓄电池需要充电后再测。

"REPLACE BATTERY"是指需要更换蓄电池。

"BAD CELL REPLACE"是指蓄电池存在单格损坏现象,需要更换蓄电池。

确定后按"确认"进入下一步。

图 3-9 判断蓄电池容量

⑥ 当检测完蓄电池后，按下"Print"按键，测试仪自动打印检测结果，将检测结果粘贴在客户保养单后面。

3.1.6 解码器

解码器（汽车电脑故障诊断仪）具有检测汽车故障码、清除故障码、读取数据流、元件测试、保养灯归零、读电脑版本、基本设定及匹配调整等功能，甚至还能提供汽车故障诊断流程和电路资料等，为汽车维修提供很多方便。汽车解码器是唯一能与汽车电脑直接进行交流信息的故障诊断仪。

3.1.6.1 解码器的类型

目前，解码器的类型多种多样，有手持式解码器、大众专用解码器（VAG1551/2）、通用解码器（X-431）等，国外已推出各种PC电脑诊断系列以及掌上电脑和无线诊断的检测仪器，而国内也陆续推出各种电脑检测仪等。电脑检测仪是利用电脑平台、内存、速度、操作和升级方便，直观性也比手持式解码器功能好，例如客户档案管理、汽车维修资料、字典、电脑示波器等。如图3-10所示为大众专用解码器。大众专用解码器的具体操作将在本书第5章具体讲解。

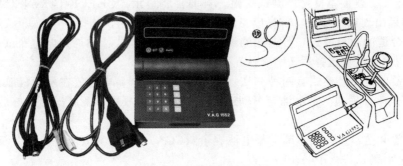

图3-10 大众专用解码器

3.1.6.2 解码器的工作原理

解码器通过汽车电脑的自诊断座在一定协议支持下与汽车电脑进行互相通信，交流各种信息，进而获取电脑工作的重要参数。解码器的工作原理，如图3-11所示。

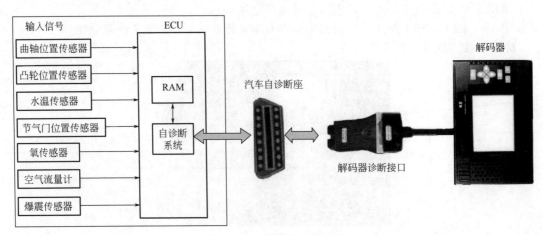

图3-11 解码器的工作原理

3.1.6.3 自诊断座与解码器诊断接口

(1) 自诊断座　自诊断座是现代电控汽车上用来诊断故障的接口,其端子直接与汽车电脑相连。

(2) 解码器诊断接口　解码器利用诊断接口与自诊断座匹配相连,进行互相交流数据。

各车型自诊断座接口的形状、安装位置各不相同,使得解码器的诊断接口也各不相同,如图 3-12 所示为日产风度轿车与解码器诊断座接口。

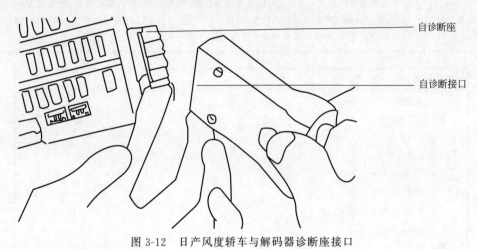

图 3-12　日产风度轿车与解码器诊断座接口

3.1.6.4 解码器的主要功能

解码器的主要功能见表 3-2。

表 3-2　解码器的主要功能

项目	功　　能
查询故障码	解码器功能菜单中,点击"查询故障代码"选项,屏幕显示所测系统控制电脑存储的故障码及相关内容
执行元件诊断	解码器功能菜单中,点击"执行元件诊断"选项,屏幕显示驱动的执行元件,可按照屏幕提示逐一执行元件测试。利用解码器执行元件诊断功能会缩小故障范围,例如对于电脑控制的电动门窗故障可利用解码器执行元件诊断功能对故障车窗进行控制,如该车窗能够升降,则应检查相关车窗开关电气性能及相关控制线路(电路检测请参阅维修手册);如果车窗不能被驱动,则应检查门窗电动机及相关控制线路(电路检测请参阅维修手册)
系统基本调整	在汽车维修和保养后必须进行"系统基本调整"。系统基本调整是通过数据通道将一些数据写入控制单元中,把数据调整到生产厂家指定的基本值;或将某些元器件参数写入控制单元,进而使汽车达到最佳运行状态
清除故障码	在解码器功能菜单中,点击"清除故障码"选项,可以清除系统控制电脑存储的故障码及相关内容。故障码分为偶发与非偶发,随机性(偶然的)故障在 VAG 1551 显示时用"/SP"提示。当所存储的故障在 40 次预热阶段不再发生时,则该故障码自动清除
控制单元编码	当车辆代码没有显示或主电脑已经更换,必须进行"控制单元编码"。由于控制器中存储了多套软件,使一个控制器可以在不同配置的汽车上使用,而调用方法为控制器编码,每一种编码均代表了控制器中的不同软件。在显示编辑与原车不符、更换了控制单元、车辆经过维修和改变了汽车的配置等情况下,需要给控制器编码

续表

项目	功能
读取动态数据流	解码器通过与汽车电脑交流通信,可以随时取得电脑内部运行的重要参数,将电脑传送来的一系列参数称为数据流,如图3-13所示。数据流的长度与数目,因生产厂家、年份、型号、发动机、燃油系统、点火方式、排放净化设备及在解码器上选定的数据列的不同而不同
元件动作测试	解码器主要通过汽车电脑直接向汽车的执行器(线圈元件,如各种电磁阀、喷油器等)发出工作指令,通过判断元件响应动作的情况(声音、运行快慢等),可以判断元件是否工作正常。如果没有相应的响应动作,则说明该元件或回路有问题

```
读取数据流
        曲轴参数转速(r/min)----            737
        空气流量(V)---------             1.120
按       冷却水温(℃)---------             87
F1      氧传感器(V)---------             0.45
键       车速(km/h)---------              0
查       电瓶电压(V)---------            13.600
看       节气门位置传感器(V)-             0.42
诊       排气温度传感器(V)---             5.00
断       怠速开关-----------             接通
座       启动信号-----------             关闭
图       P/N位置信号---------            接通

上下:屏幕滚动   退出:返回上一级
```

图 3-13 读取动态数据流

3.1.6.5 车博士解码器 A2600＋的使用方法

下面简单介绍一下车博士解码器 A2600＋的使用方法。

① 启动设备,进入车系选择菜单界面,如图 3-14 所示。

② 进入亚洲车型选择,选择本田车型,如图 3-15 所示。

图 3-14 菜单界面

图 3-15 选择车型

③ 打开点火开关或发动汽车,点击"开始诊断",如图 3-16 所示。
④ 与汽车通信后,选择要进行测试的系统,如图 3-17 所示。
⑤ 选择"PGM_F1-发动机"系统,开始初始化系统数据,如图 3-18 所示。
⑥ 进行"PGM_F1-发动机"系统,选择"读取故障码",如图 3-19 所示。
⑦ 读出"PGM_F1-发动机"系统数据流,如图 3-20 所示。选择需要查看的数据流项目,点击"确认"按钮,就可以查看到数据流值。点击"波形"还可以查看到数据流的变化趋势图,对数据流进行相应的分析。

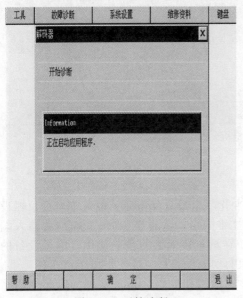

图 3-16 开始诊断

图 3-17 选择要进行测试的系统

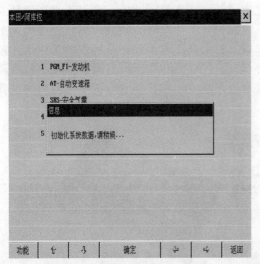

图 3-18 开始初始化系统数据

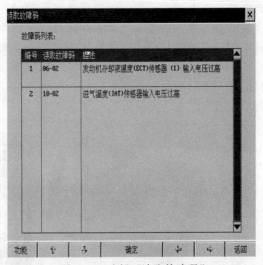

图 3-19 选择"读取故障码"

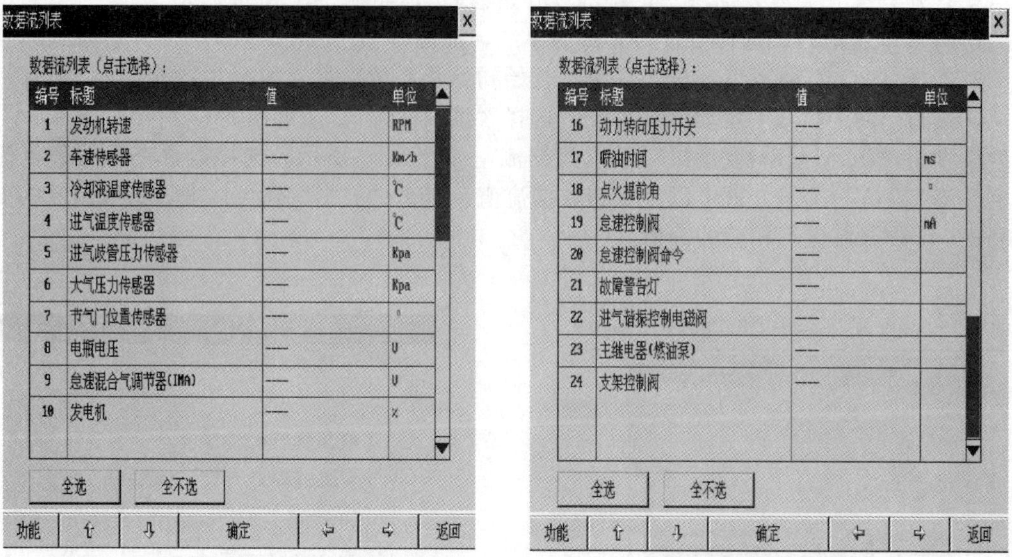

图 3-20 读出"PGM_F1-发动机"系统数据流

3.1.7 汽车专用示波器

汽车专用示波器是一种用来显示和记录随时间变化的电量（如电压、电流等）的仪器设备，其主要用于电压信号的拾取、分析，通常产生二维图形，垂直坐标（y）对应着输入端电压，而水平坐标（x）对应着时间。随着电控系统在汽车技术上的普遍使用，电子设备的维修技术人员就变得越来越重要。汽车专用示波器由此应运而生，其主要用于汽车传感器、点火波形、执行器及 ECU 输入/输出控制信号波形的检测和电路分析。常见的汽车专用示波器如图 3-21 所示。

汽车专用示波器拾取的电压信号主要有两种：一种是等于或低于蓄电池的低压信号，当电流突然中断时产生的感应电动势可高达 100V；另一种是高于 15kV 的高压信号，例如发动机的点火电压。对于低电压信号源，可以通过测试线直接连接示波器；而对于高压信号的拾取，必须将一个感应夹卡在高压线上，当高压电流通过高压线时，在其周围就感应出一个电压信号，该信号由测试线输入示波器。一般来说，目前汽车电子控制系统中的工作信号包括五种基本类型，它们分别是直流（DC）信号、交流（AC）信号、频率调制信号、脉宽调制信号和串行数据（多路）信号。上述这些信号通过汽车专用示波器拾取的电压波形的主要类型见表 3-3。

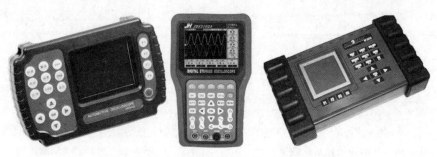

图 3-21 常见的汽车专用示波器

表 3-3 汽车专用示波器拾取的电压波形的主要类型

项目		功能
汽车电控系统常见电压波形	直流电压(DC)波形	它是一条直线,如直流发电机的输出电压波形
	交流电压(AC)波形	它在屏幕上显示的是一条正弦波曲线
	阶梯形电源波形	它是由开关或继电器触点的闭合而产生的阶梯形直流电压的突变波形
点火波形		它是点火初级线圈电流切断时,在点火初级线圈和次级线圈中因自感及互感作用产生的电压波形
传感器波形		常见的有方波和脉冲波
其他波形		如对电控系统中执行元件的控制电压波形,对喷油器、步进电机等控制的电压波形

下面以金德 KT600 汽车专用示波器为例,介绍汽车专用示波器的设备结构和调整方法。金德 KT600 汽车专用示波器可以实时采集点火、喷油、电控系统传感器的波形,通过对传感器波形的分析,能够准确地诊断传感器是否故障,通过对点火波形的分析,不仅可以诊断点火系统的火花塞、高压线、点火线圈等各元器件故障,而且可以分析出进气系统和燃油系统的可能故障点,为汽车的运行技术状况和故障诊断提供有效的科学根据。

3.1.7.1 设备结构

(1) 主机 KT600 汽车专用示波器主机如图 3-22 所示。

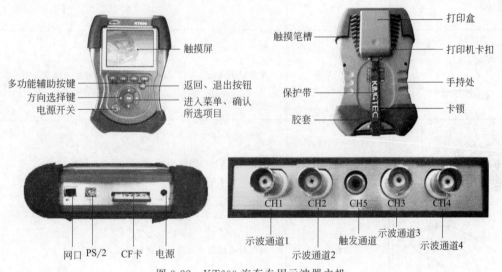

图 3-22 KT600 汽车专用示波器主机

(2) 随机附件 KT600 汽车专用示波器随机附件,见表 3-4。

表 3-4 KT600 汽车专用示波器随机附件

图示	名称	功能
	电源延长线	给主机提供电源,可以连接汽车点烟器接头或者汽车鳄鱼夹

续表

图示	名称	功能
	汽车点烟器接头	连接电源延长线和汽车点烟器给主机供电
	汽车鳄鱼夹	连接电源延长线和汽车蓄电池给主机供电
	测试探针	连接到通道 CH1、CH2、CH3、CH4 输入,带接地线,可以×1 或者×10 衰减
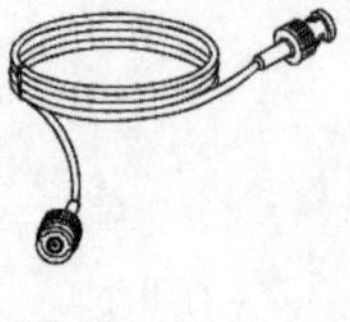	示波延长线	可以连接 CH1、CH2、CH3、CH4 通道,主要功能是延长输入信号线
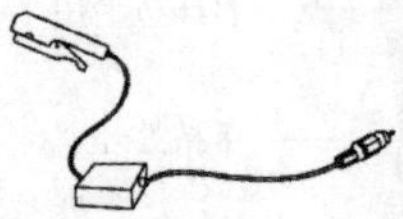	一缸信号夹	连接 CH5 通道,可以检测发动机转速和利用为触发
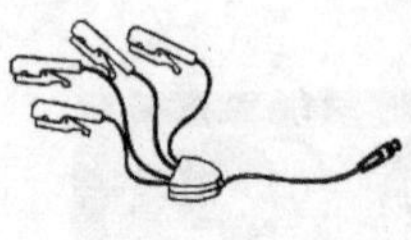	容性感应夹	可以连接 CH1、CH2 通道,感应次级点火信号
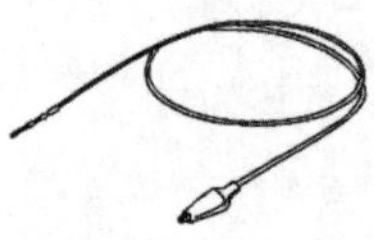	示波连接线	可以对接地线或者信号线进行延长,方便连接

3.1.7.2 通用型示波器的调整方法

一般情况下,汽车专用示波器的波形显示不需要调整,当要做超出汽车专用示波器标准菜单以外的测试内容时,可以选择通用示波器功能,也就需要掌握一定的调整方法。在汽车专用示波器测试过程中如果有相似菜单,调整方法也相同。选择通用示波器,按下"ENTER"键确认,在屏幕上有十个选项(通道、周期、电平、幅值、位置、停止、存储、载入、光标、触发、打印、退出)以及三个功能选项(通道设置、自动设置、配置取存),按左右方向键可以对选择项目进行调整,如图 3-23 所示,具体见表 3-5。

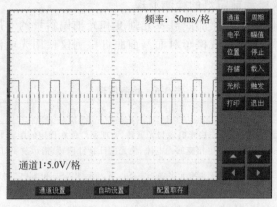

图 3-23 选择通用示波器

表 3-5 通用型示波器的调整方法

项目	功能
通道调整	按功能键可以选择通道1(CH1)、通道2(CH2)、通道3(CH3)、通道4(CH4)任意组合方式
周期调整	选择周期调整,按上下键可以改变每单格时间的长短,如果开机时设定的是10ms/格,按向下键则会变为5ms/格,波形就会变稀,按向上键则会变为20ms/格,波形会变密
电平调整	对纵轴的触发电平进行调整,对于同一波形,应选择不同的触发电平,波形在显示屏上的位置就会跟着变化,如果触发电平的数值超出波形的最大或最小范围时,波形将产生游动,在屏幕上不能稳定住
幅值调整	按上下方向键可以调整纵向波形幅值的大小,KT600可以选择1:500、1:200、1:100、1:200、1:0.5、1:1.0、1:2.5、1:5、1:10和1:20
位置调整	选择位置调整可以对波形的上下显示位置进行调整,按向上方向键,波形就会上移动;按向下方向键,波形就会向下移动
触发方式调整	选择触发方式调整在高频时(<50ms/格)可以对波形的触发起点进行调整,使用功能键可以选择触发的方式:上升沿出发,下降沿出发,电平触发
波形的存储和载入	在选择通用示波器时,如果需要存储当前波形,则选择"存储"(如果刷新频率≥50Hz/格,系统会等待采集完当前屏波形后自动冻结波形),弹出文件存储的人机界面,当前用户可以设定存储波形的名称,然后保存波形数据(最多支持保存64个文件),保存完以后系统会自动退出存储界面。如果要载入已储存的波形,则选择"载入",若波形文件存在,系统将会自动浏览到已保存的文件,用户可以根据自己需要调出波形。点击"退出"/按"ESC"可以退出载入界面
配置取存	该功能主要是方便用户快捷地调整好波形的参数。选择保存配置时,可以保存当前的配置参数,其文件名可以是字母、数字、中文字符等

3.1.8 前照灯检测仪

前照灯是车辆在夜间或在能见度较低的条件下,为驾驶员提供行车道路照明的重要装置,而且也是驾驶员发出警示,进行联络的灯光信号装置,因此前照灯必须有足够的发光强度和正确的照射方向。在汽车行驶过程中,汽车的灯泡和反射镜受到振动,或者使用过程中逐步老化,导致前照灯亮度及照射方向受到影响,因此前照灯的发光强度和光束的照射方向被列为汽车运行安全检测的必检项目。在汽车综合性能检测站,用前照灯仪对汽车前照灯的远、近光的发光强度和光束照射方向进行检测,常常用来评判前照灯的性能情况。

3.1.8.1 用检测仪检测前照灯的检测原理

前照灯检测仪是可以用来检测前照灯发光强度和光轴偏斜量的专用设备。检测时,前照灯检测仪按照一定测量距离放在被检车对面。前照灯检测仪使用光电池作为传感器,来测量发光强度和光轴偏斜量,见表 3-6。

表 3-6 检测原理

项目	功能
发光强度的检测原理	如图 3-24 所示,连接光电池与光度计,将前照灯放在规定的距离上照射光电池,光电池根据接收光强度的大小产生相应的光电流,使光度计指针偏转,指示前照灯的发光强度
光轴偏斜量的检测原理	如图 3-25 所示,在 4 块光电池 $S_左$、$S_右$、$S_上$、$S_下$ 中,$S_左$ 和 $S_右$ 之间串有左右偏斜指示计,$S_上$ 和 $S_下$ 之间串有上下偏斜指示计。打开前照灯,4 块光电池接收光照各自产生电流,根据 $S_上$ 和 $S_下$、$S_左$ 和 $S_右$ 之间的电流差值,使上下偏斜指示计和左右偏斜指示计动作 如图 3-26 所示为光电池受光面无偏斜受光的情况,此时上下光电池产生的光电流平衡,上下偏斜指示计指针垂直指向下方,即处于零位;同理左右偏斜指示计的指针也向下指零位。如图 3-27 所示为光电池受光面向左下方偏斜受光的情况,此时左右光电池不平衡,使左右偏斜指示计的指针向左偏斜,上下光电池也不平衡,使上下偏斜指示计的指针向下偏斜

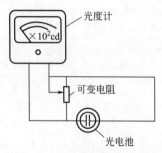

图 3-24 发光强度的检测原理

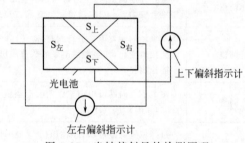

图 3-25 光轴偏斜量的检测原理

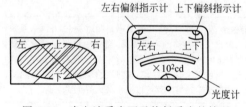

图 3-26 光电池受光面无偏斜受光的情况

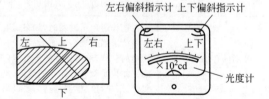

图 3-27 光电池受光面向左下方偏斜受光的情况

3.1.8.2 前照灯检测仪的类型

根据前照灯检测仪结构特征与测量方法,前照灯检测仪可以分为聚光式、屏幕式、投影式与自动追踪光轴式等几种类型。这些不同类型的前照灯仪主要组成:接收前照灯光束的受光器、使受光器与汽车前照灯对正的校准装置、前照灯发光强度指示装置、光轴偏斜方向和偏斜量指示装置以及支柱、地板、导轨和汽车摆正找准装置等。

(1) 聚光式前照灯检测仪　聚光式前照灯检测仪是由受光器的聚光透镜把前照灯的散射光束聚合起来,根据其对光电池的照射强度来检测汽车前照灯的发光强度与光轴偏斜量。聚光式前照灯检测仪放在前照灯对面 1m 处进行检测。根据测量不同的方法,聚光式前照灯检测仪可以分为移动反射镜式检测法、移动光电池式检测法和移动聚光透镜式检测法三种形式，见表 3-7。

表 3-7 聚光式前照灯检测仪的形式

类别	特 点
移动反射镜式检测法	如图 3-28 所示，首先前照灯的灯光被聚光透镜聚集，投射在反射镜上，然后反射镜将光线反射在光电池上。反射镜的安装角可以随着移动光轴刻度盘的转动而发生变化，从而改变反射光线照在光电池的位置。当调整反射镜使光轴偏斜指示器的指针指向零位时，可以从光轴刻度盘读得光轴的偏斜量，光度计也同时指示出发光强度
移动光电池式检测法	如图 3-29 所示，转动光轴刻度盘可以使光电池上下、左右移动，光电池受光位置随其发生变化，等左右偏斜指示计和上下偏斜指示计的指针均指向时，从光轴刻度盘即可读取光轴的偏斜量，同时通过光度计指示出发光强度
移动聚光透镜式检测法	如图 3-30 所示，移动光轴检测杠杆可以改变聚光透镜的方位，照射在光电池的光束随之改变。当使通过聚光透镜照到光电池上的光线最强时，光轴偏斜指示器的指针为零，这时光度计指示发光强度，光轴刻度盘与光轴检测杠杆联动，进而指示出光轴的偏斜量

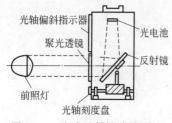

图 3-28 移动反射镜式检测法

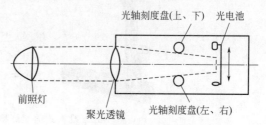

图 3-29 移动光电池式检测法

（2）屏幕式前照灯检测仪 屏幕式前照灯是将光束照在屏幕上，进而检测发光强度和光轴偏斜量。屏幕式前照灯检测仪的构造如图 3-31 所示。活动屏幕可在固定屏幕上左右移动，内部带光电池的受光器装在活动屏幕上可以上下移动。使用屏幕式前照灯检测仪检测时，移动活动屏幕和受光器，使光度计指示值为最大时即表明找到了主光轴的方向，然后由固定屏幕和活动屏幕上的光轴刻度尺即可读取光轴上下、左右偏斜量，同时可从光度计的指示值得出发光强度。

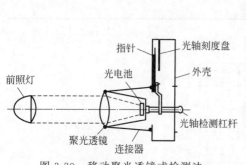

图 3-30 移动聚光透镜式检测法

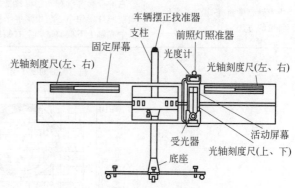

图 3-31 屏幕式前照灯检测仪的构造

（3）投影式前照灯检测仪 投影式前照灯检测仪的基本构造如图 3-32 所示。投影式前照灯检测仪是通过将前照灯光束的影像映射到投影屏上而检测出发光强度和光轴偏斜量的。投影式前照灯检测仪是在前照灯对面 3m 的距离处进行检测，将前照灯的影像射到投影屏上。在聚光镜的上、下与左、右方向安装4个光电池。前照灯影像通过聚光透镜、反射镜之后（均装在受光器内）映射到投影屏上，同时光线还照射在光度计的光电池上（也在受光器上）。在检测时，上下和左右移动受光器，直至上下偏斜指示计和左右偏斜指示计的指针指到零为止。这时上和下与左和右的光电池受光量相等，受光器对准了主光轴的方向。然后使用表3-8所示的两种测量方法，测出主光轴偏斜量，再根据光度计的指示得出发光强度值。

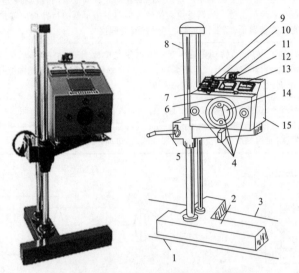

图3-32 投影式前照灯检测仪的基本构造

1—车轮；2—底座；3—导轨；4—光电池；5—上下移动手柄；6—光轴刻度盘（上、下）；
7—光刻度盘（左、右）；8—支柱；9—左右偏斜指示计；10—上下偏斜指示计；
11—投影屏；12—车辆摆正找准器；13—光度计；14—聚光镜；15—受光器

表3-8 检测方法

项目	方法
投影屏刻度式检测主光轴偏斜量的方法	如图3-33所示，在投影屏上，刻有表示光轴偏斜量的刻度线，根据前照灯影像中心在投影屏上所处的位置，就可以直接测出光轴偏斜量
光轴刻度盘式检测主光轴偏斜量的方法	它的投影屏没有光轴偏移量刻度线，想要知道光轴的偏移量须转动光轴刻度盘，直到前照灯影像中心与投影屏坐标原点重合为止，然后用电光轴刻度盘上的刻度分别测出主光轴上下偏斜量和左右偏斜量

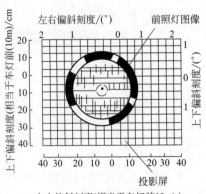

图3-33 投影屏刻度式检测主光轴偏斜量的方法

（4）自动追踪光轴式前照灯检测仪　自动追踪光轴式前照灯检测仪采用了受光器自动追踪光轴的方法，检测汽车前照灯的发光强度和光轴偏斜量，其检测距离一般为 3m。自动追踪光轴式前照灯检测仪的结构如图 3-34 所示，在受光器聚光透镜的上下和左右安装有 4 个光电池构成主受光器（用于对准光轴），受光器内部也有 4 个光电池构成副受光器（主要用于检测光轴偏斜），透镜后中央部位装有光度计光电池（主要检测光强）。测试仪台架和受光器位移由电动机驱动。主受光器每对光电池由于受光不均所产生的电流差值，主要用于控制驱动电动机运转使检测仪台架沿轨道移动和使受光器上下移动，直至主受光器每对光电池所产生的电流相等，电动机停转。这样便可以实现自动追踪光轴，在追踪过程中，受光器的位移由光轴偏斜指示器指出，发光强度主要由中央光度计光电池检测并由光度计指示。

3.1.8.3　前照灯检测仪的使用

下面以 QD-100D 型电动式前照灯检测仪为例，介绍前照灯检测仪的使用方法。

QD-100D 型电动式前照灯检测仪是目前前照灯手动测量常用的设备，如图 3-35 所示。

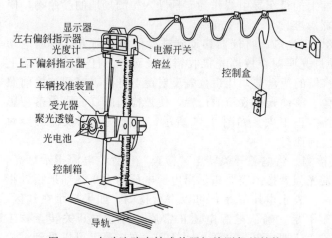

图 3-34　自动追踪光轴式前照灯检测仪的结构

图 3-35　QD-100D 型电动式前照灯检测仪

（1）QD-100D 型前照灯检测仪使用技术参数

环境温度：0～40℃。

相对湿度：20%～80%。

电源电压：AC（220±22）V。

检测距离：1m。

发光强度测量范围：0～40000cd。

光轴偏移量测量范围如下。

上：0°～1°20′或 0～20cm/10m。

下：0°～2°20′或 0～40cm/10m。

左：0°～2°20′或 0～40cm/10m。

右：0°～2°20′或 0～40cm/10m。

前照灯中心高测量范围：0.5～1.3m。

精度如下。

发光强度：±12%。

光轴偏移量：±1/4°。

前照灯中心高：±1cm。

外形尺寸（高×宽×深）：1250mm×710mm×550mm。

质量：约60kg。

输出信号如下。

光轴偏移量：0～3V。

发光强度：0～3V。

(2) 检测步骤

① 对准车辆。在检测时，仪器的光接收箱镜面应当与被检车辆的纵向中心线垂直（称为对准）。装于光接收箱顶部的对准瞄准器就是用来做此项检查的。在被检车辆的纵向中心线（或其平行线）上选定前、后两个参考点（例如发动机罩的中线与窗玻璃的中线）后，用瞄准器观察（注意观察时眼睛距瞄准器约一个拳头位置），如果上述两点均落在瞄准器十字分划板的垂直线上，则说明车辆已对准。否则，应当重新停放车辆，或者通过旋转摆正旋钮，使光接收箱旋转一定角度，进而使仪器与车辆对准。

为了方便检测，通常可以利用地面上的行车导引线作为车辆驶入检测场地的参照物，使之正确地停放在检测位置上并且与仪器对准。

② 被检前照灯的对准。打开前照灯远光灯，将仪器移动到被检前照灯前方（扳动电动机开关可以使光接收箱上下移动），使灯光照射在仪器光接收箱的镜面上。打开仪器后盖上影像观察器的镜盒盖，从镜盒盖反射镜上可以观察到被检前照灯的影像。移动光接收箱的位置，使被检前照灯的影像落在影像观察器的正中央，如图3-36所示，这时就表示仪器已经对准了被检前照灯。

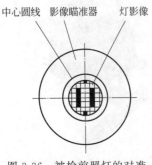

图3-36 被检前照灯的对准

③ 检测。将电源开关转至"检查"位置，电源指示灯亮，这时"发光强度指示表"指示出电源电压的大小。如果指针指示在绿区，表示电压充足，可以进行检测，如果指示在红区，表示电压不足。确认电源电压正常后，将电源开关转至"工作"位置，仪器通电，电源指示灯亮。在屏幕上可以见到被检前照灯光束投射而成的光斑，转动面板上的光轴刻度盘旋钮（左右及上下），使光斑大致在屏幕中间。一边观察左右指示表及上下指示表指针偏摆情况，一边转动光轴刻度盘旋钮，直至左右指示表、上下指示表均指零（正中央）时为止。这时光轴刻度盘上所指示的读数就是被检前照灯的光轴偏移量。同时在发光强度指示表上指示出被检前照灯的发光强度。

需要注意的是，对于四灯制前照灯，应将辅助灯（或主动）用黑布遮挡，单独对主灯（或辅助灯）检测，然后对辅助灯（或主动）进行检测。

④ 前照灯照射方向的调整。在对需进行调整的前照灯的照射方向进行调整时，可以将左右及上下光轴刻度盘旋钮置于所需要调整的方位（例如下10cm/10m和右5cm/10m）上，然后边观察左右指示表及上下指示表指针的偏摆位置，边调整被检测前照灯的安装螺钉，直至左右指示表及上下指示表指针均指向（或接近于）零点（正中央）时即可。

⑤ 前照灯近光配光特性的观察。在完成检测步骤的①、②后，将仪器的光轴刻度盘旋钮（左右及上下）均置于0°，打开前照灯并转换至"近光"，在屏幕上即呈现出被检前照灯的近光配光特性。对于符合我国《汽车用灯丝灯泡前照灯》(GB 4599—2007)标准的前照灯，可以通过旋转仪器上下刻度旋钮，使明暗截止线的水平部分与屏幕上的垂直方向0°线重合，这时上下刻度盘旋钮所指示的数值就是明暗截止线水平部分在垂直方向的偏移量。通过旋转仪器左右刻度盘旋钮，使得明暗截止线的拐点与屏幕上的水平方向0°线重合，这时

左右刻度盘旋钮所指示的数值就是明暗截止线拐点在水平方向的偏移量。

⑥ 检测完毕，将电源开关转至"关"状态。

3.2 汽车电路故障检测检修

3.2.1 汽车电路的类型

汽车电路是汽车电气线路的简称，它是按照汽车电气设备各自的工作特性及相互的内在联系，用导线和车体将电源、电路保护装置、控制器件及用电设备等连接起来，构成能使电流流通的路径。汽车电路主要由电源、控制装置、用电器、配电装置及导线等组成，如图3-37所示。

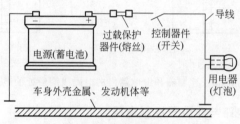

图 3-37 汽车电路组成

根据汽车电路功用的不同，一般可分为电源电路、搭铁电路与控制电路，根据控制方式，按有无采用继电器又可分为直接控制电路和间接控制电路；按照在电路中是否采用电子控制器件可分为电子控制电路和非电子控制电路。

3.2.1.1 电源电路、搭铁电路和控制电路的特点

电源电路、搭铁电路和控制电路的特点见表3-9。

表 3-9 电源电路、搭铁电路和控制电路的特点

项目	特 点
电源电路	电源电路主要是为电气部件提供电源,用电设备为电动机,电源为蓄电池,从蓄电池正极到电动机之间的线路为电气部件(电动机)的电源电路
搭铁电路	搭铁电路为电气部件提供了电源回路。从电动机到蓄电池负极之间的线路为电气部件(电动机)的搭铁电路
控制电路	控制电路主要是控制电气部件是否工作。控制器件为开关和继电器,电器部件(电动机)的控制电路为经过控制开关和继电器电磁线圈线路

3.2.1.2 直接控制电路与间接控制电路

根据控制器件与用电部件之间是否使用继电器，可以分为直接控制电路和间接控制电路，见表3-10。

表 3-10 直接控制电路与间接控制电路

项目	特 点
直接控制电路	直接控制电路是最基本、最简单的电路。在这种控制电路中不使用继电器,控制器件与用电器串联直接控制用电器。直接控制电路为蓄电池正极→电路保护装置→控制器件→用电部件(灯泡)→搭铁→蓄电池负极

项目	特 点
间接控制电路	在控制器件与用电部件之间使用继电器或控制器的电路称为间接控制电路

如图 3-38 所示，控制电路为控制器与继电器内的电磁线圈所处的电路，主电路为用电器和继电器内的触点所处的电路。继电器或电子控制器对受其控制的用电器来说是控制器件，但是继电器和晶体管同时又受到各种开关、电控单元等控制器件的控制，它们又是执行器件，因此它们具有双重性。

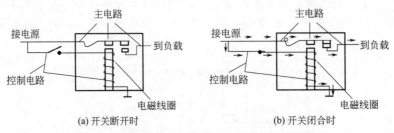

图 3-38　控制器和继电器内的电磁线圈所处的电路

3.2.1.3　电子控制电路与非电子控制电路

（1）电子控制电路　目前，电子控制技术已经取代了其他控制模式，成为现代汽车控制的主要方式，例如发动机的电控燃油喷射取代机械控制燃油喷射，自动变速器及 ABS 由电子控制取代液压控制等。电子控制电路是指增加了信号输入元件和电子控制器件，由电子控制器件对用电器进行自动控制的一种电路。这时用电器一般为执行器。

在汽车电子控制系统中，电控单元（ECU）通过接收传感器和控制开关输入的信号，根据其内部预先存储的数据和编制的程序，通过数学计算与逻辑判断，直接或间接控制执行器工作。汽车电控系统电路可以分为电控单元的电源电路、信号输入电路（传感器或开关）及执行器工作电路，见表 3-11。

表 3-11　电子控制电路的类型

项目		特　点
电控单元的电源电路		如图 3-39 所示，电控单元与电源正极直接连接，在任何时候都可以给电控单元供电，以使电控单元保存数据信息，称为永久电源电路。在点火开关或其他开关的控制下直接或间接向电控单元供电，以提供正常工作时所需要的电能，称为主电源电路。电控单元通过车体与电源的负极连接的电路，称为电控单元的搭铁电路，以使电控单元与电源构成回路。为了保证电控单元可靠搭铁，电控单元与车身之间往往有多条搭铁线
信号输入电路	传感器电路	传感器在汽车电路图中只采用符号或文字标注。有的车型电路图中用符号或字母表达，例如热敏电阻、可变电阻等，一般通过了解其接线端子的代码等有关线路连接的内容即可。传感器信号输入电路可以分为有源传感器电路和无源传感器电路。需要由电控单元提供基准电压（一般为 5V）作为电源才能工作的传感器称为有源传感器，其由蓄电池直接或间接提供电源，也可以由电控单元提供电源，如图 3-40 所示。有源传感器的连接线有电源线、信号线和搭铁线，电源线和信号线一般与电控单元连接，而搭铁线可以经电控单元搭铁，也可以直接搭铁 工作时无须提供电源，当外界条件变化时会产生电动势向电控单元发出电信号的传感器称无源传感器。无源传感器由于其信号比较微弱，为了防止电源干扰引起信号失真，信号线需要采用屏蔽层，如图 3-41 所示

续表

项目		特　点
信号输入电路	开关信号电路	在汽车电控系统中有多种开关,例如点火开关、空调开关、制动开关、自动变速器挡位开关等。开关向电控单元(ECU)提供导通和断开两种电信号,常见开关电路有电压输入型、搭铁型,如图3-42所示。对于电压输入型开关电路,当开关闭合时,ECU接收的电压信号为蓄电池电压;当开关断开时,ECU接收的电压信号为0V。对于搭铁型开关电路,当开关闭合时,ECU接收的电压信号为0V;当开关断开时,ECU接收的电压信号为基准电压
	电控单元之间的通信电路	各电控单元之间常常需要传输信号,来实现数据共享及工作匹配。数据共享是指几个电控单元需要同一个信号时,可以由信号输入装置分别向各电控单元传输信号,也可以向一个电控单元传输信号,然后由该电控单元通过电控单元间的信号电路传输信号。工作匹配是指几个系统之间相互影响,如自动变速器在进行换挡控制时,需要发动机电控单元匹配控制,减少喷油量并且减小点火提前角,以改善换挡品质;如果要由自动变速器电控单元向发动机电控单元传输换挡信号,则需要在电控单元之间连接信号导线。近年来,控制器局域网(CAN)技术在汽车上得到了广泛应用,更好地实现了汽车众多电控单元之间的数据共享及工作匹配
执行器工作电路		执行器通常由电控单元控制工作。常见执行器主要有电源阀、继电器、电动机、灯、蜂鸣器和喇叭等。如图3-43所示,对于发动机燃油喷射系统,执行器为喷油器,其电路分为电源电路、搭铁电路。当电控单元中电子开关不导通、喷油器不喷油时,电源电路即为控制电路;当电控单元中电子开关导通、喷油器喷油时,搭铁电路即为控制电路。执行器工作电路是指受电控单元控制的用电器的工作电路。执行器在工作时,应当构成闭合回路才能正常工作。电控单元可以通过控制执行器的电源电路来控制执行器的工作,例如防盗警告器、后备厢盖锁电动机等。可以通过执行器搭铁电路来控制执行器的工作,例如喷油器、点火线圈与换挡电磁阀等。执行器既可以通过电控单元搭铁,又可以通过执行器搭铁

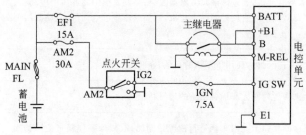

图 3-39　电控单元的电源电路

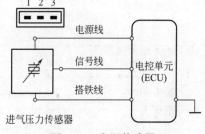

图 3-40　有源传感器
1~3—插口

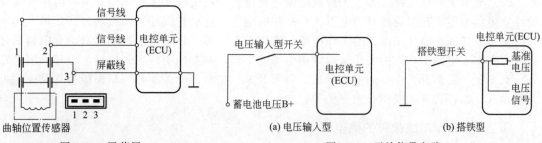

图 3-41　屏蔽层
1~3—端口

(a) 电压输入型　　(b) 搭铁型

图 3-42　开关信号电路

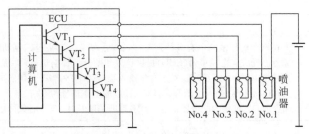

图 3-43 喷油器控制电路

汽车电控系统的执行器按照工作原理的不同，一般分为不同的种类，见表 3-12。

表 3-12 汽车电控系统的执行器种类及特点

项目	特点
电磁阀类	电控单元主要通过控制电磁阀类执行器来控制汽车油路、气路、水路的工作。例如，通过控制喷油器来控制发动机的喷油量，通过控制自动变速器换挡电磁阀来控制自动变速器换挡的油路使自动变速器换挡，通过控制热水阀来控制车内暖气的工作
警告装置	例如防盗系统中的警报器、仪表台上的蜂鸣器
照明指示灯类	例如阅读灯、故障指示灯、警告灯、仪表信号灯等
各种继电器	电控单元主要通过控制各种继电器来控制大功率用电器的工作，如二次空气泵继电器、燃油泵继电器等
电动机类	电控单元主要通过控制电动机来控制汽车各系统的工作。电控单元对电动机大多是通过控制继电器进行间接控制，例如燃油泵电动机，通过燃油泵继电器控制；空调系统中的各风门电动机、自动座椅各调节电动机等。也有电控单元直接控制的电动机，例如怠速步进电动机、电动油门电动机等
各种显示屏	各种显示屏除了显示车辆的运行状况外，还用于车辆的娱乐、导航等
各种仪表	电控单元通过各种仪表显示来告诉驾驶人车辆各系统的运行状况
各种数据传输接口	数据传输接口主要是指故障诊断接口。在对车辆进行故障诊断时，故障诊断仪通过故障诊断接口与电控单元相连，这时故障诊断仪相对电控单元是执行器。故障诊断仪通过故障诊断接口来读取储存在电控单元里的故障码，同时又可以对电控单元进行程序升级、修复及更换等操作

（2）非电子控制电路 非电子控制电路主要指的是由手动开关、压力开关、温控开关及滑线变阻器等传统控制器件对用电器进行控制的电路。这些控制开关均是通过开关触点的断开或闭合来接通或断开用电器的工作电路，实现对用电器工作电路的控制。滑动变阻器则是通过改变接入电路中电阻的大小来控制用电器的工作，例如照明灯控制电路、冷却风扇电路等。汽车上的手动开关主要是点火开关、照明开关、信号灯开关及各控制面板与驾驶座附近的按键式、拨杆式开关及组合式开关等。

3.2.2 汽车电路故障的类型

汽车电路常见故障有断路、短路、搭铁及接线松脱、潮湿及腐蚀等导致的接触不良或绝缘不良等，主要故障见表 3-13。

表 3-13 汽车电路主要故障

项目	特 点
断路	电源到负载的电路中某一点中断时,电流不通,会导致灯不亮、电动机停转,这种故障被称为断路。断路一般由导线折断、导线连接端松脱或接触不良等原因造成
短路	电源正、负极的两根导线直接接通,使电气部件不能工作,会使导线发热或线路中的熔断器烧断。造成短路的原因有:导线绝缘破坏,并且相互接触;开关、接线盒、灯座等外接线螺钉松脱,造成和线头相碰;接线时不慎,使两线头相碰;导线头碰触金属部分等
搭铁	电路被搭铁,很像负载部件被旁路短路。由于绝缘材料破损,致使电流未到达负载部件便流到搭铁点

3.2.3 汽车电路故障的检修思路

在进行汽车电路故障检修前,应当熟读使用说明书,查明电路,了解其结构,并且使用合适的工具。汽车电路出现故障时,通常先要弄清楚故障的症状及伴随出现的现象,判明故障所在的局部电路,然后对该局部电路进行检验,查明故障所在部位,予以排除。电路故障的产生原因有很多,例如元件老化、自然磨损、调整不当、环境腐蚀、机械摩擦、导线短路或断路等。电路出现故障时,应当善于运用分析的方法,先对故障的产生范围进行初步诊断。切忌在情况不明或不加思考和分析下,盲目拆卸,乱接乱碰,这样不仅会延误检修,还会造成不必要的损坏。要善于发现故障前的异常征兆和故障特征,结合整车电路进行分析,尽可能将故障诊断缩小到一个较小的范围。在检修故障时,应当根据电路故障产生的范围,先检查故障率较高且容易检查的部件,然后检查故障较低的、不易检查的部件。只有当某部件的故障已确诊且必须打开进行修理时,方可进行拆卸。此外,要尽量做到不拆或少拆零件,进而减少不必要的麻烦。检修故障还应当采用正确的检查方法和测试手段,进而提高检修故障的速度。汽车电路出现故障,通常先对电路进行检查和测试,判断故障发生在哪个部件上,然后对故障产生部位的外部性能及内部参数进行测试或检查,找出故障发生点,予以排除。在检修电路故障的同时,还应当注意对有关部件及电路进行保养,使之恢复较好的状态。如果电气设备损坏无法修复,则应当予以更换。部件的更换应当与原部件的规格、型号相一致。导线的更换应当尽量与原来的线径和颜色一致。如果用其他颜色导线代替,应当与相邻导线有所区别,便于以后的检修。

3.2.4 汽车电路故障的检测方法

3.2.4.1 一般检测方法

汽车电路故障的检测方法主要有:直观诊断法、检查熔断器法、利用车上仪表法、断路法、短路法、高压试火法、试灯法、万用表法、示波器法、元件替换比较法、诊断仪法及模拟法等,见表 3-14。

表 3-14 汽车电路故障的检测方法

项次	方法	具体说明	举 例
1	直观诊断法	汽车电路发生故障时,有时会出现冒烟、火花、异响、焦臭、发热等异常现象。这些现象可以通过人的眼、耳、鼻、身感觉到,进而可以直接判断出故障所在部位和原因	汽车在行驶中,突然发现转向灯与转向指示灯均不亮,用手一摸,发现闪光器发热烫手,说明闪光器已被烧坏

续表

项次	方法	具体说明	举 例
2	检查熔断器法	当汽车电系出现故障时,首先应查看熔断器是否完好	汽车在行驶中,如果某个电气突然停止工作,同时该支路上的熔断器熔断,说明该支路有搭铁故障存在 如果某个系统的熔断器反复熔断,则表明该系统一定有类似搭铁的故障存在,不应只更换熔断器,还应查明原因,彻底排除故障
3	利用车上仪表法	通过观察汽车仪表盘上的电流表、水温表、燃油表和机油压力表等的指针摆动情况,判断电路有无故障和故障产生的部位	发动机冷态,接通点火开关时,水温表指示满刻度位置不动,说明水温表传感器有故障或该线路有搭铁
4	断路法	汽车线路发生搭铁(短路)故障时,可以用断路法判断。将怀疑有短路故障的那段线路断开,以判定断开的那段线路是否搭铁	如果线路中有搭铁故障而使该电路中的熔断器熔断,可以先用一个车灯作试灯,试灯两端引线跨接于断开的熔断器两端的接线柱上,这时试灯应亮,然后再将插接器逐个断开,查看试灯是否亮,不亮则说明发生搭铁(短路)故障
5	短路法	汽车电路中出现断路故障,还可以用短路法判断,即用螺丝刀或导线将被怀疑有断路故障的电路短接,观察仪表指针变化或电气设备工作状况,进而判断出该电路中是否存在断路故障	如果怀疑汽车电路中的各种开关有故障,可以用导线将开关短接来判断开关是好是坏
6	高压试火法	对高压电路进行搭铁试火,观察电火花状况,判断点火系统的工作情况	怀疑点火系统有故障,可以取下点火线圈或火花塞的高压导线,将其对准火花塞或缸盖等搭铁部位,距离约5mm,然后接通启动开关,启动发动机,看其跳火情况。如果火花强烈,呈天蓝色,且跳火声较大,则表明点火系统工作基本正常;反之,则说明点火系统工作不正常
7	试灯法	试灯法就是用一个汽车用灯泡作为试灯,检查电路中有无断路故障	用试灯的一端和交流发电机的"电枢"接线柱连接,另一端搭铁。如果灯不亮,说明蓄电池至交流发电机的"电枢"接线柱间有断路现象;若灯亮,说明该段电路良好
8	万用表法	用万用表测量线路各点的直流电压,如果有电压,说明该测试点至电源间的电路畅通;如果无电压,说明该测试点与上一个测试点之间的电路断路。另外,通过万用表对电路或元器件的各项参数进行测试,并且与正常技术状态的参数对比,来判断故障部位所在。万用表检测法是检测电路或元件较为准确、迅速的一种方法	就车测量蓄电池的充电电流与端电压,判断充电电路是否充电;测量电气部件中线圈绕组的电阻值,判断绕组有无断路或短路;测量引线两端间的电阻,判断电路有无断路等
9	示波器法	示波器是唯一能即时显示波形的测试仪器。利用示波器检测部件的动态波形(数据),与标准波形相比较,以判断部件或线路是否有故障	—

续表

项次	方法	具体说明	举 例
10	元件替换比较法	元件替换比较法常用于故障原因比较复杂的情况,能对可能产生的原因逐一进行排除。元件替换比较法是指在检修电路时,怀疑有些元件的性能对电路正常工作有影响,但其性能好坏还一时难以断定,因此选用性能好的元件将其替换,如果替换后故障消除,则说明原零件有故障;否则,装回原件,进行新的替换,直至找到真正的故障部位	火花塞火花弱,发动机不能启动,可以用一个性能良好的火花塞将其替换,若发动机恢复工作,表明原先的火花塞有故障,应予以修理或更换
11	诊断仪法	当用直观和常规检查的方法没有发现汽车电气系统存在的故障时,通常应当优先考虑使用汽车诊断仪来检测电气系统的故障 (1)应用诊断仪读取电控系统的故障码,根据故障码的提示来查找故障部位 (2)当电控系统存在故障,而用诊断仪又读不出该电控系统的故障码时(这种情况在实际维修工作中经常发生),通常可以用参数测量的方法来查找电控系统传感器及其线路的故障 (3)当读取故障和参数测量的方法都没有找到故障时,可以用执行器测试来查找电控系统执行器及其线路的故障 (4)当汽车电气系统有故障时,先不用更换元件的方法来查找故障部位,因为用诊断仪来检测电控系统的故障原因和部位最方便快捷,检测过程中不会有引起新故障的风险,而用元件替换法来检测电控系统的故障有时不仅费时费力(因需拆装电气系统的元件),还可能在拆装、替换元件的过程中产生新的故障,进而进一步加大故障排查的难度 (5)用诊断仪的示波器来检测汽车电气系统传感器、执行器、控制器的故障是一种科学和实用的方法。如果被测元件的工作波形与诊断仪给出的标准波形相同,则说明被测元件没有故障,否则说明被测元件有故障,波形检测是目前检测电气系统故障元件最准确的方法	—
12	模拟法	有时当车辆送去维修时,故障并不出现,因此必须模拟故障产生的条件。模拟法通常应用于对各种传感器、控制器、指示机构、插接器等的判断。实质上,就是怀疑电路中某些元器件有故障,进行发生条件模拟验证后诊断故障	—

需要指出的是,如果一个电控单元既不在车载诊断网络中,又不在诊断线(又称为K诊断线)上,则这个电控单元所在的电气系统的故障只能用外观和常规检查的方法来查找;如果一个电控单元在车载诊断网络中或在诊断线上,才能够用诊断仪来诊断这个电控单元所

在电气系统的故障。

3.2.4.2 利用电路原理图检查汽车电路故障

当用直观检测法和诊断仪检测法都未发现或找出汽车电气系统存在的故障（这种故障视为疑难故障）时，只能通过仔细研究解读汽车电气系统的运行原理、信息传递路线及电路原理等，并且借助诊断仪提供的故障电气系统和相关电气系统的检测信息，来认真分析、查找和定位电气系统的故障点和故障部位（例如汽车电气系统漏电，造成蓄电池经常亏电不能启动发动机、蓄电池寿命显著缩短）。

（1）电路原理图的作用

① 根据电路原理图我们可以获知该车的一些基本信息及配置情况，例如发动机是几缸的，采用何种点火方式，装备的是手动空调还是自动空调，是否有高位制动灯等。

② 根据电路原理图我们可以分析出一些部件是如何工作的，例如上海桑塔纳 2000 轿车，前雾灯由雾灯继电器控制，雾灯继电器由雾灯开关控制，而雾灯开关并不与电源直接相连，它与小灯开关的输出端相连，由此不难分析出，如果要使用前雾灯，则首先要开小灯。

③ 根据电路原理图我们可以获知各部件、各系统之间的关系，例如室内灯与后备厢灯是否共用一个熔丝，发电机与蓄电池是什么关系，哪些部件受点火开关控制，哪些部件与常电源接通等。

④ 根据电路原理图我们可以获知一些部件和系统的特点，例如喇叭开关一般控制喇叭的搭铁电路，有些车启动系统有启动继电器，而有些车则没有。

（2）电路原理图在故障分析中的应用

① 根据电路原理图上熔丝、继电器上标注的编号和标注的名称，很容易找到其在熔丝盒、继电器盒上的位置。

② 根据导线的颜色与部件上标出的插接器端子的序号，可以在实车上迅速找到相应的导线与端子。

③ 通过分析电路原理图我们可以确定一些故障的诊断方案。例如有一个制动灯不亮，则应检查不亮的制动灯灯泡及相应线路；如果两个灯都不亮，那么首先应考虑检查制动开关及其熔丝。夏利 N3 车制动灯熔丝同时也是室内灯、后备厢灯的熔丝，因此只需查看室内灯或后备厢灯是否能正常点亮即可以确定故障在制动灯熔丝还是在制动开关；如果室内灯或后备厢灯有一个能正常工作，则故障应在制动开关，若两个灯都不能工作，则可以肯定故障在制动灯熔丝。这种检查叙述起来很麻烦，实际上看懂电路图，掌握这种思路后做起来很简单。

④ 根据电路原理图我们可以确定一些故障的检测点和检测步骤。如果遇到喇叭不响的故障（不带喇叭继电器），可以先检测喇叭供电端子是否有 12V 电压，如果有，则说明故障不在喇叭熔丝，下一步再将喇叭搭铁线直接搭铁（喇叭开关一般在搭铁电路上）；如果喇叭不响，则故障在喇叭本身，如果喇叭响，再去检查喇叭开关，依此步骤很快即可找到故障点。

3.2.4.3 利用继电器控制原理诊断电器故障

汽车继电器广泛用于控制汽车启动、预热、空调、电喷、灯光、雨刮、油泵防盗、音响、导航、电动风扇、冷却风扇、安全气囊、电动门窗、防抱死制动、悬架控制以及汽车电子仪表和故障诊断等系统中，其数量仅次于传感器。

（1）继电器的构造及工作原理　汽车上使用的操纵开关的触点容量一般都较小，不能直接控制工作电流较大的用电设备，这种情况下需要用继电器来控制其接通与断开。汽车用继电器一般由衔铁、线圈、铁芯、触点簧片等组成，当在线圈的两端加上一定的电压时，线圈中就会流过一定的电流而产生电磁效应，衔铁就会在电磁力的吸引下克服返回弹簧的拉力被吸向铁芯，带动衔铁的动触点与静触点（常开触点）吸合。当线圈断电后，电磁吸力随着消失，衔铁就会在弹簧的作用力下返回原来的位置，动触点与原来的静触点（常闭触点）吸合。通过吸合、释放动作，达到在电路中的导通、切断用电设备电流的功能。

（2）诊断方法　汽车电路通常可以分为电源电路与控制电路。在大多数汽车电控系统中，继电器就是电源电路和控制电路的交汇点，控制电路一般通过控制继电器的通断来控制电源电路，因而在实际维修中可以通过短接继电器对应的插孔，将一个复杂的系统问题一分为二，用"一刀切"的方式直接缩小汽车故障的诊断范围：如果是控制电路，就要对传感器和相关插接件进行检查；如果是电源电路，则需要对线路上的插接件和导线进行检查，进而快速判断出汽车电气故障到底发生在控制电路还是电源电路。下面以长安悦翔汽车空调不制冷为例，介绍利用继电器控制原理诊断电器故障的方法。某长安悦翔汽车在开启空调时，压缩机无法正常吸合。用专用工具按压管路上的旁通阀阀芯，发现有白雾冒出，确认管内有冷媒，初步判断是压缩机不工作。为了节省诊断时间，考虑先检测空调压缩机的继电器。诊断时，直接拔下压缩机继电器，用连接线短接继电器被控制端的插孔（电源端和负载端），压缩机发出"啪"的吸合声，则说明压缩机电磁离合器正常、电源电路工作正常（短接继电器后压缩机正常吸合），因此判断故障出在控制端，说明故障有可能出在空调控制器、三态压力开关及线束插接件等这些部件上面。这样就缩小了故障的诊断范围，缩短了故障检测时间，避免了不必要的零部件拆装和损坏。

3.2.4.4　运用汽车线路电压降查找故障

汽车电子元件的可靠性很高，一般来说不会轻易出现故障。在日常维修作业中，所遇到的电控系统故障，特别是一些"疑难杂症"，其中很大一部分都与出现在电路的供电回路或搭铁回路上的电压降有关。其具体形成原因则不外乎连线松动脱落，搭铁端断开、松开和腐蚀，连接件接触不良等。因此在汽车维修规范与有关标准中特别指出，当对线路电压降有怀疑时，必须用动电压降测试法，对电路的供电回路和搭铁回路进行检测。其测试方法是，当线路处于满负荷正常运作状态下，通过万用表的电压挡，先将表笔的正极端接在电气设备连接蓄电池正极的一端上，表笔的负极端接在负极搭铁点，然后通过测量线路中电流的流动对负载部件（或电子元件）引起的线路电压降来发现故障的部位。一般线路电压降的标准规定如下。

① 整车电路总的线路电压降（在不计接触电阻的情况下）应小于0.8V。
② 起动机线路每100mA电流产生的线路电压降通常应小于0.015V。
③ 发电机处于额定负载时的线路电压降应小于0.3V。
④ 接线或电缆的线路电压降应小于200mV（大负荷导线或线径为D6、D8的电缆线路电压降通常应小于300mV）。
⑤ 开关的线路电压降通常应小于200mV，电磁阀的线路电压降应小于300mV。
⑥ 电控单元的线路电压降通常应小于50mV。
⑦ 传感器的线路电压降通常为0～50mV。
⑧ 接头的线路电压降通常为0V，搭铁线的线路电压降应小于100mV。

3.2.5　汽车电路故障的检修

3.2.5.1　导线的检修

当导线损坏需要检修时，必须按照电路线路图的要求使用正确量具测量损坏导线的线径，替代导线的截面积不得小于原导线的规格。如图3-44所示，连接断开导线的具体步骤如下。

① 拆下蓄电池的负极电缆,将一个热缩管套在导线一端,热缩管的长度应足以密封维修线段。

② 将导线端头的绝缘层剥去 2.00cm。

③ 将导线的芯线分开,然后将两根导线扭在一起。

④ 如果有需要,可以用电烙铁按图 3-45 所示方法焊接维修线段。

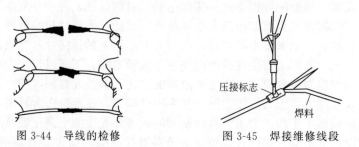

图 3-44 导线的检修　　　图 3-45 焊接维修线段

⑤ 将一个热缩管移至维修段,加以热封。

导线检修完毕,要固定到位,以免损坏导线的绝缘层。

3.2.5.2 插接器的检修

在检查电路线路的电压或导通情况时,通常不必脱开插接器,只用万用表两表针插入插接器尾部的线孔内进行检查即可。

(1) 普通插接器的检修　在维修作业中如需要更换导线或取下插接器接线端子,应当先将插头、插座分开。如图 3-46 所示,用专用工具(或小螺丝刀)插入插头或插座尾部的线孔内,撬起接线端子的锁紧凸缘,并且将电线从后端拉出。

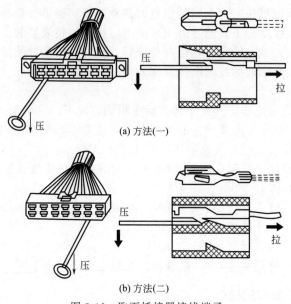

图 3-46 取下插接器接线端子

新接线端子安装前,首先检查接线端子的锁紧凸缘是否正常,如不正常可以按图 3-47 所示方法进行调整;在安装时,将带接线端子的导线推入,直至接线端子被锁住为止,然后向后拉动导线,以确认是否锁紧,如图 3-48 所示。

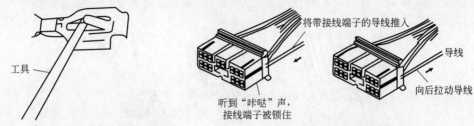

图 3-47　调整接线端子的锁紧凸缘　　　　图 3-48　安装接线端子

(2) 带锁定楔插接器的检修

① 如图 3-49 所示,用尖嘴钳直接拔出锁定楔。

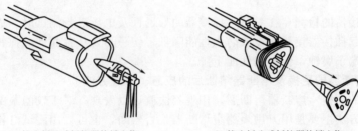

(a) 拔出插孔式插接器的锁定楔　　　(b) 拔出插头式插接器的锁定楔

图 3-49　用尖嘴钳直接拔出锁定楔

② 如图 3-50 所示,利用专用工具将锁片从触针上移开,松开锁片,拉出导线。

③ 如图 3-51 所示,截取 120mm 左右的导线及接线端子,剥去 6mm 绝缘层。

 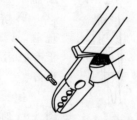

图 3-50　拉出导线　　　　图 3-51　截取导线及接线端子

④ 如图 3-52 所示,将裸线伸入对接式插接器中,用压线钳将导线压紧。

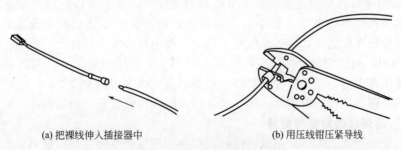

(a) 把裸线伸入插接器中　　　　(b) 用压线钳压紧导线

图 3-52　用压线钳将导线压紧

⑤ 将热缩管套入导线的维修处，用热风枪加热收缩热缩管。

⑥ 如图 3-53 所示，将导线和接线端子重新装入插接器，并将锁定楔安装到位。

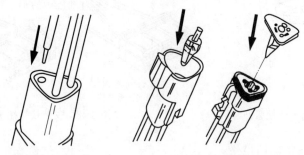

(a) 导线重新装入插接器　　　(b) 把锁定楔安装到位

图 3-53　将导线和接线端子重新装入插接器

(3) 防水插接器的检测　在对防水插接器的导通性及电压进行测试时，通常要求使用专用工具，以免引起插接器接触不良或防水性能降低，切忌不要从背面伸入探针检测防水插接器，否则会引起端子腐蚀，使电路性能下降。

3.2.5.3　熔断器的更换及熔断器熔断后的应急、修理方法

(1) 熔断器的更换　熔断器熔断后，用观察法就可以发现，对于较隐蔽的故障，需要进行详细检查。其方法主要是用万用表测量熔断器是否熔断，也可以用测试灯检查。检查熔断器的要求如下。

① 在熔断器熔断时，应当真正找到故障原因，彻底排除故障。

② 在更换熔断器时，要选用与原规格相同的熔断器，特别要注意，不能使用比规定容量大的熔断器。在汽车上增加用电设备时，不可以随意改用容量大的熔断器。对于这类情况，最好另外再安装熔断器。

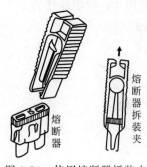

图 3-54　使用熔断器拆装夹

③ 熔断器支架与熔断器接触不良会产生电压降和发热现象，因此要注意检查熔断支架有无氧化现象和脏污。对于有脏污和氧化物时，必须用细砂纸打磨光滑，使其接触良好。

④ 更换插片式熔断器时，应当使用熔断器拆装夹，如图 3-54 所示。

(2) 熔断器熔断后的应急修理方法　熔断器熔断后的应急修理方法主要有如下几点。

① 熔断器熔断后，即使在没有备用熔断器的情况下，也不可以使用香烟盒上的锡箔纸或其他金属箔或丝代替熔断器。如果装上锡箔纸，即使流过锡箔纸的电流达到 50A 以上，锡箔纸除了会发热变红之外，也不会熔断，还有可能引起火灾，因此十分危险。

② 在应急时，可以用细导线代替熔断器，将汽车上使用的 $0.5mm^2$ 聚乙烯树脂多股绞合线拆开，使用其中的一股。这种细导线一股相当于 15A 的熔断器。

进行应急处理后，代用的熔丝或细导线必须及时换用符合规定的熔断器。

3.2.5.4　易熔线的检查与更换

(1) 易熔线的检查　虽然易熔线的横截面积小于被保护电路导线的横截面积，但在它的表面有比较厚的不易燃烧的绝缘层，因此看起来要比同规格的导线粗，但是比较柔软。一般

情况下，如果发现表层已膨胀或鼓泡，则说明易熔线已熔断；但有时易熔线已断，而表层仍完好。因此，为了判明易熔线的状况，还应当用仪表测试。检查易熔线和维修时应注意如下几点。

① 易熔线在5s内熔断时的电流为150～300A，因此在任何条件下都不允许换用比规定容量大的易熔线。

② 当易熔线熔断时，可能是电源电路或大电流电路等主要电路发生短路。因此应当仔细检查，找出短路原因，彻底排除故障隐患。

③ 易熔线的四周绝对不能缠绕氯聚乙烯绝缘带，更不能和其他用电设备的导线绞合在一起，也不能和材料是乙烯树脂或橡胶的元件相接触。

（2）易熔线的更换　易熔线熔断后必须更换，具体更换步骤如下。

① 拆下蓄电池的负极电缆。

② 拆下旧易熔线。

③ 在导线侧，割断损坏的易熔线接头。

④ 将原规格新易熔线按要求连接好，如图3-55所示。

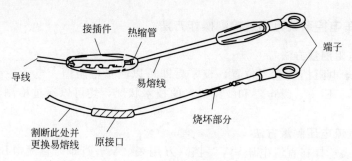

图3-55　连接好新易熔线

（3）易熔线熔断后的应急修理方法　易熔线熔断后，找不到故障原因，又无同规格易熔线可代换，暂时可以用同容量的熔断器串接在电路上或者用粗导线代替，但是过后一定及时换用符合要求的易熔线。

3.2.5.5　汽车开关的检修

普通汽车开关的检测方法较容易，可以用万用表电阻挡直接检测其通断情况即可做出判断。对于组合开关，可以根据开关通断表来进行检查。如果测得该通的未通，不该通的又通，则说明所检测的开关有问题。

3.2.5.6　继电器的检修

（1）继电器简便判断方法　接通控制开关，然后用耳朵或听诊器倾听控制继电器内有无吸合声，或者用手感受一下继电器有没有振动感。如有说明继电器工作基本正常，用电器不工作是由于其他原因引起的；否则，说明该继电器工作失常。

（2）继电器的检测（表3-15）

表3-15　继电器的检测

项目	特　点
检测电阻	如图3-56所示,可以用万用表电阻挡判断继电器的好坏。用万用表$R\times100\Omega$挡检查接线端子85脚与86脚应当导通，而接线端子30脚与87脚间电阻应为∞。如果检测结果与上述情况不符,则说明继电器有故障

续表

项目	特　点
通电检测	如果上述检查无问题，可以在接线端子85脚与86脚间加12V供电（24V电系汽车施加24V电源电压），用万用表检查30脚与87脚应导通。如果检测结果与上述情况不符，或通电后继电器发热，则说明其已经损坏

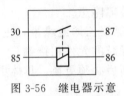

图 3-56　继电器示意

3.3　使用数字式万用表进行故障诊断

3.3.1　汽车电控系统万用表检测操作方法

3.3.1.1　电阻测量方法

将万用表置于电阻挡的适当位置，校零后即可以测量电阻值。电子控制系统的元器件（传感器、执行器、ECU、继电器和线路等）的技术状况，均可以通过检测其电阻值的方法进行判断。

3.3.1.2　直流电压测量方法

首先将万用表选择在直流电压"V"挡（万用表"V"挡即为直流电压挡），然后将表笔接至被测两端。用测量电压的方法可以检测ECU所发出的各种控制信号电压和电路上各点的电压（信号电压或电源电压）以及元器件上的电压降。

3.3.1.3　断路（开路）检测方法

如图3-57所示的配线有断路故障，可以用检查导通性或测量电压的方法来确定断路的部位。

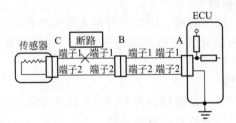

图 3-57　有断路故障的配线

(1) 检查导通性方法

① 脱开连接器A和C，测量它们之间的电阻值，如图3-58所示。如果连接器A的端子1与连接器C的端子1之间的电阻值为∞，则它们之间不导通（断路）；如果连接器A的端子2与连接器C的端子2之间的电阻值为0，则它们之间导通（无断路）。

② 脱开连接器B，测量连接器A与B、B与C之间的电阻值。如果连接器A的端子1与连接器B的端子1之间的电阻值为0Ω，而连接器B的端子1与连接器C的端子1之间的

电阻为∞，则连接器 A 的端子 1 与连接器 B 的端子 1 之间导通，而连接器 B 的端子 1 与连接器 C 的端子 1 之间有断路故障存在。

（2）测量电压方法　在 ECU 连接器端子加有电压的电路中，可以利用测量电压的方法来检查断路故障，如图 3-59 所示。

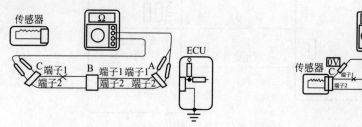

图 3-58　线束断路部位的检测　　　　图 3-59　用测量电压的方法来检查断路故障

在各连接器接通的情况下，ECU 输出端子电压为 5V 的电路中，如果依次所测量连接器 A 的端子 1、连接器 B 的端子 1 和连接器 C 的端子 1 与车身（搭铁）之间的电压时，测得的电压值分别为 5V、5V 和 0V，则可以判定在连接器 B 的端子 1 与连接器 C 的端子 1 之间的配线有断路故障存在。

3.3.1.4　短路检查方法

如果配线短路搭铁，可以通过检查配线与车身（搭铁）是否导通来判断短路的部位，如图 3-60 所示。

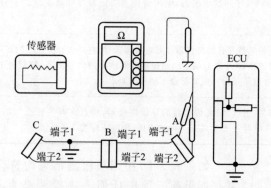

图 3-60　检查配线与车身（搭铁）是否导通来判断短路的部位

① 脱开连接器 A 和 C，测量连接器 A 的端子 1 和端子 2 与车身之间的电阻值。如果所测得的电阻值分别为 0Ω 和∞，则连接器 A 的端子 1 与连接器 C 的端子 1 的配线与车身之间有搭铁短路故障。

② 脱开连接器 B，分别测量连接器 A 的端子 1 和连接器 C 的端子 1 与车身之间的电阻值。如果所测得的电阻值分别为∞和 0Ω，则可以判定：连接器 B 的端子 1 与连接器 C 的端子 1 之间的配线与车身之间有搭铁短路故障。

3.3.2　用万用表检测传感器

3.3.2.1　冷却液温度传感器和进气温度传感器的万用表检测

冷却液温度传感器和进气温度传感器，通常均为负温度系数热敏电阻型传感器，两者有很大的共性，可以通过用万用表检测其电阻和信号电压的方法判断其性能好坏，见表 3-16。温度传感器的连接线路如图 3-61 所示。

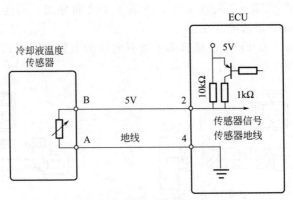

图 3-61 温度传感器的连接线路

表 3-16 冷却液温度传感器和进气温度传感器检测

项目	特点
就车电阻检测	将点火开关置于"OFF"位置,拔下冷却液(进气)温度传感器的导线连接器,用数字式高阻抗万用表"Ω"挡测试传感器 A 和 B 两端子间的电阻值,其电阻值与温度的高低成应反比,在热机时其电阻值应小于 1kΩ
离车电阻检测	拔下冷却液(进气)温度传感器的导线连接器,并从发动机上拆下传感器,如图 3-62 所示。将温度传感器置于烧杯内的水中,加热烧杯中的水,同时用万用表"Ω"挡在不同冷却液温度的条件下测量传感器 A 和 B 两端子间的电阻值,电阻值应当会随着冷却液温度的上升而下降,或者符合车辆技术要求
信号电压检测	装好温度传感器并且将传感器导线连接器插好,在点火开关位于"OFF"位置时,用万用表"V"挡从传感器导线连接器 A 和 B 端子间测量传感器输出的信号电压,该信号电压值应与温度成反比(即温度越高,信号电压越低),或者符合车辆技术要求
供电电压检测	拔下冷却液(进气)温度传感器的导线连接器,将点火开关转至"ON"位置,用万用表"V"挡测量 ECU 导线连接器 A 和 B 端子之间的电压,该电压应为 4.5~5V

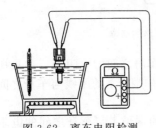

图 3-62 离车电阻检测

如果表 3-16 中四项检测结果均符合技术要求,则系统正常;如果前三项中任何一项检测结果不在技术要求范围内,而第四项检测结果符合技术要求,则说明冷却液温度传感器不良,应更换冷却液(进气)温度传感器;如果前两项检测结果符合技术要求,而后两项检测结果不符合技术要求,则说明冷却液温度传感器本身正常,ECU 性能不良,应更换 ECU。

3.3.2.2 空气流量传感器的万用表检测

电控系统用空气流量传感器一般有旋转翼片式、热线(或热膜)式、卡门涡旋式等几种结构形式,其功用是测定吸入发动机气缸内的空气流量。

(1) 旋转翼片式空气流量传感器的万用表检测 旋转翼片式空气流量传感器的连接线路,如图 3-63 所示,其导线连接器一般有 7 个端子,有些则取消电动燃油泵开关触点,成为 5 个端子。可以通过用万用表检测其电阻和信号电压的方法判断其性能好坏,具体内容见表 3-17。

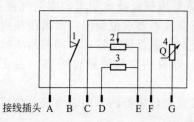

图 3-63 旋转翼片式空气流量传感器的连接线路

1—电动燃油泵开关触点；2—可变电阻；3—固定电阻；4—热敏电阻；
A—搭铁端子；B—电动燃油泵开关触点端子；C—搭铁端子；D—修正电压端子；
E—5V 参考电压端子；F—空气流量信号端子；G—进气温度信号端子

表 3-17　翼片式空气流量传感器的万用表检测

项目	特　点
就车电阻检测	先将点火开关置于"OFF"位置，拔下空气流量传感器的导线连接器，然后用万用表"Ω"挡按如图 3-64 所示测量空气流量传感器上 F-C、E-C、D-C、G-C 和 B-A 各端子之间的电阻值，其电阻值应符合车型技术要求，其中 G-C 端子之间电阻应随环境温度的变化而变化，温度越高电阻值越小
离车单件电阻检测	先将点火开关置于"OFF"位置，拔下空气流量传感器的导线连接器，然后从车上将空气流量传感器拆下。首先检查空气流量传感器本体是否开裂，轴是否松旷，翼片是否发卡。然后按如图 3-65 所示用万用表"Ω"挡进行检测 当翼片处于全关闭状态时，B-A 端子间应不导通，电阻值为∞；在翼片开启后的任一开度上，B-A 端子间均应当导通，电阻值为 0Ω；在用工具推动翼片的同时用万用表"Ω"挡测量空气流量传感器 F-C 端子间的电阻，在翼片由全闭至全开的过程中，F-C 端子间的电阻值应当平滑地减小，不允许出现跳跃或电阻值突然跌落为 0 或突然升至∞的现象
信号电压检测	当点火开关于"OFF"位置时，拔下空气流量传感器的导线连接器；然后用细导线将导线侧连接器的 E 和 C 端子分别与传感器侧连接器内的 E 和 C 端子相连接；打开点火开关（置于"ON"位置），但是不要启动发动机，用万用表"V"挡测量 E-C 端子间的电压值；启动发动机，分别在发动机处于怠速运转和发动机转速为 3000r/min 时，用万用表"V"挡测量 F-C 端子间的电压值。所测得的电压值应当符合车型技术要求 需要注意的是，在测量过程中，应注意观察万用表指针指示电压有无突然跌落为 0 的现象，如果有则说明滑动触点磨损，已接触不良。测量结束后，将点火开关置于"OFF"位置，拆下连接导线，插回导线连接器（应插紧）
供电电压检测	点火开关置于"OFF"位置，拔下空气流量传感器的导线连接器，再将点火开关转至"ON"位置，用万用表"V"挡测量导线侧连接器或 ECU 的 E-C 端子间的电压值，电压值应当为 5V

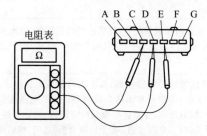

图 3-64　就车电阻检测

A，C—搭铁端子；B—电动燃油泵开关触点端子；
D—修正电压端子；E—5V 参考电压端子；F—空气
流量信号端子；G—进气温度信号端子

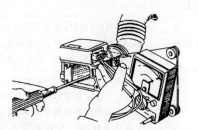

图 3-65　旋转翼片式空气流量
传感器离车单件电阻检测

如果表 3-17 中 4 项检测结果均符合技术要求，则空气流量传感器信号系统正常；如果前三项中任何一项检测结果不在技术要求范围内，而第四项检测结果符合技术要求，则说明空气流量传感器不良，应更换空气流量传感器；如果前两项检测结果符合技术要求，而后两项检测结果不符合技术要求，则说明空气流量传感器本身正常，ECU 性能不良，则应更换 ECU。

（2）热线（热膜）式空气流量传感器的万用表检测　热线式空气流量传感器导线连接器通常有 6 个端子，如图 3-66 所示。

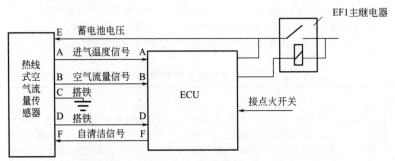

图 3-66　热线式空气流量传感器导线连接器
A—进气温度信号端子；B—空气流量信号端子；C,D—搭铁端子；
E—蓄电池电压端子（按 EF1 主断电器）；F—自清洁信号端子

热膜式空气流量传感器导线连接器一般有 4 个端子，如图 3-67 所示。

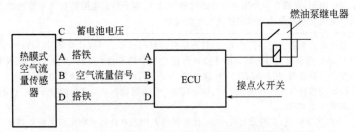

图 3-67　热膜式空气流量传感器导线连接器
A,D—搭铁端子；B—空气流量信号端子；C—蓄电池电压端子（接燃油泵继电器）

热线（热膜）式空气流量传感器的万用表检测，见表 3-18。

表 3-18　热线（热膜）式空气流量传感器的万用表检测

项目	特　点
就车检测	先将热线(热膜)式空气流量传感器的导线连接器的橡胶罩脱开，然后在发动机转动(怠速和 3000r/min)和停转的情况下，用万用表"V"挡测量空气流量传感器 B-D(空气流量信号-搭铁)端子之间的输出电压值，其输出电压值应当符合车型技术要求
离车单件检测	将点火开关置于"OFF"位置，拔下空气流量传感器的导线连接器，从车上将空气流量传感器拆下。观察空气流量传感器内的热线或热膜有无断开或脏污，护网有无堵塞或破裂。将蓄电池电压施加于空气流量传感器的端子 D 和 E[热线式，如图 3-68(a)所示，注意蓄电池极性应正确，端子 D 接负极，端子 E 接正极]或 C 和 D[热膜式，如图 3-68(b)所示，端子 C 接正极，端子 D 接负极]之间，然后用万用表"V"挡检测端子 B 和 D(热线式)或 A 和 B(热膜式)之间的电压，电压值应符合车型技术要求。再用嘴或电风扇给空气流量传感器的进风口吹风，这时电压值应当上升 2~4V，信号电压值应当随风量大小的变化灵敏地变化(风量增加，电压值增大；风量减少，电压值减小)，如果信号电压在风量变化时不变、变化极小或变化迟缓等均为热线或热膜脏污或 ECU 故障

续表

项目	特 点
供电电压检测	点火开关置于"OFF"位置,拔下空气流量传感器的导线连接器,再将点火开关转至"ON"位置,用万用表"V"挡测量导线侧连接器 E-D(热线式)或 C-D(热膜式)端子间的电压值,电压值应当为蓄电池电压

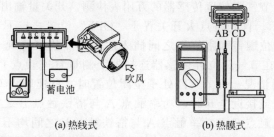

图 3-68 热线(热膜)式空气流量传感器的离车单件检测

如果表 3-18 中三项检测结果均符合技术要求,则空气流量传感器信号系统正常;如果前两项中任何一项检测结果不在技术要求范围内,而第三项检测结果符合技术要求,则说明空气流量传感器不良,应更换空气流量传感器;如果前两项检测结果符合技术要求,而第三项检测结果不符合技术要求,则说明空气流量传感器本身正常,ECU 性能不良,则应更换 ECU。

(3) 卡门涡旋式空气流量传感器的万用表检测 卡门涡旋式空气流量传感器的连接线路如图 3-69 所示,其检测见表 3-19。

表 3-19 卡门涡旋式空气流量传感器的万用表检测

项目	特 点
电阻检测	如图 3-69 所示,将点火开关置于"OFF"位置,拔下空气流量传感器的导线连接器,用万用表"Ω"挡测量空气流量传感器上 D-E 端子之间的电阻值,电阻值应符合车型技术要求或随着环境温度的变化成反比变化
信号电压检测	插好空气流量传感器导线连接器,用万用表"V"挡在点火开关处于"ON"位置和在发动机怠速运转状态下分别检测端子 C-B 和 D-E 之间的电压值,电压值应符合车型技术要求
供电电压检测	拔下空气流量传感器的导线连接器,将点火开关转至"ON"位置,用万用表"V"挡检测 ECU 上 A-E 端子之间的电压值,标准电压值为 4.5~5.5V

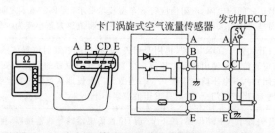

图 3-69 卡门涡旋式空气流量传感器的连接线路
A—5V 参考电压端子;B—搭铁端子;C—空气流量信号端子;D—进气温度信号端子;E—搭铁端子

如果表 3-19 中三项检测结果均符合技术要求,则空气流量传感器信号系统正常;如果前两项中任何一项检测结果不在技术要求范围内,而第三项检测结果符合技术要求,则说明空气流量传感器不良,应更换空气流量传感器;如果前两项检测结果符合技术要求,而第三项检测结果不符合技术要求,则说明空气流量传感器本身正常,ECU 性能不良,则应更换 ECU。

3.3.2.3　节气门位置传感器的万用表检测

电控系统用节气门位置传感器主要有开关量输出型、线性输出型和综合型三种类型。

(1) 开关量输出型节气门位置传感器的万用表检测　开关量输出型节气门位置传感器的连接线路如图 3-70 所示。首先将点火开关置于"OFF"位置,拔下节气门位置传感器的导线连接器,在节气门限位螺钉和限位杆之间插入适当厚度的厚薄规(参考相应车型资料),然后用万用表"Ω"挡在节气门位置传感器连接器上测量怠速触点 C 和功率触点 A 分别与搭铁触点 B 之间的导通情况。当节气门处于全闭位置时,怠速触点 C 与搭铁触点 B 之间应当导通;当节气门全开或接近全开时,功率触点 A 与搭铁触点 B 之间应当导通;在节气门处于其他开度时,怠速触点 C 和功率触点 A 与搭铁触点 B 之间均不导通。如果检测结果与上述要求不符,则在车辆进行二级维护时应当调整或更换节气门位置传感器。

(2) 线性输出型节气门位置传感器的万用表检测(表 3-20)　线性输出型节气门位置传感器的连接线路如图 3-71 所示,一般有 3 条导线与发动机 ECU 相连。

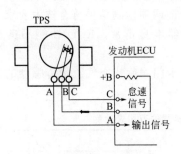

图 3-70　开关量输出型节气门
位置传感器的连接线路
A—功率触点端子;B—搭铁端子;
C—怠速触点端子

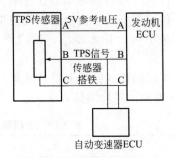

图 3-71　线性输出型节气门
位置传感器的连接线路
A—5V 参考电压端子;B—TPS 信号端子;
C—传感器搭铁端子

表 3-20　线性输出型节气门位置传感器的万用表检测

项目	特　点
电阻检测	先将点火开关置于"OFF"位置,再拔下节气门位置传感器的导线连接器,用万用表"Ω"挡测量端子 A-C 以及 B-C 之间的电阻,电阻值应符合车型技术要求,且 B-C 端子之间的电阻值应当能随节气门开度的增大而呈线性增大(连续变化),不允许出现电阻值忽大忽小或为∞的情况
信号电压检测	先将点火开关置于"ON"位置,再用万用表"V"挡检测节气门位置传感器上端子 B-C 之间的电压值(即节气门位置传感器输出信号电压值),应当随节气门位置的变化而变化。当节气门处于怠速位置(节气门关闭)时,其电压值应大于 0.5V;当节气门慢慢地从怠速位置转到全开位置时,其电压值应连续地逐渐增大;当节气门全开时,其电压值应当小于 4.8V
供电电压的检测	将点火开关置于"OFF"位置,拔下节气门位置传感器的导线连接器,再将点火开关置于"ON"位置,用万用表"V"挡检测节气门位置传感器导线侧连接器上端子 A-C 之间的电压值,应当为 4.5~5V

如果表 3-20 中三项检测结果均符合技术要求,则节气门位置传感器信号系统正常;如果前两项中任何一项检测结果不在技术要求范围内,而第三项检测结果符合技术要求,则说

明节气门位置传感器不良,应更换节气门位置传感器;如果前两项检测结果符合技术要求,而第三项检测结果不符合技术要求,则说明节气门位置传感器本身正常,ECU 性能不良,则应当更换 ECU。

(3) 综合型节气门位置传感器的万用表检测(表 3-21) 综合型节气门位置传感器其实是线性输出型节气门位置传感器增加一个怠速触点,其连接线路如图 3-72 所示。

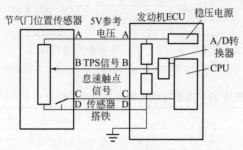

图 3-72 综合型节气门位置传感器的连接线路
A—5V 参考电压端子;B—节气门位置(TPS)信号端子;C—怠速触点信号端子;D—传感器搭铁端子

表 3-21 综合型节气门位置传感器的万用表检测

项目	特 点
怠速触点导通性检测	先将点火开关置于"OFF"位置,拔下节气门位置传感器的导线连接器,然后用万用表"Ω"挡在节气门位置传感器连接器上测量端子 C-D 之间的导通情况。当节气门完全关闭时,C-D 端子之间应当导通(电阻为 0Ω);当节气门打开时,C-D 端子之间应当不导通(电阻为∞)
传感器电阻检测	将点火开关置于"OFF"位置,拔下节气门位置传感器的导线连接器,用万用表"Ω"挡在节气门位置传感器连接器上测量端子 B-D 之间的电阻值,该电阻值会随着节气门开度的增大而呈线性连续增大(不允许出现跃变),或者符合车型技术要求。用万用表"Ω"挡在节气门位置传感器连接器上测量端子 A-D 之间的电阻,电阻值应当符合车型技术要求
信号电压检测	插好节气门位置传感器的导线连接器,将点火开关置于"ON"位置,用万用表"V"挡在节气门位置传感器连接器上测量端子 B-D 之间的电压,该电压会随着节气门开度的增大而呈线性连续增大(不允许出现跃变),或者符合车型技术要求
供电电压的检测	将点火开关置于"OFF"位置,拔下节气门位置传感器的导线连接器,再将点火开关转至"ON"位置,用万用表"V"挡测量发动机 ECU 上端子 A-D 和端子 C-D 之间的电压,应当分别为 4.0~5.5V 和 9~14V

如果表 3-21 中四项检测结果均符合技术要求,则节气门位置传感器信号系统正常;如果前三项中任何一项检测结果不在技术要求范围内,而第四项检测结果符合技术要求,则说明节气门位置传感器不良,应更换节气门位置传感器;如果前两项检测结果符合技术要求,而后两项检测结果不符合技术要求,则说明节气门位置传感器本身正常,发动机 ECU 性能不良,则应当更换发动机 ECU。

3.3.2.4 曲轴位置传感器的万用表检测

曲轴位置传感器主要有磁脉冲式、光电式和霍尔效应式三种类型。一般情况下,将发动机转速传感器和上止点位置传感器(凸轮轴位置传感器)制成一体,也有两者分开单独设置的,磁脉冲式曲轴位置传感器工作不需要电源,而光电式和霍尔效应式曲轴位置传感器工作需要电源。

(1) 磁脉冲式曲轴位置传感器的万用表检测 发动机转速传感器和上止点位置传感器(凸轮轴位置传感器)制成一体的曲轴位置传感器通常为 3 端子型传感器(有些传感器有 2

个凸轮轴位置信号端子，这种传感器则有 4 个端子）。下面以发动机转速传感器和上止点位置传感器（凸轮轴位置传感器）制成一体的 3 端子型传感器为例进行说明，见表 3-22。曲轴位置传感器的连接线路如图 3-73 所示。

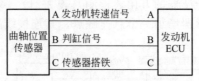

图 3-73 曲轴位置传感器的连接线路
A—发动机转速信号端子；B—判缸信号端子；C—传感器搭铁端子

表 3-22 磁脉冲式曲轴位置传感器的万用表检测

项目	特　点
电阻检测	将点火开关置于"OFF"位置，拔下曲轴位置传感器的导线连接器，用万用表"Ω"挡在曲轴位置传感器连接器上测量端子 A-C 和 B-C 之间的电阻，电阻值均应当符合车型技术要求
检测信号电压	将点火开关置于"OFF"位置，拔下曲轴位置传感器的导线连接器，在摇动发动机或由起动机带动发动机转动的同时，用万用表"V"挡在曲轴位置传感器连接器上测量端子 A-C 和 B-C 之间的电压信号，电压值的大小应符合车型技术要求
检测传感头与信号转子之间的间隙	检查传感头与信号转子之间的间隙，应符合车型技术要求

如果表 3-22 中三项检测结果均符合车型技术要求，则说明曲轴位置传感器本身正常，但是如果仍有故障存在，则应更换发动机 ECU；如果第三项检测结果正常，前两项检测结果不符合车型技术要求，则应调整曲轴位置传感器传感头与信号转子之间的间隙；如果第一项和第三项检测结果均符合车型技术要求，而第二项检测结果不符合车型技术要求（信号电压值过小），则说明曲轴位置传感器传感头中的电磁铁退磁，则应更换曲轴位置传感器传感头；如果第一项检测数据为 0Ω 或 ∞，则说明曲轴位置传感器电磁线圈短路或断路，应更换曲轴位置传感器传感头。

（2）光电式和霍尔效应式曲轴位置传感器的万用表检测（表 3-23）　光电式和霍尔效应式曲轴位置传感器一般为 4 端子型传感器。光电式和霍尔效应式曲轴位置传感器的连接线路如图 3-74 所示。

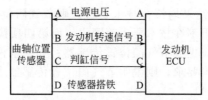

图 3-74 光电式和霍尔效应式曲轴位置传感器的连接线路
A—电源电压端子；B—发动机转速信号端子；C—判缸信号端子；D—传感器搭铁端子

表 3-23 光电式和霍尔效应式曲轴位置传感器的万用表检测

项目	特　点
供电电压检测	先将点火开关置于"OFF"位置，拔下曲轴位置传感器的导线连接器，然后将点火开关转至"ON"位置，用万用表"V"挡在曲轴位置传感器导线侧连接器（或发动机 ECU）上测量端子 A-D 之间的电压，电压值应当符合车型技术要求

项目	特点
信号电压检测	先插好曲轴位置传感器的导线连接器,在摇转发动机曲轴或由起动机带动发动机转动或发动机怠速运转的同时,用万用表"V"挡在曲轴位置传感器连接器上测量端子 B-D 和 C-D 之间的电压信号,电压值的大小应当符合车型技术要求

如果表 3-23 中两项检测结果均符合车型技术要求,则说明曲轴位置传感器信号系统正常;如果第一项检测结果符合车型技术要求,第二项检测结果不符合车型技术要求,则说明曲轴位置传感器本身不良,应当更换曲轴位置传感器;如果第一项检测结果不符合车型技术要求,则说明发动机 ECU 不良,应当更换发动机 ECU;而对于霍尔效应式曲轴位置传感器,如果第一项检测结果符合车型技术要求,第二项检测结果不符合车型技术要求(信号电压较低),则说明曲轴位置传感器的永久磁铁退磁,应当更换曲轴位置传感器。

3.3.3 用万用表检测电动汽车泵继电器

常用的电动汽油泵继电器主要有 4 端子及 5 端子两种。ECU 控制的电动汽油泵控制系统通常采用 4 端子继电器,L 型或 D 型(由开关和 ECU 共同控制)的汽油喷射系统采用 5 端子继电器。

3.3.3.1 4 端子电动汽油泵继电器的检测

4 端子电动汽油泵继电器中主要有 2 个端子是接继电器的电磁线圈,而另外 2 个端子接继电器常开触点。用万用表"Ω"挡测量,继电器电磁线圈两端子之间应当能导通,常开触点两端子之间应不导通。在电磁线圈两端子上施加 12V 电压,同时用万用表"Ω"挡测量常开触点两端子之间应当能够导通(图 3-75)。如果测量结果不符合要求,则应当更换电动汽油泵继电器。

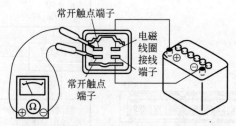

图 3-75 4 端子电动汽油泵继电器的检测

3.3.3.2 5 端子电动汽油泵继电器的检测

5 端子电动汽油泵继电器内有两组电磁线圈。其中,一组由启动开关控制,另一组由 ECU 或空气流量计内的汽油泵开关触点控制[图 3-76(a)]。用万用表"Ω"挡测量这两组线圈,均应当导通;测量常开触点两端(+B 和 F_P),应当不导通[图 3-76(b)];分别在两组线圈两端施加 12V 电压,同时测量常开触点两端,应当导通[图 3-76(c)]。否则,应当

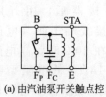
(a) 由汽油泵开关触点控

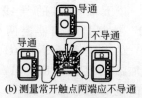
(b) 测量常开触点两端应不导通

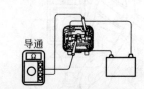
(c) 施加12V电压,同时测量常开触点两端,应导通

图 3-76 5 端子电动汽油泵继电器的检测

更换电动汽油泵继电器。

3.3.4 用万用表检测喷油器的电压和电阻

喷油嘴作为汽车喷射系统的主要执行元件，其好坏直接影响发动机的性能。测试喷油器时，将汽车万用表打到"频率（Hz）"挡，按副显示键选择触发正、负脉冲，测试喷油嘴的喷油脉冲宽度。皇冠3.0轿车2JZ-GE型发动机喷油器电路如图3-77所示。

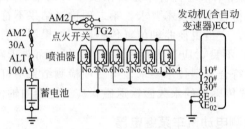

图 3-77 皇冠3.0轿车2JZ-GE型发动机喷油器电路

3.3.4.1 喷油器电路电压的检测

当点火开关置于"ON"位置时，发动机ECU的端子$10^{\#}$、$20^{\#}$、$30^{\#}$与端子E_{01}间应当有9～12V电压（测量方法如图3-78所示）。如果无电压，则可以按图3-79所示程序查找故障。

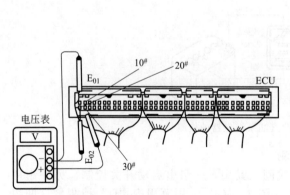

图 3-78 喷油器电路电压的检测

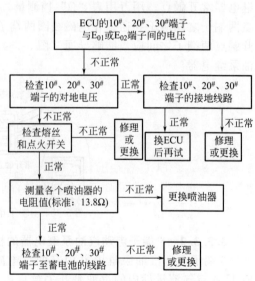

图 3-79 喷油器电路检查流程

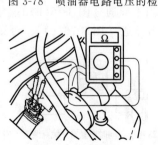

图 3-80 喷油器电磁线圈电阻的检测

3.3.4.2 喷油器电磁线圈电阻的测量

拔下喷油器的导线连接器后，用万用表"Ω"挡测量喷油器上两个接线端子间（电磁线圈）的电阻值（图3-80）。在20℃时，高电阻型喷油器的电阻值应为12～16Ω，低电阻型喷油器的电阻值应为2～5Ω。如果电阻值不符，则应当更换喷油器。

3.3.5 用万用表检测电动汽油泵的电流和电阻

3.3.5.1 电动汽油泵电流测试

在实际维修作业时,电动汽油泵的工作电流测试可以帮助确诊一些电动汽油泵间断性的故障,测试时将汽车万用表的电流挡用"SELECT"调到"直流(DC)"挡,串联在电动汽油泵线路上,在电动汽油泵工作时按下动态记录键(MAX/MIN),当车辆行驶中发现供油异常时观察自动记录的最大值和最小值电流,并且与正常值对比,找出故障原因。

3.3.5.2 电动汽油泵电阻的检测

用万用表"Ω"挡测量电动汽油泵上两个接线端子间的电阻,即为电动汽油泵直流电动机线圈的电阻,其阻值应当为 2~3Ω(20℃时)。如果电阻值不符,则应当更换电动汽油泵。

3.3.6 用万用表检测 ECU 端子的电压和电阻

3.3.6.1 ECU 万用表检测的注意事项

在用万用表检测 ECU 端子的电压和电阻时,应当注意下列事项。

① 在检测前,应当先检查电控系统及其他电子控制系统和电气系统各熔断器、熔丝及有关导线连接器是否良好。

② 当点火开关处于"ON"位置时,蓄电池电压应当不低于 11V,蓄电池电压过低会影响测量结果。必须使用高阻抗的万用表(阻抗应大于 10MΩ/V),低阻抗的万用表会损坏 ECU。最好使用汽车专用万用表进行检测。

③ 必须在 ECU 和导线连接器处于连接的状态下测量 ECU 各端子的电压,且万用表的测笔应从导线连接器的导线一侧插入进行测量。

④ 不可以在脱开 ECU 导线连接器的状态下,直接测量 ECU 的各端子电阻,否则会损坏 ECU。

⑤ 如果要脱开 ECU 的导线连接器测量各控制线路,则应当先拆下蓄电池负极搭铁线。

⑥ 不可以在蓄电池连接完好的状态下脱开 ECU 导线连接器,否则可能损坏 ECU。

⑦ 在检测时,应当先将 ECU 连同导线一起拆下,在导线连接器处于连接的状态下,按照车型 ECU 技术要求的检测顺序,分别在点火开关关闭(OFF)、开启(ON)及发动机运转状态下测量 ECU 各端子与搭铁端子之间的电压。也可以脱开 ECU 导线连接器,测量各控制线路的电阻,进而确定控制线路是否正常。

3.3.6.2 ECU 端子电压的测量

启动发动机,使发动机怠速运转至正常工作温度。用工具敲击爆震传感器周围缸体的同时,用正时灯观察发动机点火提前角的变化情况,点火提前角应当相应减小。如果点火提前角没有变化,则说明爆震传感器损坏,应当更换爆震传感器。

① 用万用表"V"挡检测蓄电池的电压,电压值应当大于或等于 11V,否则应对蓄电池充电后再进行测量。

② 从汽车上拆下 ECU,但应保持其导线连接器与 ECU 处于连接状态(即不拔下导线)。

③ 将点火开关转至"ON"位置,万用表置于"V"挡。

④ 按顺序将万用表测笔从导线连接器的导线一侧插入,测量 ECU 各端子与搭铁端子之间的电压。

⑤ 记录各 ECU 端子与搭铁端子之间的电压值,并且与车型的标准检测数据相比较。

⑥ 如果所测得的电压与标准值不符,则说明 ECU 或其控制线路有故障,应当检修电控

系统线路或更换 ECU。

3.3.6.3 ECU 端子间电阻的测量

① 从汽车上拆下 ECU，脱开 ECU 导线连接器。

② 用万用表"Ω"挡测量发动机导线连接器各端子之间的电阻。需要注意的是，不要触碰 ECU 的接线端子，应当将测笔从导线侧插入导线连接器中。

③ 记录所测得的电阻值，并将其与车型标准检测数据进行比较。如果检测的技术数据均与标准检测数据相符，但是车辆仍然存在故障，则应当更换 ECU。

3.4 使用示波器进行故障诊断

下面以金德 KT600 汽车专用示波器为例，介绍使用示波器进行故障诊断方法。金德 KT600 汽车专用示波器可以实时采集点火、喷油、电控系统传感器的波形，通过对传感器波形的分析，可以准确诊断传感器是否故障。通过对点火波形的分析，不仅可以诊断点火系统的火花塞、高压线、点火线圈等各元器件故障，而且可以分析出进气系统和燃油系统的可能故障点，为汽车的运行技术状况和故障诊断提供科学的根据。

3.4.1 传感器波形测试

这里主要介绍汽车电控系统中常见传感器的波形测试方法和波形分析，主要目的是帮助学习仪器的使用方法，但并不是对所有车型都适用，提供的是常用的典型指标，具体车型应当参照原厂维修手册。

3.4.1.1 歧管绝对压力传感器

歧管绝对压力传感器（MAP）提供发动机负荷信号给发动机控制单元（ECU），通常为频率调制的方波信号或电压电平信号（不同的厂家会有所差异），经过 ECU 处理后，用来改变燃油的混合比及其他输出值。当发动机负荷增加时，歧管压力增大；反之歧管压力低。已经损坏的 MAP 在发动机加速及减速时会影响空燃比，同时也会对点火正时及其他的电脑输出值产生一定影响。

（1）连接设备　如图 3-81 所示，连接 KT600 和电源延长线，根据被测试车型的蓄电池位置，选择蓄电池供电或者点烟器供电。以蓄电池为例，如果选择点烟器接头，应当先确认点烟器是否有 12V 蓄电池电压。将测试探头接入通道 1（CH1 端口），然后将测试探头上的小鳄鱼夹接蓄电池负极或搭铁，用测试探针刺入歧管绝对压力传感器触发信号线。

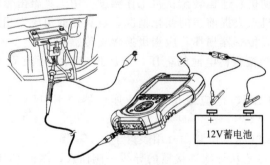

图 3-81　连接方法

（2）测试方法　连接好设备后，打开 KT600 电源开关；在 KT600 汽车专用示波器的主菜单下按上下方向键选择示波分析仪，按下"ENTER"键确认；在汽车专用示波器菜单下选择传感器，按下"ENTER"键进入汽车传感器选择菜单；选择歧管绝对压力传感器（MAP），按下"ENTER"键确认，根据测试条件，屏幕将会显示波形；必要情况下，可以通过选择周期、幅值、电平等参数，然后按方向键改变波形，也可以选择停止键，按下停止键冻结波形后，选择存储，在CF卡中保存波形，供以后修车参考，选择参考波形键，还可以保存为参考波形，同时与测试波形比较。

（3）波形分析　除了福特汽车的歧管绝对压力传感器是数字输出信号以外，通常都是输出模拟量的。模拟量的歧管压力传感器在真空度高时产生对地电压信号接近0V，真空度低时（接近大气压力）产生的对地电压信号高，接近于5V，不同厂家的指标可能有所不同，具体请参考维修手册。有很多福特和林肯汽车车上安装的是数字式歧管绝对压力传感器，数字量的输出波形应当是幅值满5V的脉冲，同时形状正确、波形稳定、矩形方角正确、上升沿垂直。频率与对应真空度应当符合维修资料给定的值。

3.4.1.2　氧传感器（锆和钛型）

氧传感器提供一个表示排气中含氧量的输出电压，该电压经由ECU处理后，可以调整对发动机的供油量，改变空燃比。氧化锆型传感器如同一个电池，可以提供高输出电压（由浓混合气造成）及低输出电压（由稀混合气造成）；氧化钛型传感器在排气中的氧含量改变时，可以改变电阻，因此会造成低输出电压（由浓混合气造成）及高输出电压（由稀混合气造成）。

（1）连接设备　如图3-82所示，连接KT600和电源延长线，根据被测试车型的蓄电池位置选择蓄电池供电或者点烟器供电，如果选择点烟器接头，应当先确认点烟器是否有12V蓄电池电压，将测试探头接入通道1（CH1端口），然后将测试探头上的小鳄鱼夹接蓄电池负极或搭铁，并用测试探针刺入氧传感器触发信号线。

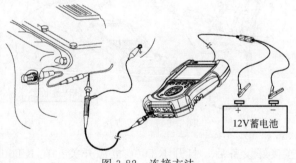

图3-82　连接方法

（2）测试方法　连接好设备后，打开KT600电源开关；启动发动机，使氧传感器加热至315℃以上，且发动机处于闭环状态；在KT600汽车专用示波器主菜单下按上下方向键选择示波分析仪，按下"ENTER"键确认；在汽车专用示波器菜单下选择传感器，按下"ENTER"键进入汽车传感器选择菜单；选择氧传感器（锆和钛型），按下"ENTER"键确认，屏幕将会显示波形；必要情况下，可以通过选择周期、幅值、电平等参数，然后按上下方向键改变波形，也可以选择停止，冻结波形后，选择存储，保存波形，供以后修车参考。

（3）波形分析　通常电控汽车上的氧传感器都是二氧化锆型的，其输出信号的电压范围为0~1V，而二氧化钛型氧传感器输出信号有些为5V可变电压信号，在测试时应当注意区别。锆型氧传感器的参考波形如图3-83所示。

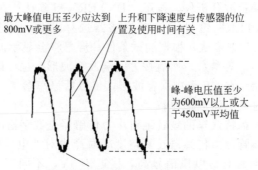

图 3-83 锆型氧传感器的参考波形

3.4.1.3 温度传感器

温度传感器主要是检测水温传感器及进气温度传感器，大多数温度传感器是负温度系数（NTC）热敏电阻，它是用半导体材料做成的电阻。当温度改变时，其电阻值也会预期地随着有较大的改变。当温度上升时电阻会下降；反之则上升。

（1）连接设备 如图 3-84 所示，连接 KT600 和电源延长线后，根据被测试车型的蓄电池位置选择蓄电池供电或者点烟器供电，如果选择点烟器接头，应该首先确认点烟器是否有 12V 蓄电池电压。将测试探头接入通道 1（CH1 端口），然后将测试探头上的小鳄鱼夹接蓄电池负极或搭铁，并用测试探针刺入温度传感器触发信号线。

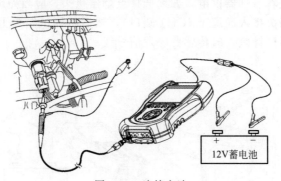

图 3-84 连接方法

（2）测试方法 连接好设备后，打开 KT600 电源开关；在 KT600 汽车专用示波器主菜单下按上下方向键选择示波分析仪，按下"ENTER"键确认；在汽车专用示波器菜单下选择传感器，按下"ENTER"键进入汽车传感器选择菜单；选择温度传感器，按下"ENTER"键确认，根据测试条件，屏幕将会显示波形；必要情况下，可以通过选择周期、幅值、电平等参数，然后按上下方向键改变波形，也可以选择停止，冻结波形后，选择存储，保存波形，供以后修车参考。

（3）波形分析 参照制造商的规范手册，可以得到精确的传感器响应电压范围。在通常情况下，冷车时传感器的电压应当为 3～5V（全冷态），在不同的温度下应当有相应的输出变化的电压信号，当温度传感器电路断路时，将出现电压向上直到参考电压值的峰尖（5V）。当温度传感器电路对地短路时，将出现电压向下直到接地电压值的峰尖，通常热敏电阻型冷却液及进气温度传感器的温度特性可以参考图 3-85，以制造商手册为准。

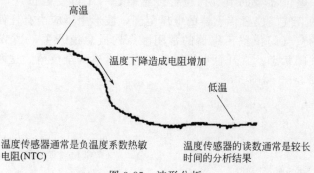

图 3-85　波形分析

3.4.1.4　节气门位置传感器

节气门位置传感器（TPS）是现代汽车电脑板上常见的故障来源，TPS 通知电脑节气门打开的大小，是否开启或关闭，以及开闭的速率，或者发动机所处的工况。当 TPS 的电阻改变时，传递给电脑的电压信号也会随之改变。常见的节气门位置传感器主要有两种：一种是电位器型传感器，当其转轴变化时会引起电阻的变化（电位器），进而提供一个直流电压，而 TPS 是一个固定在节气门转轴上的可变电阻，它提供的直流电压作为 ECU 的一个输入信号；还有一种是开关型传感器，这种传感器的信号输入 ECU 后，即通知电脑控制怠速（开关闭合、节气门关闭），或是不要控制怠速（因为已踩下油门踏板使开关打开），另外一个开关闭合时则是通知 ECU 节气门打开位置。这种线性的节气门位置传感器装在节气门转轴上，并且有两个可移动的触点随着同一个转轴转动，其中一个触点感测节气门开启时的角度，另外一个触点则感测节气门关闭时的角度，测试传感器时要确定接线正确。

（1）连接设备　如图 3-86 所示，连接 KT600 和电源延长线后，根据被测试车型的蓄电池位置选择蓄电池供电或者点烟器供电，如果选择点烟器接头，应该首先确认点烟器是否有 12V 蓄电池电压。将测试探头接入通道 1（CH1 端口），然后将测试探头上的小鳄鱼夹接蓄电池负极或搭铁，并用测试探针刺入节气门位置传感器信号线。

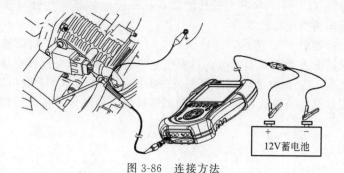

图 3-86　连接方法

（2）测试方法　连接好设备后，打开 KT600 电源开关；在 KT600 汽车专用示波器主菜单下按上下方向键选择示波分析仪，按下"ENTER"键确认；在汽车专用示波器菜单下选择传感器，按下"ENTER"键进入汽车传感器选择菜单；选择节气门位置传感器，按下"ENTER"键确认，根据测试条件，屏幕将会显示波形；必要时可以通过选择周期、幅值、电平等参数，然后按上下方向键可以改变波形，也可以选择停止，冻结波形后，选择存储，保存波形，供以后修车参考。

(3) 波形分析　电位器型的节气门位置传感器是一个可变电位计，查阅制造商维修手册，可以得到精确的节气门位置传感器的电压范围，波形上不应当有任何断点、对地尖峰或大的波折。开关型的节气门位置传感器的常闭触点构成怠速开关，当节气门处于怠速位置时，常闭触点位于关闭状态；常开触点表示节气门开度达到全负荷。这两种节气门传感器的波形特征可以参考图 3-87 和图 3-88。

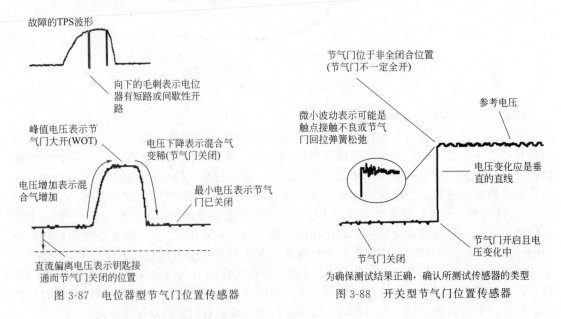

图 3-87　电位器型节气门位置传感器　　　图 3-88　开关型节气门位置传感器

3.4.1.5　曲轴凸轮轴位置传感器

曲轴凸轮轴位置传感器可以对电磁感应式、霍尔效应式与光电式传感器进行波形测试。电磁感应式传感器（可变磁阻传感器）不需外部电源，它有两条屏蔽线连接在静磁线圈上，当触发轮通过线圈和静磁铁的磁场时就会有小电压信号产生，触发轮是由低磁阻的钢制造的。曲轴位置传感器（CPS）、ABS 车轮传感器和汽车速度传感器均是可变磁阻的例子。输出的电压和频率随车速变化而改变。

(1) 连接设备　如图 3-89 所示，连接 KT600 和电源延长线后，根据被测试车型的蓄电池位置选择蓄电池供电或者点烟器供电。以蓄电池供电为例，如果选择点烟器接头，应该首先确认点烟器是否有 12V 蓄电池电压。将测试探头接入通道 1（CH1 端口），然后将测试探头上的小鳄鱼夹接蓄电池负极或搭铁，并用测试探针刺入曲轴位置传感器信号线。

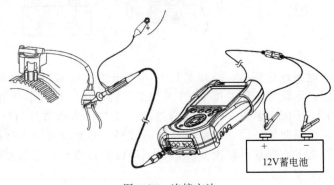

图 3-89　连接方法

（2）测试方法　连接好设备后，打开 KT600 电源开关，在主菜单下按上下方向键选择示波分析仪，按下"ENTER"键确认。在汽车专用示波器菜单下选择传感器，按下"ENTER"键进入汽车传感器选择菜单。选择曲轴凸轮轴位置传感器后，按下"ENTER"键确认，根据测试条件，屏幕将会显示波形；必要时可以通过选择周期、幅值、电平等参数，然后按上下方向键改变波形，也可以选择停止，冻结波形后，选择存储，保存波形供以后修车参考。

（3）波形分析　凸轮轴位置传感器（光电式）波形特征如图 3-90 所示。

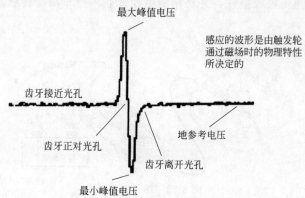

图 3-90　凸轮轴位置传感器（光电式）波形特征

曲轴位置传感器（霍尔效应式）波形特征如图 3-91 所示。

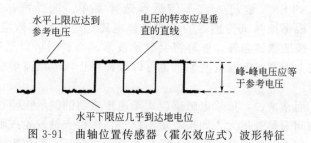

图 3-91　曲轴位置传感器（霍尔效应式）波形特征

曲轴位置传感器（磁感应式）波形特征如图 3-92 所示。

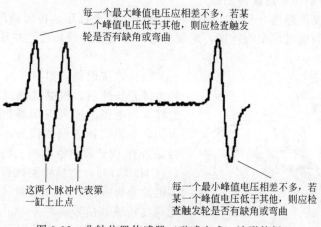

图 3-92　曲轴位置传感器（磁感应式）波形特征

3.4.1.6 汽车速度传感器

汽车速度传感器（VSS）的输出信号与车速成正比，ECU根据这个信号来控制液力变矩器锁止离合器、电控变速箱换挡点及其他功能，所使用的传感器类型分为三种：电磁感应型、霍尔效应型及光电型。

（1）连接设备 如图3-93所示，连接KT600和电源延长线，根据被测试车型的蓄电池位置选择蓄电池供电或者点烟器供电。以蓄电池供电为例，如果选择点烟器接头，应该首先确认点烟器是否有12V蓄电池电压。将测试探头接入通道1（CH1端口），然后将测试探头上的小鳄鱼夹接蓄电池负极或搭铁，并且用测试探针刺入行车高度传感器信号线。

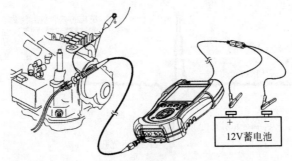

图3-93 连接方法

（2）测试方法 连接好设备后，打开KT600电源开关。在KT600汽车专用示波器主菜单下按上下方向键选择示波分析仪，按下"ENTER"键确认；在汽车专用示波器菜单下选择传感器，按下"ENTER"键进入汽车传感器选择菜单。选择汽车速度传感器，按下"ENTER"键确认，根据被测试传感器的形式选择电磁感应、霍尔效应或者光电型，按下"ENTER"键确认，按照测试条件，屏幕将会显示波形。必要时可以通过选择周期、幅值、电平等参数，然后按上下方向键改变波形，也可以选择停止，冻结波形后，选择存储，保存波形供以后修车参考。

（3）波形分析 通常来说，如果电磁感应式车速传感器的波形振幅过低，则检查触发轮与拾取器之间的空气间隙是否过大，如果波形不稳定，则检查触发轮或轴是否变形，如果其中有一个波形扭曲，则检查触发轮的某个齿牙是否变形或损坏。霍尔效应式的传感器基本相同，都是输出方波。

3.4.1.7 刹车防抱死速度传感器

刹车防抱死速度传感器（ABS）控制单元通过比较来自车速传感器的频率而不是电压，且利用此信号控制制动时汽车的速度，此频率与汽车的速度成正比，并且随着车速的加快而增加。

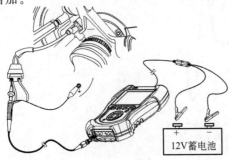

图3-94 连接方法

（1）连接设备 如图3-94所示，连接KT600和电源延长线后，根据被测试车型的蓄电池位置选择蓄电池供电或者点烟器供电。以蓄电池供电为例，如果选择点烟器接头，应该首先确认点烟器是否有12V蓄电池电压。将测试探头接入通道1（CH1端口），然后将测试探头上的小鳄鱼夹接蓄电池负极或搭铁，并且用测试探针刺入刹车防抱死速度传感器信号线。

（2）测试方法 连接好设备后，打开KT600

电源开关；在 KT600 汽车专用示波器主菜单下按上下方向键选择示波分析仪，按下"EN-TER"键确认；在汽车专用示波器菜单下选择传感器，按下"ENTER"键进入汽车传感器选择菜单。选择刹车防抱死速度传感器，按下"ENTER"键确认，根据测试条件，屏幕将会显示波形。必要时，可以通过选择周期、幅值、电平等参数，然后按上下方向键改变波形，也可以选择停止，冻结波形后，选择存储，保存波形，供以后修车参考。

（3）波形分析　ABS 速度传感器的特征波形可以参考图 3-95。

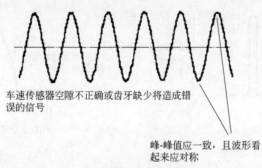

图 3-95　ABS 速度传感器的特征波形

3.4.1.8　空气流量传感器

模拟型空气流量传感器（MAF）使用一片预热过的金属薄元件来测量进入进气歧管的空气流量，此种感测元件被加热至 77℃，当空气流经感测元件时，就会降低其温度，使电阻值降低，由此造成流过的电流增加，而电压下降。该信号被电脑视为电压下降的改变（空气流量的增加造成电压下降），且被当成是空气流量的指示。数字型空气流量传感器以电脑送来的 5V 电压为参考，并传回相当于进入发动机空气量的频率信号。输出信号是一个方波，其振幅固定在 0～5V，信号频率的改变为 30～150Hz。低频代表少量的空气流量，高频代表大量的空气流量。

（1）连接设备　如图 3-96 所示，连接 KT600 和电源延长线，根据被测试车型的蓄电池位置选择蓄电池供电或者点烟器供电。以蓄电池供电为例，如果选择点烟器接头，应该首先确认点烟器是否有 12V 蓄电池电压。将测试探头接入通道 1（CH1 端口），然后将测试探头上的小鳄鱼夹接蓄电池负极或搭铁，用测试探针刺入空气流量传感器信号线。

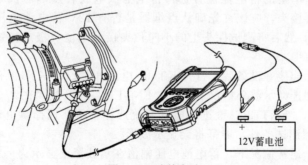

图 3-96　连接方法

（2）测试方法　连接好设备后，打开 KT600 电源开关，在 KT600 汽车专用示波器主菜单下按上下方向键选择示波分析仪，按下"ENTER"键确认。在汽车专用示波器菜单下选择空气燃油，按下"ENTER"键进入空气燃油选择菜单，选择空气流量传感器，按下

"ENTER"键确认,根据被测试空气流量传感器的形式,择模拟量或者数字型,按照测试条件,屏幕将会显示波形。必要时可以通过选择周期、幅值及电平等参数,然后按上下方向键改变波形,也可以选择停止,冻结波形后,选择存储,保存波形,供以后修车参考。

(3) 波形分析　两种空气流量传感器特征波形可以参考图3-97。

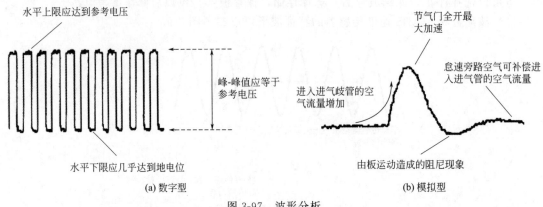

图 3-97　波形分析

3.4.2　汽车电气系统测试操作

这里主要介绍常见汽车电气系统怎样使用 KT600 汽车专用示波器功能检测,主要是对充电系统、蓄电池、线圈和二极管等的检查。

3.4.2.1　蓄电池

汽车电气系统的问题通常来自车主抱怨"无法启动",这时蓄电池无法提供电能,而启动电动机无法带动发动机,第一步是测试蓄电池的好坏,如果需要的话则先将蓄电池充电。测量汽车电气系统电压,将大灯打开数分钟后可以将蓄电池的表面电荷释放,然后关闭大灯,并且测量蓄电池两端的电压。如果可能的话,用比重计测量蓄电池每个分格的密度情形,应当进行蓄电池负荷测试以检查蓄电池在负荷状态下的性能,因为电压测试仅显示充电状态,而不是蓄电池的状况。

(1) 连接设备　打开汽车大灯约 3min,除去蓄电池内的表面电荷。连接 KT600 和电源延长线,根据被测试车型的蓄电池位置选择蓄电池供电或者点烟器供电。以蓄电池供电为例,如果选择点烟器接头,应该首先确认点烟器是否有 12V 蓄电池电压,将测试探头接入通道 1 (CH1 端口),然后将测试探头上的小鳄鱼夹接蓄电池负极或搭铁,用测试探针接器电池正极。

(2) 测试方法　连接好设备后,打开 KT600 电源开关;在 KT600 汽车专用示波器的主菜单下按上下方向键选择示波分析仪,按下"ENTER"键确认。在汽车专用示波器菜单下选择电气系统,按下"ENTER"键进入电气系统选择菜单;选择蓄电池测试,按下"ENTER"键确认,按照测试条件,屏幕将会显示波形。

(3) 波形分析　通常情况下,蓄电池电压幅值在示波器上显示为一条直线。

3.4.2.2　充电测试

充电输出测试:新型的电子调节器可以维持充电电压为 13~15V,充电系统必须提供足够的输出以维持蓄电池的充电及车辆的需求。

测试整流二极管:三相交流发电机使用三对二极管来对输出电流整流,这些二极管通常安装在一块绝缘的散热座上或整流桥中,一极管只允许电流从一个方向流过,而不允许从另一个方向通过；如果二极管短路，则电流可以从两个方向流过；如果开路，则两个方向皆不可以通过电流。

测试二极管是否开路或短路的方法是将 KT600 测试线的一端接在二极管一端，另一条测试线则连接在散热座或发电机外壳，然后反方向再测试一次。KT600 上应当显示二极管只有一个方向导通，另一个方向不导通。如果测试的结果是两个方向皆导通，则二极管已经短路；如果两个方向皆不导通，则二极管已经开路。

（1）连接设备　连接 KT600 和电源延长线后，根据被测试车型的蓄电池位置选择蓄电池供电或者点烟器供电。以蓄电池供电为例，如果选择点烟器接头，应该首先确认点烟器是否有 12V 蓄电池电压。将测试探头接入通道 1（CH1 端口），然后将测试探头上的小鳄鱼夹接蓄电池负极或搭铁。

（2）测试方法

① 充电输出测试：连接 KT600 至车上的发电机后，如图 3-98 所示，启动发动机，在怠速及负荷下测试，缓慢地增加发动机转速。打开车上的电器设备给充电系统加载，例如大灯、水箱风扇电动机及雨刷等。

② 整流二极管测试：将发电机断开后，测试发电机的整流桥，按照汽车生产厂家建议的方法来诊断故障的发电机。连接好设备后，打开 KT600 电源开关。在 KT600 汽车专用示波器的主菜单下按上下方向键选择示波分析仪，按下"ENTER"键确认；在汽车专用示波器菜单下选择电气系统，按下"ENTER"键进入电气系统选择菜单。选择充电测试，按下"ENTER"键确认，按照测试条件，屏幕将会显示波形。

（3）波形分析　充电电压的波形为稳定的直线。

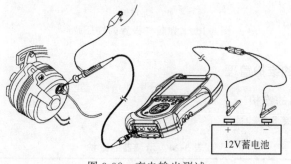

图 3-98　充电输出测试

3.4.2.3　线圈和二极管测试

当电磁控制装置的能量消失时，磁场的变化会感应出电压的"毛刺"。钳位二极管（或抑制二极管）即是用来过滤这些"毛刺"的，喇叭、继电器、空调压缩机的离合器、风扇电动机以及某些喷油装置都是这种例子。发生故障的二极管会产生噪声，一般在汽车的音响系统中可以听到，这些噪声的波形由一个电平变化到另一个电平时会有很大的"毛刺"出现，这些"毛刺"也可以影响车上比较敏感的传感器或控制系统。

（1）连接设备　如图 3-99 所示，连接 KT600 和电源延长线后，根据被测试车型的蓄电池位置选择蓄电池供电或者点烟器供电。以蓄电池供电为例，如果选择点烟器接头，应该首先确认点烟器是否有 12V 蓄电池电压。将测试探头接入通道 1（CH1 端口），然后将测试探头上的小鳄鱼夹接蓄电池负极或搭铁，并用测试探针接电磁线圈电源。

（2）测试方法　连接好设备后，打开 KT600 电源开关；在 KT600 汽车专用示波器主菜单下按上下方向键选择示波分析仪，按下"ENTER"键确认。在汽车专用示波器菜单下选

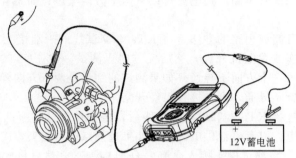

图 3-99　用测试探针接电磁线圈电源

择电气系统，按下"ENTER"键进入电气系统选择菜单。选择线圈和二极管测试后，按下"ENTER"键确认，按照测试条件，屏幕将会显示波形。

（3）波形分析　钳位二极管的特征波形请参考图 3-100。

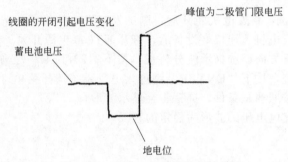

图 3-100　钳位二极管的特征波形

3.4.3　示波器的维护管理

3.4.3.1　示波器的维护

示波器的维护见表 3-24。

表 3-24　示波器的维护

项目	内容
示波器的清洁与存放	清洁示波器前，应当切断输入信号并且关闭示波器。使用湿布及温和的清洁剂来清洁示波器，然后擦拭干净。不要使用研磨剂、溶剂或酒精，以免损坏仪器表面的文字 为了避免出现腐蚀及其他性质的损坏，示波器应当存放在干燥、通风的环境中，存放的环境温度为 -20～40℃。如果需要长时间存放示波器，在存放之前应当对电池进行充电
电池充电	新机首次使用时，电池可能没有电，要使电池达到充足电量，必须在关闭示波器的状态充电 5h。为了避免充电时电池过热，环境温度不得超出 40℃。此外，示波器具有自动切换缓慢充电的功能，即使长时间连接电源适配器进行充电，也不会损坏示波器
电池更换	在电源适配器不供电的情况下，如果在 30s 内完成电池的更换工作，可以保留示波器存储器中的数据。因此，为了避免丢失数据，在更换电池前，可以将数据存储到计算机或 USB 设备上，或者连接电源适配器

3.4.3.2　示波器常见问题处理方法

示波器在日常使用过程中，可能会遇到一些由于电源供电、设置模式或软件问题而产生的故障。使用者可以根据故障症状进行相应的检查。如果确认了是硬件或软件损坏的问题，则必须由专业人员处理。示波器的常见问题处理方法见表 3-25。

表 3-25 示波器的常见问题处理方法

故障现象	故障原因及检查方法	
示波器每过一会儿就会自动关闭	电池电量可能已经耗尽	查看屏幕右方的电池指示符号,确认电池电量是否快要耗尽。如果是,则连接电源适配器,进行充电
	示波器仍在工作,但显示屏自动关闭,定时器已启动	打开显示屏,按下任意按键,或者连接电源适配器
	电源关闭后定时器启动	按下电源开关键,重新开启示波器
示波器屏幕一直黑屏	检查示波器是否已开启	如果没有开启,则按下电源开关键,开启示波器
	屏幕对比度可能有问题	按下用户按键,再按下 F4 按键,用箭头键调整对比度
	电源关闭定时器已经启动	按下电源开关键,重新开启示波器
无法关闭	如果由于软件问题导致无法关闭示波器,则按住电源开关键至少 5s	

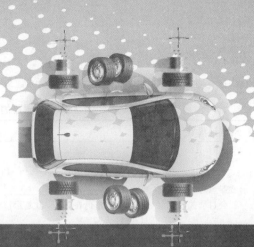

第 4 章

汽车OBD车载诊断系统

4.1 OBD 车载诊断系统介绍

4.1.1 OBD 系统概述

早在 20 世纪 80 年代初,汽车工业发达国家的许多汽车制造商就开始广泛使用电喷发动机。电喷发动机控制系统中就设有第一代车载故障诊断系统。以后车载故障诊断系统逐步在微机控制的自动变速器、防抱死制动系统、安全气囊、巡航系统中相继得到应用。该系统能在电控装置的工作过程中随时监测系统中各部分的工作状况,当电控系统出现故障时,故障信息存储在微机中,汽车维修技术人员按规定方法跨接诊断连接器中的相应端子,对汽车电控系统的故障进行分析、诊断。OBD 是英文 On-Board Diagnostic 的缩写,中文翻译为"车载自动诊断系统",即车载诊断系统。该系统连接汽车上各系统电控单元(ECU),例如发动机 ECU、自动变速器 ECU、ABS ECU、安全气囊 ECU 等。当这些电子控制系统出现故障时,系统就会产生相应的故障码存储到 ECU 中,通过故障指示灯及报警蜂鸣器等方式提示驾驶者车辆某些系统出现故障,随后汽车维修技术人员便可以通过车载诊断系统检测读取这些故障码进行下一步车辆维修,如图 4-1 所示。

图 4-1 车载诊断系统

4.1.1.1 OBD Ⅰ 系统

OBD 的概念最早是由通用汽车(GM)于 1982 年引入的,其目的主要是监测排放控制系统。一旦发现故障,OBD 系统就会点亮仪表板上的一个指示灯以通知驾驶人员，同时在车载计算机（通常称作发动机控制单元或模块，即 ECU 或 ECM）内记录一个代码，这个代码可通过相应设备获取以便于故障排除。通用汽车提出这一概念引起加利福尼亚州空气资源委员会（CARB）的高度重视。1988 年，美国加利福尼亚州要求所有的汽车制造商提供一个类似通用公司的车载诊断系统，便于识别出车辆电控系统的故障，这个系统被称为第一代车载诊断系统（OBD Ⅰ）。早期的 OBD 系统相对比较简单，并且只监测氧传感器、EGR 系统、供油系统和发动机控制模块。它没有要求汽车厂和车型之间任何标准化的故障码和步骤，也不探测许多种会造成排放升高的发动机管理问题。OBD Ⅰ没有统一的标准，OBD 连接器插口、故障码、通信协议等形式内容大都不同，给电控汽车的故障诊断和维修带来了诸多不便。

4.1.1.2 OBD Ⅱ 系统和欧洲车载诊断系统 EOBD 的导入

OBD 系统起源于美国，随着汽车行业的发展和对 OBD 系统的重视，OBD 系统也的确对汽车维修工作起着越来越重要的作用，美国汽车工程师协会（SAE）对诊断接口和通信方式等技术进行了标准化规定，OBD 系统也从第一代的不统一发展到了统一标准的第二代（OBD Ⅱ）。OBD Ⅱ在诊断功能及标准化方面都有较大的进步。故障指示灯、诊断连接口、外部设备 ECU 之间的通信协议以及故障码都通过相应标准进行了规范化处理。此外，OBD Ⅱ 可以提供更多的数据被外部设备读取。这些数据包括故障码、一些重要信号或指标的实时数据，以及冻结帧信息等。1998 年 10 月 13 日，欧盟委托 ISO 组织在 OBD Ⅱ 基础上制定了 EOBD 标准，我国也在 2005 年 4 月 5 日在 EOBD 标准的基础上制定了一套 COBD 标准。

美国加利福尼亚州空气资源部（CARB）在 1996 年实施 LEV 排放法规的同时率先导入 OBD Ⅱ，欧洲共同体也于 2000 年在实施欧洲 3 号排放法规的同时，要求所有新轿车、轻卡车（25t 以下）必须装备 EOBD 系统。因为美国和欧洲采用了两种不同的排放法规体系，所以第二代车载诊断系统有 OBD Ⅱ、EOBD 两种形式。欧洲型车载自诊断系统与美国的 OBD Ⅱ 区别不大，只是针对欧洲的排放标准重新做了匹配，也同样配备了中央诊断接口和废气警报灯。OBD Ⅱ、EOBD 除了对与排放有关的部件完全失效诊断外，还要对由于部件老化、部分失效引起的排放超标进行诊断。因此，OBD Ⅱ、EOBD 系统才是真正意义上的实现对在用车整个使用寿命范围内的排放控制。OBD Ⅱ、EOBD 使用统一的标准，只要用一台仪器即可对各种车辆进行诊断检测，这给全球汽车维修检测提供了极大的方便。OBD 系统的接口也从过去的各式各样发展到现在的统一 16 个针脚形式，如图 4-2 所示。在 16 个针脚中，其中 7 个是标准定义的信号针脚，其余 9 个由生产厂家设定。ISO-1994-2 标准：第 7 号和第 15 号针脚用于传送资料。SAE J1850 标准：第 2 号和第 10 号针脚用于传送资料。

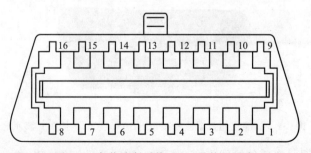

图 4-2　车载诊断系统 OBD Ⅱ接口示意

1,3,6,8,9,11～14—制造厂定义；2,10—数据传输（SAE J1850）；4—接地线；5—信号地线；
7—K 线（ISO-9141-2）；15—L 线（ISO-9141-2）；16—车辆蓄电池正极

OBD Ⅱ 和 EOBD 的特点主要有：
① 统一了车型诊断座开关为 16PIN；
② 具有数值分析、资料传输功能（Data Link Connector，DLC）；
③ 统一了各车型相同故障码及意义；
④ 具有行车记录器功能；
⑤ 具有重新显示记忆故障码功能；
⑥ 具有可由仪器直接清除故障码功能。

OBD Ⅱ 系统，即第二代车载诊断系统，OBD Ⅱ 与 OBD Ⅰ 相比最大的改进之处在于 OBD Ⅱ 具有统一的标准，这给电控汽车故障诊断及检测维修提供了很多便利。OBD Ⅱ 系统有着严格的排放针对性，其实质性能就是通过监测汽车的动力和排放控制系统来监控汽车的排放。当汽车的动力或排放控制系统出现故障时，有可能导致一氧化碳（CO）、氮氧化合物（NO_x）、烃类化合物（HC）或燃油蒸发污染量超过设定的标准，故障灯就会点亮报警。如图 4-3 所示为花冠轿车 OBD Ⅱ 诊断座位置。

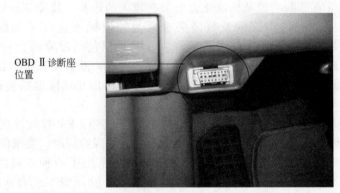

图 4-3　花冠轿车 OBD Ⅱ 诊断座位置

4.1.1.3　标准化的数据诊断接口和标准化的诊断故障码

1988 年，美国工程师学会（SAE）创建了第一个故障诊断连接器接口和一套故障码作为标准推广，美国环保局采用了 SAE 大多数标准并作为推荐世界范围统一使用的标准。所有的 OBD Ⅱ 或 EOBD 装备的汽车都必须有以下几项。

① 标准化的数据诊断接口（SAE-J1962）。DLC 诊断座为统一的 16PIN 脚，并且装置在驾驶室驾驶侧仪表板下方，插头针脚示意如图 4-4 所示。

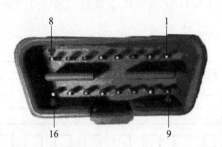

图 4-4　标准化的数据诊断接口（SAE-J1962）插头针脚示意

DLC PIN 脚说明：资料传输线有两个标准，ISO 为欧洲统一标准（1941-2），利用 7 号、15 号脚；SAE 为美国统一标准（SAE JI850），利用 2 号、10 号脚。

② 标准化的解码器（SAE J1978）。
③ 标准化的电子通信协议（KW2000，CAN，CLASSII，ISO9141 等）。
④ 标准化的诊断故障码（DTC，SAE J2012）。SAE J2012 规定了一个 5 位标准故障码。第 1 位是字母，后面 4 位是数字。自诊断故障码是按照美国汽车工程师学会（SAE）的标准制定的，所有生产厂家都必须统一采用这个标准。

第 1 位字母表示设置故障码的系统类型。当前分配的字母有 4 个："P"代表动力系统，"B"代表车身，"C"代表底盘，"U"代表网络连接相关的系统。OBD Ⅱ 上只使用 P 代码。

第 2 位表示标准代码，字符是 0、1、2 或 3，意义如下。

0——由美国汽车工程师协会（SAE）统一制定的通用故障码。

1——汽车厂家定义的扩展故障码。

2 或 3——随系统字符（P、B、C 或 U）的不同而不同。动力系统故障码（P）的 2 或 3 由 SAE 留作将来使用；车身或底盘故障码的 2 为厂家保留，车身或底盘故障码的 3 由 SAE 保留。

第 3 位字符表示出故障：

1——燃油或空气计量故障；

2——燃油或空气计量故障；

3——点火故障或发动机缺火；

4——辅助排放控制系统故障；

5——汽车或怠速控制系统故障；

6——电脑或输出电路故障；

7——变速器控制系统故障；

8——变速器控制系统故障。

第 4 位和第 5 位表示部件/系统的标识代码。

例如：故障码 P0001，表示发动机水温传感器信号故障；故障码 P0101，表示进气歧管压力传感器信号故障；故障码 P0003，表示发动机转速传感器故障。

⑤ 标准化的维修服务情报（SAE J2000）。

对于德国大众（VW）公司来说，自诊断不但包括美国汽车工程师学会（SAE）所规定的 P1 和 P2 故障码（用故障分析），还包括德国大众服务站用的 VAG 故障码。在执行诊断时，可以通过输入不同的地址码来完成不同的诊断功能。输入密码"33"，就可以启动"扫描工具模式"。该模式内包括立法者针对 OBD 通用扫描工具所要求的所有功能。这样就可以读取单独的物理数据（例如 λ 传感器数据）。服务站使用的是通用的故障阅读器，如 VAG 1551/1552，输入代码"01"后就可以通过读取所有重要的发动机数据来帮助诊断故障。对于 Bosch-Motronic 系统来说，还可以借助短途行驶来产生工作准备状态代码。

需要注意的是，如果故障存储器内没有故障存储，就不要清除故障存储器，否则工作准备状态代码会被归零。

使用 VAG 1551 的过程示例，见表 4-1。

表 4-1　使用 VAG 1551 的过程示例

序号	过　程	图　示
1	将诊断仪接到诊断接口上，接通诊断仪	

续表

序号	过程	图示
2	接通发动机	
3	故障指示灯指示出故障	
4	输入"1"选择快速数据传递	
5	输入地址码"01"选择发动机电子系统	
6	输入"Q"来确认输入	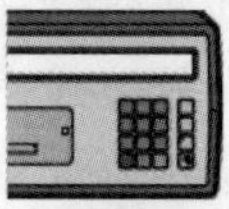
7	输入"Print"来接通打印机	
8	输入"02"来查询故障存储器	
9	输入"Q"来确认输入	
10	故障存储器内存储的故障以简略的形式打印出来	
11	输入"06"选择结束输出	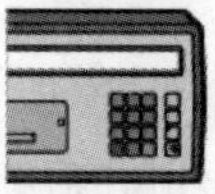
12	输入"Q"来确认输入	
13	排除故障	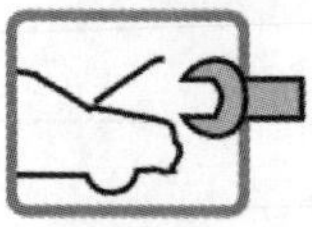
14	排除故障后,清除故障存储器,并通过短途行驶来建立工作准备状态代码	

故障阅读器 VAG 1551/VAG 1552 在 OBD Ⅱ 扫描工具模式（Scan-Tool-Mode）时，在输入"1"选择快速数据传递并输入"33"将阅读器置于扫描工具功能后，将显示图 4-5 所示的内容。

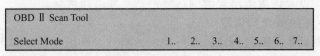

图 4-5　显示内容

选择模式 1 后，会显示有很多显示区，用于显示诊断数据，如图 4-6 所示。

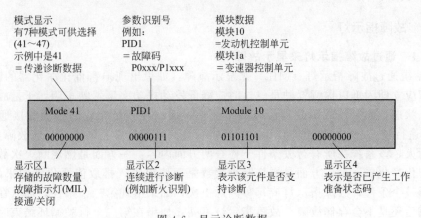

图 4-6　显示诊断数据

4.1.2　OBD 系统故障码

4.1.2.1　OBD 系统故障码的种类

根据故障是否对排放有影响及其严重程度，故障码主要有以下分类。

（1）影响排放故障码

① A 类：发生一次就会点亮 OBD 故障指示灯和记录故障码。

② B 类：两个连续行程中各发生一次，才会点亮 OBD 故障指示灯和记录故障码。

③ E 类：三个连续行程中各发生一次，才会点亮 OBD 故障指示灯和记录故障码。

OBD 要求任何影响排放的故障都必须在三个连续行程中诊断出，且点亮 OBD 故障指示灯，记录故障码和故障发生时的定格数据。一个行程是指 OBD 测试都能得以完成的驱动循环，对 OBD 可以欧 3 排放的测试程序（ECE＋EUDC）为基准。

（2）不影响排放故障码

① C 类：故障发生时记录故障码，但不点亮 OBD 故障指示灯。厂家可根据需要点亮另外一个报警灯。

② D 类：故障发生时记录故障码，但不点亮任何警告灯。

4.1.2.2　OBD 系统故障码的存储及清除

（1）存储故障码　OBD 系统应当记录表示排放控制系统状态的代码，应当使用单独的状态代码，以便正确识别起作用的排放控制系统，以及需要进一步运转汽车，才能够全面评价的那些排放控制系统。如果由于劣化、发生故障或永久排放默认模式引起 MIL 激活，则应当存储能够识别相应故障类型的故障码。

① 通过标准数据链连接器的串行口，应当能随时获得 MIL 激活时汽车的行驶距离。

② 对于装点燃式发动机的汽车，如果存储了一个独特的单缸或多缸失火故障码，可不必识别具体的失火气缸。

(2) 清除缺陷代码　如果同一故障在40个以上发动机暖机循环内不再出现，OBD系统可以清除该故障码，以及该故障出现时的行驶距离及冻结帧信息。

4.1.2.3　OBD系统故障码读取

使用专用的检测设备，通过标准的串行接口诊断插头和电子控制单元的诊断插头连接，将存储的故障码读出。按照故障码的提示，维修人员可以迅速准确地确定故障损坏的类型和部位（典型的车辆约有150多个故障码）。通过标准的串行接口可读取出现故障时车辆行驶的里程。

4.1.3　故障指示灯

4.1.3.1　通过故障指示灯来显示故障

OBD系统通过故障指示灯（MIL）来显示故障：如果出现损害催化净化器的断火故障，故障指示灯应立即闪烁以提醒驾驶员。这时应降低发动机功率来驾驶车辆。于是故障指示灯切换到常亮状态。如果该故障使得废气质量变差，那么在满足相应的存储和接通条件（立即、2次短途行驶、2个行驶循环）后，故障指示灯必须通过常亮的方式将该故障显示出来。例如燃烧断火，该系统在所有行驶条件下检查两方面内容：一方面是燃烧断火次数是否高到可能损坏催化净化器；另一方面是燃烧断火次数是否使得废气排放值恶化到原来的1.5倍。如果满足第一个条件，故障指示灯应每秒闪烁1次；如果出现第二个条件，那么在第一个行驶循环结束后还是不会存储故障，故障指示灯不亮；如果在第二个行驶循环结束时该故障仍存在，那么故障就会存入故障存储器，故障指示灯应一直亮着，如图4-7所示。

图4-7　通过故障指示灯来显示故障

4.1.3.2　故障报警指示灯点亮

车载诊断系统必须有一个故障报警指示灯，用来迅速提示驾驶员出现了故障。点火开关接通，而发动机尚未启动或转动，故障报警指示灯也必须点亮。发动机启动后，如果没有检查到故障，故障报警指示灯应熄灭，以检查故障报警指示灯工作是否正常。下列情况，故障报警指示灯会点亮：

① 排放超过EOBD的限值，发动机进入永久排放故障状态；
② 失火达到可能使催化器损坏的程度；
③ 连续两个运转循环（发动机启动、运转工况和熄火组成）出现与排放有关的故障；
④ ECU自检过程中发生的故障。

4.1.3.3　故障报警指示灯熄灭

下列情况，故障报警指示灯会熄灭：

① 发动机启动后未检测到任何故障；
② 如果发动机的失火率没有达到可能造成催化转化器损坏的限值，或者发动机运行工况改变后，失火率不会造成催化转化器的损坏时；

③ 对于其他所有的故障，在三个连续的运转循环（发动机启动、运转工况和熄火）期间，如果负责故障报警指示灯的监测系统不再监测到故障，且没有检测出其他会单独点亮故障报警指示灯的故障之后。

故障报警指示灯熄灭有两种类型，见表 4-2。

表 4-2　故障报警指示灯熄灭的类型

项目	内容
强制熄灭	利用解码器清零或者断开动力系统控制模块的电源可以暂时清除故障码和熄灭故障灯。如果故障没有被排除，则 EOBD 会再次诊断出故障，1 个或多个行程还会点亮故障灯，大多用于汽车维修服务后
自动熄灭	如果可能毁坏催化转化器的发动机失火率(由制造厂规定的)不再存在，或者当发动机的转速和负荷改变后，发动机失火率不至于损坏催化转化器时，故障显示器 MIL 应当切换至激活前的状态，相应的故障码和存储的冻结帧状态可被清除 对于其他所有故障，在 3 个连接的运转循环期间，如果负责激活 MIL 的监测系统不再监测到故障，并且没有检测出其他会单独激活 MIL 的故障后，MIL 可以激活(熄灭)。如果发生的故障自动消失，且通过了 3 次连续行程的自我诊断，故障灯就会自动熄灭

4.1.4　OBD 系统元件

4.1.4.1　OBD 硬件系统

OBD 系统非常复杂，美国加利福尼亚州空气资源委员会（CARB）的 OBD Ⅱ 系统规定包括 70 多页的详细法规和几百页的详细 SAE 及 ISO 标准。OBD 系统在功能上是由软件和硬件共同实现的。OBD 的硬件主要由各传感器、ECU（电子控制单元）、OBD 连接器插口、故障显示灯、执行器及线路等与发动机废气控制相关的子系统组成。OBD 硬件系统简图如图 4-8 所示。

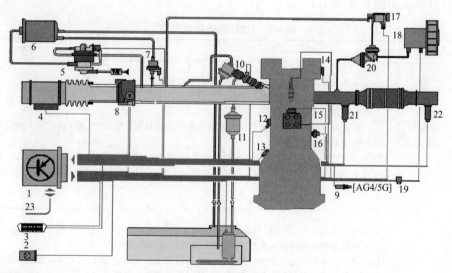

图 4-8　OBD 硬件系统简图

1—发动机控制器；2—排放警示灯；3—诊断接头；4—空气质量流量传感器；5—燃油系统诊断泵；6—活性炭罐；7—活性炭罐电磁阀；8—节流阀体；9—车速传感器；10—喷嘴（1～4 缸）；11—燃油滤清器；12—爆震传感器；13—发动机转速传感器；14—相位传感器；15—点火模块；16—冷却液温度传感器；17—二次空气电磁阀；18—二次空气泵；19—二次空气泵继电器；20—二次空气组合阀；21—氧传感器（转换器前）；22—氧传感器（转换器后）；23—CAN 总线

OBD Ⅱ 系统要求检测任何一个与排放有关的部件或系统。重点检测燃油及空气测定系统故障、点火系统故障或发动机间歇熄火故障、废气控制辅助装置故障。而 EOBD 使管理更复杂，EOBD 在控制排放的硬件方面，对发动机管理系统提出一些要求，至少包括以下内容。

① 将发动机转速传感器安装在发动机离合器一侧，在通过发动机转速的细微波动监测发动机缺火时，可以防止受到曲轴扭振的影响。

② 汽车车身垂直的加速度传感器（允许与 ABS 的加速度传感器共用）用于在道路非常差的条件下关闭 EOBD 功能。

③ 在三元催化转化器的后面增添一个氧传感器，便于利用"浓"和"稀"混合气交替的方法监测三元催化转化器的转化能力；对氧传感器监测其信号电压是否超出可能范围、响应速度是否过低、跳变时间之比是否超出规定范围、波动频率是否过低、氧传感器是否活性不足与氧传感器加热器是否加热过慢。

④ 在炭罐新鲜空气入口处安装了截止阀，作为执行器；在密闭燃油箱加设压差传感器，以监测蒸发排放物控制系统的密封性。

⑤ 采用废气再循环系统的车辆，要在进气歧管内安装压力传感器，便于对废气再循环率进行控制，并且当汽车行驶到海拔超过 2500m 时关闭 EOBD 功能。

4.1.4.2 OBD 软件系统

OBD 系统软件包括故障诊断控制策略代码和标定，与发动机控制部分一起构成整个发动机控制系统的软件包。在一个典型的发动机控制系统软件包中，OBD 部分的代码占整个软件内容的一半，有超过 150 个可能的故障码。典型的 EOBD 软件包括 6 万行代码和 1.5 万个标定。

4.1.5 OBD 系统监测内容

OBD 系统监测内容见表 4-3。

表 4-3 OBD 系统监测内容

项目		内　　容
监测内容	汽油发动机	①仅监测 HC 污染物来判断催化转化器的效率下降 ②发动机运转时的失火监测 ③氧传感器的劣化 ④失效后将导致排气污染物超过限值的其他排放控制部件或系统,或与电控单元相连并与排放有关的动力系部件或系统 除非另有监测,否则对其他任何与排放有关的,且与电控单元相连接的动力系统部件,包括任何能实现监测功能的相关的传感器,都必须监测其电路的连通状态;对蒸发污染物电控脱附系统,必须至少监测其电路的连通状态
	柴油发动机	①催化转化器效率的下降(例如装有催化转化器) ②颗粒物捕集器的功能和完整性(例如装有颗粒物捕集器) ③燃油喷射系统的电控燃油计量和正时执行器的电路连通状态,以及总体功能的失效 ④失效后将导致排气污染物超过规定限值的其他排放控制部件或系统,或与电控单元相连并与排放有关的动力系部件或系统。例如监测和控制空气质量流量、空气容积流量(和温度)、增压压力和进气歧管压力(以及实现这些功能相关的传感器)的系统或部件 除非另有监测,否则必须监测其他任何与排放有关,且与电控单元相连接的动力系部件的电路连通状态

续表

项目		内容
监测功能	汽油发动机	催化转换器功能监测 氧传感器老化 氧传感器电压检验 二次空气系统 燃油蒸发循环系统 泄漏诊断检查 燃油输送系统 燃烧失火检测 CAN 总线 所有接入电脑的与排放有关的传感器和执行机构
	柴油发动机	废气再循环 燃烧失火检测 喷射起始角调节 增压压力调节 CAN 总线 柴油直喷装置控制器 所有接入电脑的与排放有关的传感器和执行机构

4.1.6 OBD 系统诊断对象

并不是所有的发动机都采用相同的 OBD 诊断方法，OBD 系统根据发动机形式的不同，诊断对象也不同。OBD 系统诊断对象见表 4-4。下面简单介绍几种诊断对象的诊断方法。

表 4-4 OBD 系统诊断对象

诊断方法	发动机控制单元					
	西门子 Simos 3	马瑞利 Marelli 4LV	博世 Motronic M5.9.2	博世 Motronic ME7.1	博世 Motronic ME7.5	博世 Motronic ME7.5.10
综合元件监控	√	√	√	√	√	√
电压变化曲线偏移和催化净化器前（上游）λ 传感器自适应	√	√	√	√	√	√
λ 传感器加热器诊断	√	√	√	√	√	√
催化净化器前（上游）λ 传感器的反应时间	√		√	√	√	√
催化净化器后（下游）λ 传感器的调节极限诊断	√	√	√	√	√	√
催化净化器后（下游）λ 传感器的运动诊断	√	√	√	√	√	√
催化净化器转化诊断	√	√	√	√	√	√
燃油箱通风系统流量诊断	√		√	√	√	√
燃油箱通风系统调节诊断		√				

续表

诊断方法	发动机控制单元					
	西门子 Simos 3	马瑞利 Marelli 4LV	博世 Motronic M5.9.2	博世 Motronic ME7.1	博世 Motronic ME7.5	博世 Motronic ME7.5.10
燃烧中断运行不平稳性	√		√	√	√	√
燃烧中断转矩分析法		√				
废气再循环压力诊断		√				√
电子油门	√		√	√	√	√
数据 CAN 总线数据诊断	√	√	√	√	√	√
二次空气流量诊断	√		√			
增压压力限制诊断					√	

注："√"表示 OBD 系统的诊断方法适用于该发动机控制单元。

（1）综合元件监控（线路故障）　这种诊断方法就是在 EOBD 的总体框架内监控所有与废气相关的传感器、执行元件和输出极的功能。对这些部件要进行下述检查：

① 输入、输出信号（可靠性）；
② 对地短路；
③ 对正极短路；
④ 导线断路。

（2）电压变化曲线偏移和催化净化器前（上游）λ 传感器自适应　λ 传感器主要用于测量废气混合物中的氧气成分，它是一个控制回路的组成部分，这个控制回路用来保证空气-燃油混合气始终保持正确的混合比。老化或中毒均会影响 λ 传感器的参数特性，这种消极影响可能表现为反应时间延长或者传感器电压曲线的位移（漂移），如图 4-9 所示。老化或中毒均会导致催化净化器前（上游）λ 传感器的电压变化曲线发生偏移，对于 Motronic M5.9 来说，发动机控制单元会识别出这个偏移，并且借助于第二套控制电路在一定范围内进行补偿（校正电压曲线的位移量，自适应），虽然使用了宽频 λ 传感器，但诊断步骤基本是一样的。

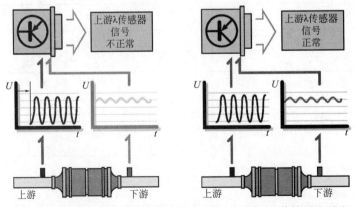

图 4-9　电压变化曲线偏移和催化净化器前（上游）λ 传感器自适应
U—电压；t—时间

(3) λ传感器加热器诊断　λ传感器的性能主要取决于温度。将λ传感器加热，就可以保证在发动机和废气温度较低时，λ传感器仍然能够完成废气调节功能。冷凝水，尤其是冷启动阶段的冷凝水，在某些不利情况下可能会损坏λ传感器。通过测量传感器加热电阻，系统就可以识别加热功率是否正确。催化净化器上游的λ传感器在发动机启动后就立即开始加热，而催化净化器下游的λ传感器在催化净化器达到约380℃才开始加热。

(4) 催化净化器前（上游）λ传感器的反应时间诊断　如图4-10所示。

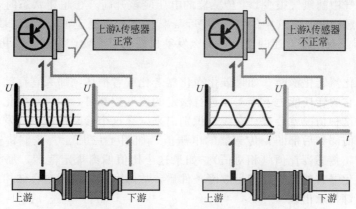

图4-10　催化净化器前（上游）λ传感器的反应时间诊断
U—电压；t—时间

(5) 催化净化器后（下游）λ传感器的调节极限诊断　当燃油-空气混合气的成分处于理想状态时，催化净化器后（下游）λ传感器的电压就在$\lambda=1$附近变动，如图4-11所示。如果催化净化器后（下游）λ传感器的电压平均值较高或较低，则意味着燃油-空气混合气过浓或过稀，发动机控制单元就会改变λ值（这会影响燃油-空气混合气成分），直至催化净化器后（下游）λ传感器的λ值又回到1。这个λ调节值具有一定的限制，如果超过了这个调节限制，EOBD就认为催化净化器后（下游）λ传感器或排气系统（漏气）有故障。当较稀的燃油-空气混合气且正确调节时，催化净化器后（下游）λ传感器通过一个电压降来通知发动机控制单元：废气中的氧气成分增多。发动机控制单元就会提高λ调节值，从而使得燃油-空气混合气变浓。如果催化净化器后（下游）λ传感器的电压升高，发动机控制单元可以使得λ调节值降低。这个调节要持续较长的行驶过程。当较稀的燃油-空气混合气且达

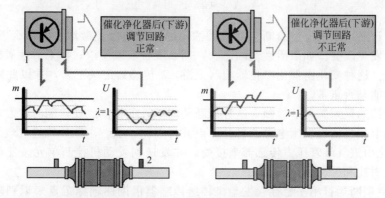

图4-11　催化净化器后（下游）λ传感器的调节极限诊断
1—发动机控制单元；2—催化净化器后（下游）λ传感器；
m—λ调节值；U—电压；t—时间

到调节极限时，在这种情况下催化净化器后（下游）λ传感器通过一个电压降来通知发动机控制单元：废气中的氧气成分增多。接着发动机控制单元提高λ调节值，从而使得燃油-空气混合气变浓。尽管混合气变浓了，但是λ传感器电压仍是很低（因为有故障），于是发动机控制单元继续提高λ调节值，直至达到调节极限并识别出故障。

（6）催化净化器后（下游）λ传感器的运动诊断　催化净化器后（下游）λ传感器还可以监控发动机控制单元在加速和超速工况时检查λ传感器信号。在加速状态时，燃油-空气混合气较浓，废气中的氧气很少，λ传感器的电压应该升高。在超速状态时，情况则正好相反，这时供油已经中断，废气中的氧气很多，λ传感器的电压应该降低。如果催化净化器后（下游）λ传感器没有出现上述的反应，那么发动机控制单元就认为催化净化器后（下游）λ传感器有故障。

（7）催化净化器转化诊断　如果催化净化器老化或者损坏，那么它存储氧的能力就会很差，这就会使得它的转换能力下降。在进行法定的废气检测时，如果碳氢化合物含量达到极限值的1.5倍，这种情况就会被"在线"识别出来。在这个诊断过程中，发动机控制单元会比较催化净化器前部和后部的λ传感器的电压值，如图4-12所示。我们将这称为催化净化器前部和后部的λ传感器比值（相对值）。如果这个比值偏离规定范围，那么发动机管理系统就认为催化净化器有故障。在满足故障条件后，故障存储器内就会存储相应的故障码，该故障由故障指示灯指示出来。

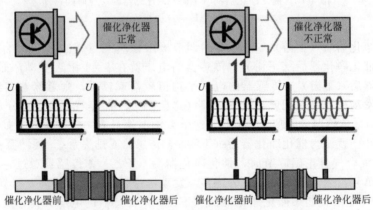

图4-12　催化净化器转化诊断
U—电压；t—时间

（8）燃油箱通风系统流量诊断　如果燃油箱通风系统已经激活了，那么燃油-空气混合气的状态就会发生改变。如果活性炭罐已满，那么混合气就变浓；如果活性炭罐已空，那么混合气就变稀。这种变化由催化净化器前（上游）λ传感器记录下来，并以此来确定燃油箱通风系统的功能是否正常。

（9）燃油箱通风系统调节诊断　这种诊断是周期性的检测。在诊断时，发动机控制单元以某一固定的节拍将活性炭罐电磁阀打开一点并再关闭一点。由此导致进气歧管压力被"调节"，这个变化由进气歧管压力传感器来接受，并发送到发动机控制单元。发动机控制单元再对信号进行对比和分析（图4-13）。

（10）燃烧中断运行不平稳性　发动机转速传感器借助曲轴标记盘来识别出发动机转速的不均匀，这种转速不均匀是由于失火引起的。与霍尔传感器信号（凸轮轴位置）配合使用，发动机控制单元就可以断定是哪个气缸失火，将故障存入故障存储器，并接通废气警报灯。

(11) 燃烧中断转矩分析法　转矩分析法与运行不平稳性法一样，主要是根据发动机转速传感器信号和霍尔传感器信号来识别出哪个气缸失火。这两种方法的区别主要在于对发动机转速信号的分析。转矩分析法将不稳定的转速（由于点火和压缩而引起的）与发动机控制单元内的固定计算值进行对比。这些计算的基础通常包括：取决于负荷和转速的转矩、飞轮质量及其所形成的发动机转速特性。这样计算出来的发动机转矩的波动与从运行不平稳性法所获得的结果具有一样的效力，但是每种车型都必须分析发动机转速特性并存入发动机控制单元。

(12) 废气再循环压力诊断　在废气被引入进气歧管的过程中，进气歧管的压力传感器应侦测到压力升高（真空度稍降）。发动机控制单元会将进气歧管内的这个压力升高值与引入的废气量进行对比，以此来推断出废气再循环（AGR）的功能是否在正常，如图 4-14 所示。这个诊断只能在超速状态下进行，因为在这时喷油过程被关闭（喷油会影响测量的），且发动机抽力非常大。

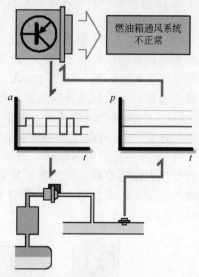

图 4-13　燃油箱通风系统调节诊断
a—电磁阀的开启行程；t—时间；p—压力

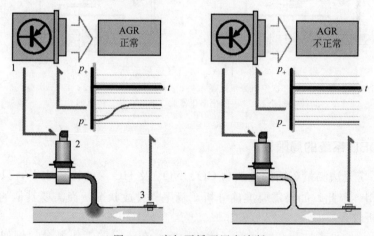

图 4-14　废气再循环压力诊断
1—发动机控制单元；2—废气再循环阀 N18；3—进气歧管压力传感器 G71
p_+—过压；p_-—真空；t—时间

(13) 电子油门　OBD 系统利用电子油门的诊断功能，该诊断功能通过电子油门故障指示灯来指示故障。如果这些故障在下一个或两个行驶循环中仍然存在，那么 EOBD 也会接通废气警报灯。电子油门检查以下内容：

① 发动机控制单元内的功能（函数）计算器；
② 油门踏板位置传感器；
③ 节气门驱动器的角度传感器；
④ 制动灯开关；

⑤ 制动踏板开关和离合器踏板开关；

⑥ 车速信号。

（14）数据 CAN 总线数据诊断　当 CAN 数据总线正常工作时，所有连接的部件定期将信息发送到发动机控制单元上。发动机控制单元识别出信息无误且数据交换正常。当 CAN 数据总线中断时，某个部件可能无法将信息发送到发动机控制单元上。发动机控制单元检测到缺少的信息、识别出相应的部件并存储相应的故障。

（15）二次空气流量诊断　根据 λ 差值［催化净化器前（上游）的 λ 值且在二次空气系统供气过程中］，可以计算并检查实际供应的空气质量，如图 4-15 所示。

（16）增压压力限制诊断　因增压压力调节出现故障而超过最大允许增压压力值时，进气歧管压力传感器将当时的增压压力通知发动机控制单元，发动机控制单元识别出该故障。在这种情况下，仅仅指示出并存储故障是不够的，必须关闭废气涡轮增压器以避免损坏发动机。

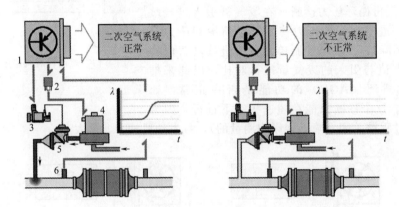

图 4-15　二次空气流量诊断

1—发动机控制单元；2—二次空气泵继电器 J299；3—二次空气阀 N112；4—二次空气泵 V101；
5—组合阀；6—催化净化器前（上游）的 λ 传感器

4.1.7　OBD 系统的局限性

① OBD 系统无法测量车辆的排放物 CO、NO_x 及 HC 等的排放水平，只是起着随车排放监测器的作用。因此，如果需要准确分析车辆尾气排放状况，尚需要其他的监测手段或配备其他尾气分析仪。

② OBD 系统的可靠性受车辆运行环境的影响，在一定的工作场合，例如恶劣的运行状况和异常的工作环境中，OBD 系统有可能出错，这时通常要暂停 OBD 系统的工作。而且错误的故障指示会降低用户对 OBD 系统的信任度，以至于部分用户在 OBD 发出故障警告后不予理会，使 OBD 应有的功能无法实现。

③ OBD 系统无法指示如何对车辆进行维修，它只能对车辆进行实时监测，将检测到的故障以代码的形式存入存储器，以点亮故障灯的方式通知驾驶人发生故障的部位或表明存在着被确诊的故障，提醒驾驶人对车辆进行维修。

④ OBD 系统无法诊断出汽车电控系统内的所有故障，它仅能监测出汽车电控系统中 70%～80% 的故障。仅依靠故障灯的方式还不能有效地判断汽车系统的恶化状况。

⑤ OBD 系统给软件带来了巨大的挑战。OBD 软件大约是整个汽车电控软件的一半，其中任何一个软件错误都能导致错误的故障指示或违规。在软件精度上，即使 99.9% 的精度

依然会造成很多系统问题。

4.1.8 OBD系统不起作用的特殊情况

OBD系统在下列情况下不起作用：
① 油箱储油量小于20%；
② 启动时环境温度低于-7℃；
③ 海拔高于2500m；
④ 道路的路面情况十分恶劣；
⑤ 对于装有功率输出装置的车辆，允许让受到影响的监测系统停止工作，条件是当功率输出装置在工作时，监测系统才停止工作。

4.2 EOBD系统诊断测试

4.2.1 零部件测试

测试的零部件是指与排放相关的零部件，包括发动机的电子控制器、为控制器提供输入信号的部件、接收控制器输出信号的部件、排气系统以及燃油蒸发系统中任何与排放相关的部件。此外，还包括任何能实现监测功能传感器电路的通断状态。用于诊断和控制器有输入或输出关系的零部件（传感器和驱动器），主要针对零部件电路进行测试，同时包括传感器输入值合理性判断。

① 下列传感器发生故障时，会点亮德尔福EOBD警告灯：
a. 进气压力传感器（MAP）；
b. 进气流量传感器（MAF）；
c. 节气阀体开度传感器（TPS）；
d. 水温传感器（ECT）；
e. 进气温度传感器（IAT）；
f. 氧传感器（O2S）；
g. 车速传感器（VSS）；
h. 凸轮位置传感器（CAM）；
i. 曲轮位置传感器（58X）；
j. 废气再循环阀开度传感器（EGRP）；
k. 爆振检测器。

② 下列传感器不影响排放，发生故障时不点德尔福EOBD警告灯，只记录故障码：
a. G传感器（用于缺火诊断时路面状况判别）；
b. ABS车轮速度传感器（用于缺火诊断时路面状况判别）；
c. 空调压力传感器。

③ 以下驱动器发生故障时，会点亮德尔福EOBD警告灯：
a. 点火控制回路（EST）；
b. 喷油嘴控制回路；
c. 炭罐电磁阀控制回路；
d. 怠速控制阀；
e. 废气再循环阀控制器。

④ 下列驱动器不影响排放，发生故障时不点德尔福 EOBD 警告灯，只记录故障码：
a. 空调离合器继电器；
b. 冷却风扇继电器；
c. 可变进气管容积控制电磁阀（需通过排放测试确认对排放影响不大）。

4.2.2 系统测试

用于诊断系统性故障，例如缺火、催化转换器劣化、冷却系统故障等，造成故障的原因可能是电路或机械性的。

4.2.2.1 失火诊断（故障码 P0300）

EOBD 必须能够探测造成 HC 排放突变的任意失火，单缸或多缸失火。汽油发动机在运转时，由于没有发火、混合气过浓或过稀、压缩压力低或其他原因，导致吸入气缸内的混合气不能燃烧，被称为失火。发动机在一定转速和负荷范围内失火次数占总点火次数比例（％），称失火率。每个制造商需给出排放超出 OBD 限值的失火的比例（％）。通过发动机转速的变化进行失火检测。当失火率超过规定的比例（％）时，排放污染物超标，将导致催化转化器过热而损坏。

（1）失火分类　失火分类见表 4-5。

表 4-5　失火分类

类型	内容
催化转换器损害型	大量未燃烧的燃油(正常喷油,但未发生点火)进入排气系统将导致后燃,进而使催化器温度迅速升高。当失火达到可永久损坏催化器的水平时,软件将执行下列逻辑:故障灯立即点亮并闪烁以提示驾驶员车辆正处于催化器损害型的失火工况。系统将监测是否属于单缸失火工况,一旦系统确认为单缸失火,系统将切断相应气缸的喷油,以尽可能地保护催化器。尽管系统已经判断为催化器损害型失火,但当车速及发动机负荷降低到一定限值时,故障灯将停止闪烁,但保持点亮状态,以允许驾驶员驾驶车辆"跛行回家"。尽管系统设定 P0300 为 TYPE B,但当催化器损害型失火发生时,P0300 将立即报告,这时该故障码为 TYPE A
排放损害型	由于存在未燃烧的燃油(正常喷油,但没有点火)进入排气系统,HC 和 CO 无法被充分转化,导致尾气排放恶化。当失火率达到导致尾气排放超过 EOBD 限值(一般失火率为 1％～5％)的时候,诊断系统将报告一个排放损害型的故障码,并且记录相关的信息。在诊断数据管理系统中,关于排放损害型的失火故障码为 P0300,该故障类型为 TYPE B,这就意味着必须在两个连接的工作循环中报告排放损害型失火,这时才会点亮发动机故障灯

（2）诊断方法

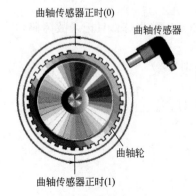

图 4-16　通过曲轴速度变化诊断失火

① 曲轴速度变化诊断法。通过曲轴速度变化诊断失火（图 4-16）。当失火发生时，曲轴速度会因失去动力而减速（图 4-17）。该方法主要通过对 58 齿曲轴转速的变化诊断失火和判别失火气缸。通过对有失火和无失火时的测量数据进行统计性处理，设定失火诊断的临界值（图 4-18）。

② 离子电流诊断法。通过测量离子电流，直接观测气缸内的燃烧状况，进而诊断失火。

（3）对失火诊断的影响因素　失火诊断需要汽车各零部件处于量产或等同于量产状态。所有影响到发动机曲轴转速变化的改变或因素将干扰到失火的正确诊断，

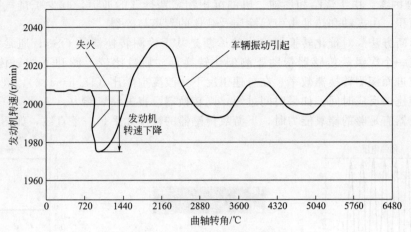

图 4-17 曲轴速度变化诊断法

例如进气系统、排气系统、驱动系统、变速箱、车轮、发动机在整车上的安装、燃烧室及曲轴减振系统等。

下列零部件的故障将暂停失火诊断,以避免错误诊断结果:

a. 进气压力/油门位置合理性故障(故障码 P0106);

b. 进气压力传感器线路低电压,开路(故障码 P0107);

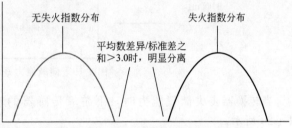

图 4-18 有失火和无失火时的测量数据

c. 进气压力传感器线路高电压(故障码 P0108);
d. 冷却液温度传感器线路高电压或断路(故障码 P0118);
e. 冷却液温度传感器线路低电压(故障码 P0117);
f. 节气门位置传感器高电压(故障码 P0123);
g. 节气门位置传感器低电压(故障码 P0122);
h. 曲轴位置传感器线路信号干扰(故障码 P0336);
i. 曲轴位置传感器线路无信号(故障码 P0337);
j. 进气温度传感器线路高电压或断路(故障码 P0113);
k. 进气温度传感器线路低电压(故障码 P0112);
l. 车速传感器无信号(故障码 P0502)。

4.2.2.2 催化转换器劣化诊断(故障码 P0420)

当催化器系统性能退化到 HC 排放超过极限值(EOBD 为 0.4g/km)时,系统认为是有故障,必须点亮故障指示灯和记录故障码。与其他诊断项目不同的是,催化转换器劣化诊断仅着眼于 HC 的升高。催化器诊断是使用两个氧传感器来估计储氧能力(Oxygen Storage Capacity,OSC)。利用催化器前面的(前置)氧传感器和位于催化器后面的第二个(后置)氧传感器的输出电压,可以得到 OSC。

(1)催化器性能退化的原因

① 高温。排气温度过高或催化剂材料高温强度差造成涂层烧结和活性材料烧结。
② 化学因素。燃料中的铅、硫的存在和润滑油中磷的存在使催化器中毒。

③ 物理因素。由于烧结和燃油、机油沉积物堵塞排气的通道，减少了排气与活性材料接触的表面积；由振动和热冲击引起涂层及载体的剥离与碎裂。

（2）诊断方法　对催化转换器劣化的诊断是基于检测转换器的 OSC，通常需要在转换器下游安装一个次级氧传感器帮助监测催化转换器，通过比较上游和下游氧传感器的值，EOBD 系统进而探测转换器效率。在急速工况下，改变空燃比（15.6～136），观测下游氧传感器对空燃比的反应时间。如果时间过短，则转换器已丧失储氧能力。

当转换器有足够的储氧能力时，下游氧传感器的输出几乎是一条直线，如图 4-19 所示。

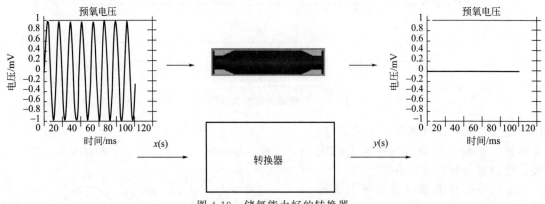

图 4-19　储氧能力好的转换器

当转换器丧失储氧能力时，下游氧传感器的输出将类似于上游氧传感器的输出，如图 4-20 所示。

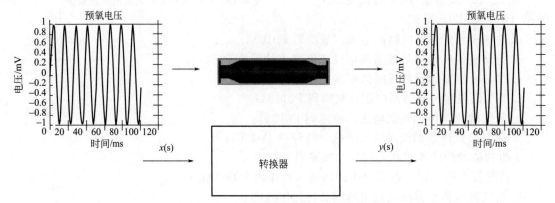

图 4-20　已丧失储氧能力的转换器

储氧能力好时，急速情况下空燃比由稀变浓时下游氧传感器的反应滞后；储氧能力丧失后，空燃比由稀变浓时下游氧传感器的反应变快。

4.2.2.3　氧传感器劣化诊断（故障码 P0133、P1133、P1134）

氧传感器是闭环燃油控制系统的一个重要的标志性零件，氧传感器信号是闭环控制的反馈信号，氧传感器信号的变化将会直接影响着喷油系统的闭环控制，闭环控制对排放的影响非常大，因此 EOBD 系统要随时监测氧传感器的信号，防止由于氧传感器信号的恶化而导致排放的超标。氧传感器劣化诊断仅仅对上游氧传感器。当氧传感器中毒或性能劣化后，其输出会变得缓慢。当劣化的氧传感器造成排放超过 EOBD 限值时，会点亮故障指示灯和记录故障码。

德尔福 EOBD 的诊断方法是通过对氧传感器输出波形进行观测：氧传感器的输出电压在 300~600mV 之间的平均时间，如图 4-21 所示；一定时间内氧传感器输出在浓、稀之间的转换次数，如图 4-22 所示；如果上述平均时间过长，或转换次数过少，则表明氧传感器已劣化。

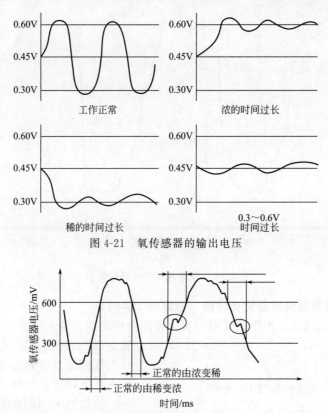

图 4-21　氧传感器的输出电压

图 4-22　一定时间内氧传感器输出在浓、稀之间的转换次数

正常氧传感器的输出，如图 4-23 所示。

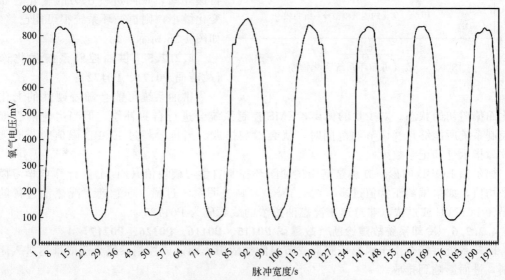

图 4-23　正常氧传感器的输出

劣化后氧传感器的输出，如图 4-24 所示。

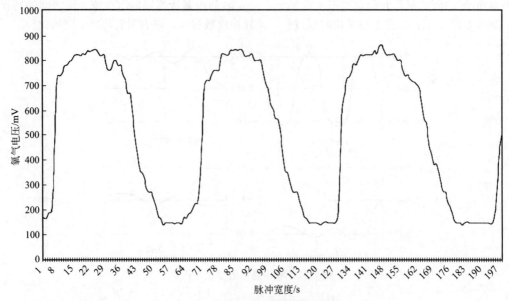

图 4-24　劣化后氧传感器的输出

4.2.2.4　废气再循环系统劣化诊断（故障码 P0402）

废气再循环系统通常会由于废气中的炭化物而造成堵塞，进而失去废气再循环功能，导致 NO_x 含量升高。当劣化的废气再循环系统造成排放超过 EOBD 限值时，应当点亮故障指示灯和记录故障码。

德尔福 EOBD 的诊断方法是观测废气再循环阀开启时进气压力的变化：在车减速时（多为减速断油时），开启废气再循环阀；观测进气压力的变化，如果变化微小，则再循环系统很可能已堵塞，如图 4-25 所示。

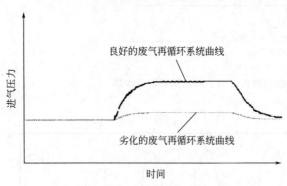

图 4-25　废气再循环系统劣化诊断

4.2.2.5　供油控制系统劣化诊断（故障码 P0171、P0172）

供油系统可能会随着硬件的老化或劣化而偏离初始状态。对少量的偏离，EMS 控制系统会进行自我补偿。但当劣化的程度超过控制系统所能够自我调节的范围时，就会影响排放。当排放超过 EOBD 限值时，必须点亮故障指示灯和记录故障码。

德尔福 EOBD 的诊断方法是基于供油闭环控制自学习模块值（BLM）：计算自学习模块的平均值，如果偏离正常值过多（约±30%），则表明系统过稀（非怠速工况燃油过稀的故障码为 P0171）或过浓（非怠速工况燃油过浓的故障码为 P0172）。

4.2.2.6　冷却系统故障诊断（故障码 P0115、P0116、P0126、P0217）

冷却系统可能会由于水温传感器或节温阀的故障，而造成控制系统无法或推迟进入闭环控制，进而影响到排放。

德尔福 EOBD 的诊断方法是通过对发动机暖机过程的模拟，来预测水温变化：根据发动机参数，模拟暖机过程，预测水温随时间的变化，将预测水温和水温传感器输入进行对比，进而判别系统故障。如图 4-26 所示为实测水温和预测水温对比。

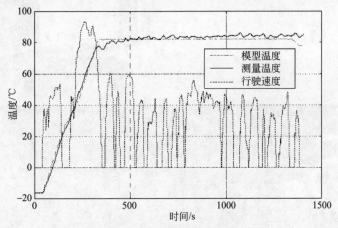

图 4-26 实测水温和预测水温对比

4.2.2.7 怠速控制系统故障诊断（故障码 P0506、P0507）

当怠速控制系统出现故障时，发动机怠速往往无法控制在所需转速上，就会造成发动机性能和排放等问题。

德尔福 EOBD 的诊断方法是通过检测实际转速和控制期待转速之差：当实际转速持续低于控制期待转速 100r/min 以上时，或者当实际转速持续高于控制期待转速 200r/min 以上时，则怠速控制系统被认为有故障。

4.2.3 控制器（ECM/PCM）测试

用于与诊断和控制器有关的通信故障、硬件故障及内存记忆变更，见表 4-6。

表 4-6 控制器（ECM/PCM）测试

项目	内容
通信故障	测试 ECM/PCM 的内部通信，以及和其他控制器之间的通信，如防盗系统、ABS、TCM 等，检查通信信号的有无及合理性
内存记忆检查（Checksum）	确认 ECM/PCM 中的软件程序和标定值没有被更改
硬件故障	检查 ECM/PCM 中的硬件是否功能正常

第5章 汽车专用诊断仪

汽车诊断仪是一款专门针对汽车检测的专业仪器，它可以实时检测车辆的性能，并且对车辆故障进行检测，是检测车辆必备的一种工具。专用诊断仪是各汽车厂家生产的专用测试设备，是汽车制造厂家专门配备给其特约维修站的测试设备，具有专业性强、测试功能完善的特点。专用诊断仪除具有扫描器功能外，还具有以下功能：

① 电脑控制系统参数调整及系统匹配与标定功能等；
② 防盗密码设定，防盗解锁配钥匙功能。

5.1 大众汽车VAS5051诊断仪的使用

目前，大众车系电脑故障诊断仪以VAG1551、VAG1552、VAS5051和VAS5052为主，可以用于捷达、宝来、高尔夫、奥迪、高尔、桑塔纳、波罗、帕萨特以及红旗等车型的发动机、自动变速器、组合仪表、ABS、SRS、电子防盗系统和自动空调等电控系统的故障诊断与检测。

汽车专用诊断仪VAG1551是大众公司为其新车型配备的检测仪，其功能相当强大。在测量时，要将点火开关处于"OFF"状态下，拆下连接插头，用细铜线将信号插脚引出来，然后插上连接插头，将引出线与示波器相连，要注意防止线路短路。采用示波器可以"截取"ECU与传感器或执行器之间的电子信号，并且以波形的方式显示出来。波形记录了信号的幅值和时间之间的关系，从波形上可以得到信号的幅值（电压的大小）、频率、占空比、脉冲宽度、特性及信号的变化规律等。通过对波形的分析，可以将导致汽车故障的所有原因一一检查出来，尤其在解决疑难杂症时特别有效，它是现代汽车故障诊断中一种重要的诊断仪器。

5.1.1 基本结构与操作

5.1.1.1 VAS5051诊断仪的特点

① 采用触摸屏代替了鼠标和键盘来操作测试仪。

② 电源采用交直流电两用，VAS5051 诊断仪的内置电池可以维持最多 30min 的连续供电，以供移动仪器时使用，而不需要关闭电源。在电池供电时，设有报警装置，提醒维修技术人员电池能量即将使用完。在使用外接交流电时，仪器自动对内部电池进行充电。

③ VAS5051 诊断仪的维修站代码和时间是不可以调整的，因此使汽车防盗的安全性大大增强，且为将来推广第四代防盗系统提供了可能。

④ VAS5051 诊断仪的详细说明使维修技术人员不需要记忆地址和故障码。

⑤ VAS5051 诊断仪可以使远程诊断变成可能。

⑥ VAS5051 诊断仪自诊断系统增加了引导型故障维修，可以智能化地向维修技术人员提供较准确的维修思路。

⑦ VAS5051 诊断仪可以用光盘来升级系统，同步配合汽车上装备的更新。

⑧ VAS5051 诊断仪可以通过升级操作系统来实现包括中文在内的多语言系统，不需要外接语言翻译系统。但是就升级速度而言，还是德语版与英语版最快。

5.1.1.2 VAS5051 诊断仪的结构

检测仪、检测导线、车间推车及打印机构成了 VAS5051 诊断仪的硬件系统，如图 5-1 所示。

（1）检测仪　VAS5051 诊断仪的检测仪既可以放置在仪器车上，也可以单独地携带（图 5-2），使用方便灵活。整个系统的核心是具有 LCD 触摸屏的检测仪，它是一个测量仪表和电脑的组合体，可以通过触摸显示屏上相应的文字或导向元素来控制检测仪。

检测仪的前部是一个向维修技术人员提供信息和与其进行通信的显示屏，显示屏上显示的图形被称为"屏"，显示检测仪的所有信息和功能。需要注意的是，不得使用尖锐的、热的或者会褪色的物体来操作显示屏，这些物体会损坏显示屏。如果几分钟不使用检测仪，则检测仪会切换至节能模式。当触摸显示屏时，最后一次被访问的页面出现在显示屏上。

① VAG5051 检测仪左侧。

a. VAG 接口可以与电脑的显示器或投影仪连接，通过这一功能可以使两个以上的维修技师看到 VAG5051 检测仪显示的内容。

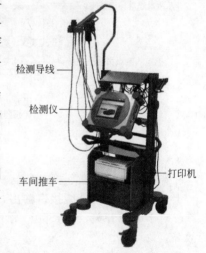

图 5-1　VAS5051 诊断仪的组成部分

b. RS232 串行接口用于 VAG5051 诊断仪的信息输出和输入。但此项功能对外不公开，仅限大众公司内部使用。

c. 键盘接口可以使用计算机的标准键盘，可以用来执行隐藏的操作系统。但此项功能对外不公开，仅限大众公司内部使用。

d. PCMICIA 电脑卡接口是笔记本电脑的专用外接端口，它可以用来连接其他的设备，例如调制解调器，它是网络支持的主要接口。

需要注意的是，除了使用电源接口和 VAG 接口外，不允许使用其他接口，使用其他接口等于放弃质量担保的权利；接地螺钉不得松开或拆除。

② VAG5051 检测仪右侧。

a. 3.5in（1in=2.54cm）磁盘驱动器主要用于 VAS5051 诊断仪紧急启动盘的使用。

b. CD-ROM 驱动器主要用于系统的安装和升级。

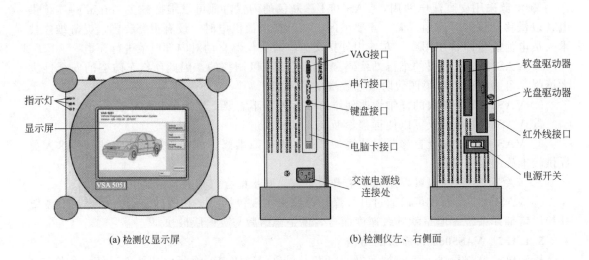

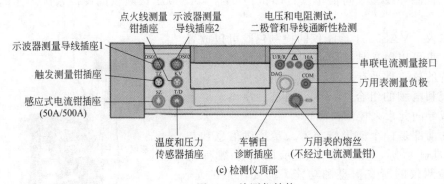

图 5-2　检测仪结构

c. 音频可以输出到耳机或音响。

d. 打印机使用红外线接口输出，可以通过无线方式将数据送到打印机。

e. 对于电源开关，VAS5051 诊断仪必须在关机画面出现时才能关机，否则会出现死机等故障。

需要注意的是，当 CD 驱动器正在工作时，测试仪的倾斜角度（垂直或水平）不得大于 15°。蓄电池充电时，尽量不要断开。

（2）检测导线　VAS 5051 诊断仪的检测导线用于和检测仪进行连接。维修技术人员根据具体检测的需要选择相应的检测导线和检测仪相连接，其具体的检测导线和检测仪的连接如图 5-3 所示。

当安装检测导线到检测仪上时，检测导线上插头的颜色应当与检测仪上的接口颜色一致，检测导线上插头的红点朝检测仪有显示屏一侧。具体检测导线的连接如下。

① COM 检测导线。在检测仪上将 COM 检测导线连接到标有"COM"标志（黑色标志）的插孔中。

② U/R/D 检测导线。在进行电压测试时，将 U/R/D 检测导线的 3 端 4mm 橡胶型插头插入"U/R/D"插孔中。在进行电流测试时，在 180°范围内旋转 3 端插头将 4mm 橡胶型插头插入红色的"10A"插孔中。

③ DSO 检测导线（DSO1 和 DSO2）。在检测仪上，将检测导线插入有蓝色标志的"DSO1"或"DSO2"任何一个插孔中，也可将"DSO1"端子在第二通道作为万用表使用。

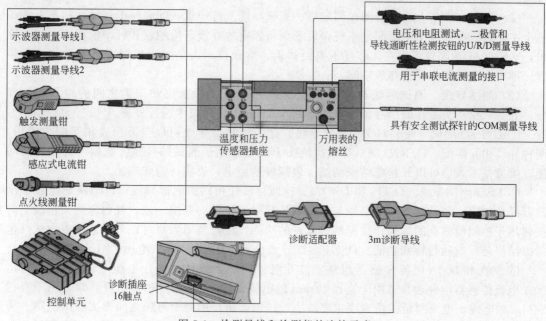

图 5-3 检测导线和检测仪的连接示意

④ 50A 电流传感器。将检测导线的插头与标有"SZ"（黄色标志）的插孔相连。

⑤ 500A 电流传感器。将检测导线的插头与标有"SZ"（黄色标志）的插孔相连。

⑥ 触发传感器。将检测导线的插头与标有"TZ"（黑色标志）的插孔相连。

⑦ KV 传感器。将检测导线的插头与标有"KV"（红色标志）的插孔相连。

⑧ 诊断导线/组合式诊断导线。将检测导线的插头与标有"DI-AG"（黑色标志）的插孔相连。

⑨ 诊断适配器（图 5-3）。与诊断导线相连接。

需要注意的是，从检测仪上拆下插头时，抓住插头外壳将其从插孔中拔出，插头内部没有螺纹，强制转动会对其造成损坏。注意只能抓住插头的外壳将其拔出，严禁直接拉住导线拔出插头，否则将损坏导线。

(3) 车间推车 方便维修技术人员整体移动 VAS5051 诊断仪系统。

(4) 打印机 打印机（图 5-4）用于打印屏幕显示和测试结果等。

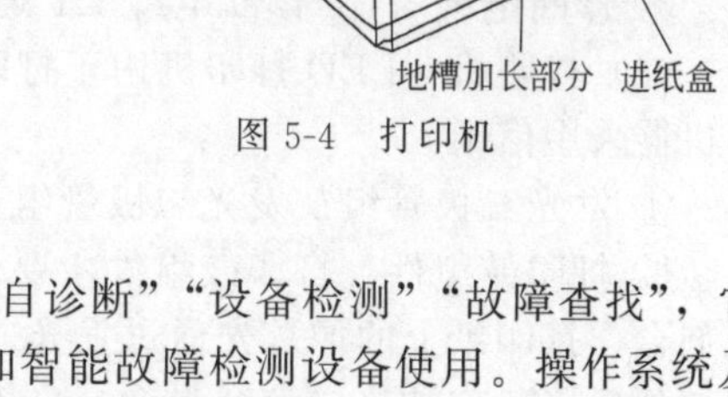

图 5-4 打印机

5.1.1.3 VAS5051 诊断仪的操作模式

(1) 检测仪 检测仪提供了以下操作模式："车辆自诊断""设备检测""故障查找"，它既可以当作故障读取设备使用，也可以作为检测设备和智能故障检测设备使用。操作系统及应用项目都被储存在检测仪中，其供电电压为 120～230V，或者是由车辆电子系统进行供电。如果需要，检测仪的内置蓄电池可以支持检测仪正常工作 30min，因此在突然停电时，也不必立即关闭检测仪。

检测仪的数据输入操作可以通过手指（或其他钝物）在触摸屏上触摸，红外线适配器为打印机提供无线连接。

（2）推车 推车上装有检测仪固定座、测试导线及打印机，同时便于移动。推车上装备一个主电源插座和一个电源配电系统，后者配备固定的导线与检测仪和打印机相连。利用推车，VAS5051 诊断仪可以在工作场地自由移动，维修技术人员可以根据需要显示和控制装置。推车内给出了附件的存放空间。

（3）测试导线 测试导线与传感器构成了 VAS5051 诊断仪和车辆之间的检测接口部分，并且从探测头处获取信号，将其传送到 VAS5051 诊断仪中进行处理。

① U/R/D 测试导线和 COM 测试导线。这两种测试导线可以与万用表相互配合使用，两种导线相互匹配。U/R/D 测试导线探测头上的按钮用于测试的控制。根据所选软件的功能，维修技术人员可以开始或结束测试（包括屏幕锁定）或执行特殊功能。

② DSO 测试导线（DSO1 和 DSO2）。这两种设计相同的测试导线可以与两通道数字示波器配合作用，测试时的连接必须与单根测试导线测试时的连接一致。红色探测头正极上的按钮用于控制检测到的数据。根据所选软件的功能，维修技术人员可以开始或结束测试（包括冻结屏幕）或执行特殊功能。DSO1 测试导线也可以用于 ±400V 电压的测试。

③ 50A 和 500A 电流传感器组件。打开电流传感器组件，夹在电缆上即可测试电流。50A 电流传感器组件通常适用于直径 12mm 的电缆，500A 电流传感器组件通常适用于直径 28mm 的电缆。电流测量的精确度主要取决于传感器组件中两个电极之间形成的闭磁路。为了减少测试误差，应当经常清理电极表面。50A 电流传感器组件与 500A 电流传感器组件各自具有检测闭合的功能，传感器组件已经闭合的信号传送到软件后，测试就可以开始。

④ 触发传感器组件。打开触发传感器组件，夹在点火线圈次级高压线上即可进行测试。高压线直径不超过 11mm。触发传感器接收脉冲信号，并且可以通过示波器显示信号的特性。例如，如果维修技术人员想显示第一缸的点火信号，可以将触发传感器组件夹在第一号高压线上。

⑤ KV 传感器组件。KV 传感器组件主要用于记录点火系统中的点火电压最大值和点火电压特性，它通常可以打开夹在车辆的点火线圈次级高压线上，其工作原理类似于电压表。KV 传感器组件适用于直径为 5~9mm 的点火线圈分高压线。

⑥ 诊断电缆和组合式诊断电缆。诊断电缆和组合式诊断电缆主要用于连接检测仪和车辆，通过它们也可以连接到以下位置：车辆系统、端子 30 上的蓄电池电压监视器、端子 15 上的点火状态探测器、带有 FK-L 导线的外设装置与车辆电子系统的主电源。

⑦ 诊断适配器。诊断适配器通常可以通过诊断电缆或组合式诊断电缆上的一个 2×2 引脚的接头与车辆相连。

⑧ 诊断电缆 LT。诊断电缆 LT 通常允许连接到经型卡车上。

（4）打印机 LED 打印机用于打印屏幕、测试结果等。欧洲型机器使用 A4 型纸，美国型机器采用信纸。

① 发光二极管组。发光二极管组正对着打印鼓上的点阵，调色剂在打印鼓上被吸收。

② 打印鼓组件。打印鼓组件主要包括光敏打印鼓、外侧包有有机半导体的加热鼓与调色剂盒。打印纸上的像首先通过发光二极管组件传递到加热鼓上，暴露在外的区域吸收调色剂，然后调色剂被传递到纸张上，采用加热的方法定影。

③ 显示面板。打印机的显示盘能够显示打印机的各种工作状态，例如准备就绪（"ON-LINE"）、浅色、进纸和出纸等。显示盘附近的黄色发光二极管"Ready"表示打印机的状态：当它点亮时，表示打印机正在准备接收数据和为打印处理数据；发光二极管闪烁时，表示数据正在接收和打印正在进行中；发光二极管熄灭时，表示打印机无法接收数据，例如在

手动进纸过程中或出现错误时。

④ 红外线适配器。打印机通过一个红外线（IrDA）适配器与检测仪连接。只要没有打印工作在传输，红外线适配器的发光二极管就会每 3s 闪烁一次。当打印工作正在进行时，发光二极管则按照数据传输的节拍不停地闪烁。

5.1.1.4　安装 VAS5051 诊断仪

（1）安装准确

① 打印机盖的防护罩。从打印机盖的两侧拆下防护罩。

② 检查连接是否良好。通常，设备在运输中连接可能松动，首先按照下面的顺序检查连接情况。

a. 电源线的连接——推车、打印机和数据接口：轻轻地向前拉出打印机盖，检查电源线的连接，在打印机仓中检查打印机。同时检查打印机上数据接口，以确保其固定夹在红外线适配器插头固定座之上是锁紧的；重新将打印机盖放回到原来的位置。

b. 检测仪电源连接：检查检测仪上的电源线连接是否良好。

c. 确保所有的测试导线连接良好。

d. 检查红外线适配器安装是否牢固。

③ 插入调色剂墨盒。当 VAS5051 诊断仪运输时，打印机与推车连接在一起，并且预先设置为默认状态。但是墨盒是单独包装的，因此在使用打印机之前，必须将调色剂墨盒插入到打印机中。

按照以下顺序安装调色剂墨盒：

a. 在打印机盖的两侧按下放松按钮，并且将其向上打开；

b. 除去调色剂墨盒的包装物，使密封胶带向下，防止墨盒泄漏，拆下密封胶带；

c. 将打开的墨盒插入打印鼓组件中墨盒支架的左侧，将墨盒上的蓝色开关打到右侧，将墨盒按下，并且与打印机保持持平。

d. 略微用力向后移动蓝色开关将墨盒与打印机锁紧。

④ 进纸。进纸盒处于打印机的下方，具有承受 100 张 $75g/m^2$ 纸张的能力。

a. 向内轻轻按下进纸盒的曲柄，进纸盒放松，然后从外壳中整个拆下进纸盒，如图 5-5 所示。

b. 在进纸盒中放入纸张。需要注意进纸盒的侧面有纸张已满的标志，不要放入过多的纸张。

c. 先将纸张向侧面靠齐，然后再向后靠齐，这时侧面大约有 0.5mm 的空隙，抓住进纸盒的后端向前移动。

d. 将进纸盒插入打印机中直至锁紧。

⑤ 出纸架加长部分。可以通过向前加长出纸架来适应纸张型号的扩大，出纸架上的金属架也可以打开使用，如图 5-6 所示。

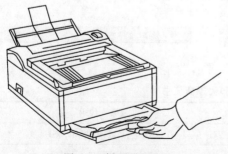
图 5-5　拆下进纸盒

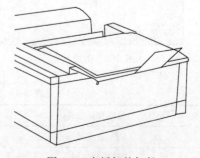
图 5-6　出纸架的加长

⑥ 检测仪固定座的调整。检测仪固定座的旋转装置在运输过程中通常是被锁紧的，在进行调整时，使用一个 8mm 的内六角扳手松动两侧的螺栓，可以任意旋转检测仪的方向，在任意位置其均可以保持稳定。

（2）设备连接

① 电源线的连接。使用推车上的 6mm 电源线将主电源与 VAS5051 诊断仪连接，这时检测仪前面顶部的双色发光二极管开始显示绿色，检测仪的冷却风扇也开始工作。

② 警告。欧洲机型采用德国电源插口的标准，如果维修技术人员在本国家不能使用配合的电源插口，应当确定当地所使用的电源系统的标准并进行电源线改制。如果是在美国和加拿大，请使用 UL 或 CSA 型电源线。不允许在未接地或接地阻抗过大的供电系统（IT 网络）中使用该机器。

（3）电源供电

① 检测仪。

a. 打开电源开关。将黑色的电源开关打到检测仪的右侧"1"位置后，启动检测仪。

b. 启动。打开电源开关后，检测仪开始启动后，存储在硬盘中的软件系统被传送到计算机内存中，屏幕上开始出现各种信息，例如操作系统的驾驶员信息和各种系统程序的启动信息，这些信息均无须进行操作。

② 触摸屏上显示的用户友好操作界面。除了电源开关外，检测仪的操作均是通过触摸屏来实现的，触摸屏上显示各种信息、对话框、选择项、图片、功能按钮和操作方式。

③ 启动屏初始状态。启动完成后，首先显示软件的版本信息，如图 5-7 所示。

④ 初始启动。在使用检测仪前，应当输入工厂代码，点击"Administration"（管理）按钮，进入管理界面，里面包括在管理模式中可能用到的所有功能列表，如图 5-8 所示。当检测仪启动后，需要输入维修站代码（进口商代码和经销商代码）。其他功能可以根据应当进行调整选择"输入工厂代码"功能，输入用户的 VZ-/进关号码、代理商号码和代理商标志符。选择此功能后，为了便于操作，屏幕上出现一个数字和字母键盘，可以在此键盘上输入 VZ-/进关号码和代理商号码，以及代理商的标志符。按照表 5-1 的顺序输入数据。

图 5-7　初始状态

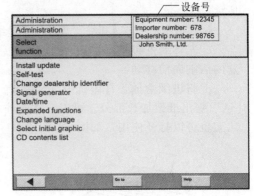

图 5-8　管理页面

表 5-1　工厂代码和代理商证书号

号码和标志符	输入代码
VZ-/进关号码	在 0~9 之间的 3 位数字
代理商号码	在 0~9 之间的 5 位数字

续表

号码和标志符	输入代码
代理商标志符	每行60字母或数字,最多两行

当设置输入维修站代码（进口商代码和经销商代码）后，点击"Go to"（转向）按钮，再选择"Go back"（返回）按钮，返回到启动屏。这时，检测仪开始准备就绪并显示启动屏。检测仪的启动屏会提示"Vehicle Self-Diagnosis"（车辆自诊断）、"OBD"（车载诊断）、"Test Instruments"（设备检测）、"Guided FaultFinding"（故障导航）、"Guided functions"（导航功能）、"Administration"（管理）、"Applications"（应用）、"Print"（打印）、帮助和注意选项。在所有模式下，均可使用打印功能进行屏幕打印（屏幕硬拷贝），在"车辆自诊断"和"故障导航"模式下，可以打印出已经执行过的所有工作记录和检测结果。

⑤ 改变代理商标志符。一旦输入工厂代码后，"输入工厂代码"功能按钮将被"改变代理商标志符"功能按钮所取代。所输入的工厂代码在此屏幕中无法进行更改，如果需要可以通过代理商标志符进行升级。

⑥ 退出启动屏。点击"转向"按钮，然后选择"返回"按钮，返回到启动屏。输入工厂代码后，检测仪开始准备就绪并显示启动屏。

5.1.2 车辆自诊断模式的操作

5.1.2.1 进入车辆自诊断模式

当诊断电缆连接良好，车辆点火启动后，在系统启动屏中选择导航元素的名字来激活"Vehicle Self-Diagnosis"（车辆自诊断）模式，如图5-9所示。用户可以通过诊断系统总线与车辆系统进行通信。车辆系统可以在对话框显示屏中进行选择。从显示屏中可以启动车辆系统涉及的所有可能的诊断功能，例如修正测试结果或者进行执行元件诊断功能等。进入"Vehicle Self-Diagnosis"（车辆自诊断）模式菜单，检测仪为用户提供其已知的所有车辆系统的列表，用户可以判断其是否与被检车辆相匹配。

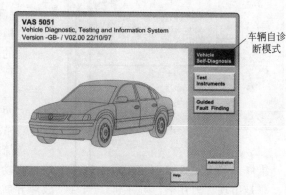

图5-9 选择车辆自诊断模式

5.1.2.2 选择诊断功能

如果维修技术人员在先前的显示屏中选择了车辆系统，并且表明通过诊断总线的通信已成功地完成了，例如维修技术人员选择了"01-Engine electronics"（电控发动机），则进入诊断功能界面。该显示屏显示与左侧的车辆系统相匹配的诊断功能选项，并从显示屏顶部右侧的车辆系统中读取控制单元识别符。如果车辆系统包括多个控制单元，则在先前的单个示屏中将显示其识别数据。进入"电控发动机"诊断功能菜单后，在菜单上就会出现"02Interrogate fault mem"（查找故障存储）、"03 Final control diagnos"（执行元件诊断）、"04 Basic setting"（基本设定）、"05 Erase fault memory"（清除故障存储）、"06 End output"（中断输出）、"07Code control unit"（控制单元编码）、"08 Read data block"（读取数据块）、"10 Adaption"（匹配）和"1 Login procedure"（登录）的功能选项，如图5-10所示。

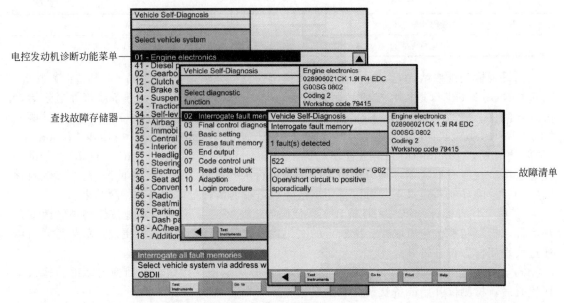

图 5-10　诊断功能界面

图 5-11　选择测试仪表模式

5.1.3　测试仪表模式的操作

在启动屏下，选择"Test Instruments"（测试仪表）模式，如图 5-11 所示。在这个模式下允许维修技术人员在显示屏内各参数的帮助下设定检测部件，然后使用此部件执行检测，检测结果显示在数字屏或字母屏上。在"设备检测"模式中，可以用到以下两种功能：Multimeter（万用表）；Digital Storage Oscilloscope（数字存储示波仪），简写为 DSO。

维修技术人员仅可以使用以上模式中的一种功能进行工作。当从启动屏中开始设备检测时，总是出现"万用表"显示屏。当从"故障导航"或"车辆自诊断"模式中跳转时，会出现最近使用过的示屏（万用表或 DSO）。在"DSO"显示屏中，按下"万用表"按钮将选择万用表功能，在"万用表"显示屏中，按下"DSO"按钮将选择 DSO（数字存储示波仪）功能，如图 5-12 和图 5-13 所示。

5.1.3.1　万用表

（1）万用表的设定　当用户第一次进入"万用表"显示屏时，其打开基本设定"电压 U/R/D"，从此之后，当其再次打开设定时，将显示上次设定的数值。"万用表"显示屏可用来操作万用表，作为一个自由测试装置，用户可以设定测试功能、执行测试和读取测试结果。

（2）万用表的测试功能组合　万用表的测试被分为两种功能组合，如图 5-14 所示。在屏幕上两个功能组合中用于选择测试功能的按钮以不同字体的字符显示。

用户可以从功能组合一或功能组合二中执行一种测试，也可以从每一种功能组合中执行一种。每一种测试执行时，均作为唯一的一种测试进行。为了显示两种不同的测试值，显示

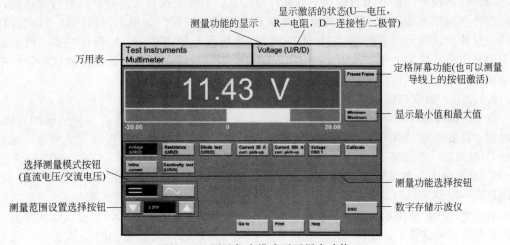

图 5-12 测试仪表模式下万用表功能

框也被分成两个,第一个测试值被显示在左侧,第二个测试值平行地显示在右侧,且循环显示,两个测试值的字体颜色不同,如图 5-15 所示。

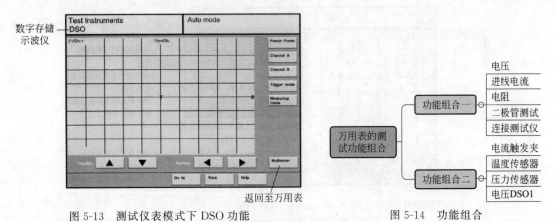

图 5-13 测试仪表模式下 DSO 功能　　　图 5-14 功能组合

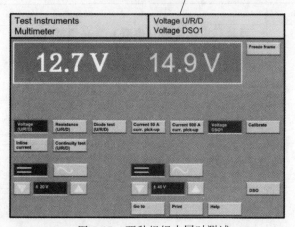

图 5-15 两种组织中同时测试

(3) 误差校正　在万用表模式下具有自检特征,当相关按钮激活时,将执行此功能,如果用户转换测试类型,应当在新的测试类型下进行误差校正。如果用户返回到"设备检测"模式,且此模式距上次使用超过 1h 时,也应当执行误差校正功能。如果有需要,用户也可以手动操作误差校正。用户按下"brate"(误差校正)按钮,执行设备检测和检测导线中的手动误差校正。用户可以根据对话框提示进行下一步操作。

5.1.3.2　数字存储示波器(DSO)

在"故障导航"或"车辆自诊断"模式中,按下"Test Instruments"(设备检测)按钮,这时在"设备检测"模式中最后使用的示屏中将出现:这既不是"万用表"显示屏,也不是"DSO"显示屏。如果正处于"万用表"的显示屏中,则按下"DSO"按钮。当第一次打开"DSO"显示屏时,将显示其基本设定,如图 5-16 所示。此后,每一次选择"DSO"显示屏,使用最后一次使用时的设定数据启动。在"DSO"显示屏中的具体操作说明见表 5-2。"DSO"显示屏是允许用户使用数字存储示波器作为一个自由测试设备使用的。用户可以设定参数、触发测试和读取测试结果。在"DSO"显示屏中,用户可以输入的设定如图 5-16 所示。在未按下以下按钮"Channel a"(通道 A)、"Channel B"(通道 B)、"Trigger mode"(触发模式)或"Measuring mode"(测试模式)时,用户可以选择图像位置和时间段。

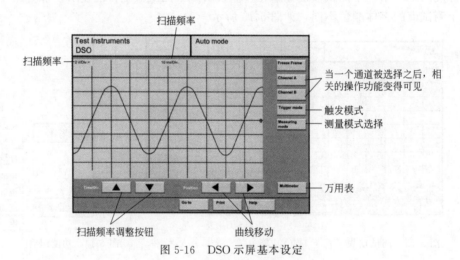

图 5-16　DSO 示屏基本设定

表 5-2　DSO 设定界面按钮操作说明

按钮图示	操作说明
Channel A Channel B	选择测试通道,设定测试通道的参数(在自动安装中无法使用)
Trigger mode	选择触发通道的参数(当用户在导航模式下时无法使用)
Measuring mode	选择测试模式
◀	按下此按钮,可以将曲线网格图移动到右侧,因此可使左侧的显示框显示出来

续表

按钮图示	操作说明
▶	按下此按钮,可以将曲线网格图移动到左侧,因此可使右侧的显示框显示出来。通过左右移动曲线网格图,用户也可以移动触发点(用"T"表示)
▲	按下此按钮选择较高一些的时间段
▼	按下此按钮选择较低一些的时间段

5.1.4 引导性故障查询模式的操作

引导性故障查询是 VAS5051 诊断仪的一个独有的功能,它类似于一个专家系统,在分析了车辆内的故障后,给维修技术人员提供一个解决方案,如图 5-17 所示。目前,德国大众将自诊断的内容全部放在这个功能内,将不再向维修站提供相关资料。

使用具有引导性故障查询功能的 VAS5051 诊断仪可以使汽车检修工作变得更加容易,并且能够缩短故障查找所需要的时间。引导性故障查询功能不仅可以用于排除故障存储器内存储的故障,而且可以用于排除基于感觉方面的抱怨。维修技术人员可以得到使用 VAS 诊断系统方面的指导和工具的使用情况。在引导性故障查询过程中,必要时可以使用测试仪器和执行自诊断功能,如图 5-18 所示。

图 5-17 引导性故障查询模式

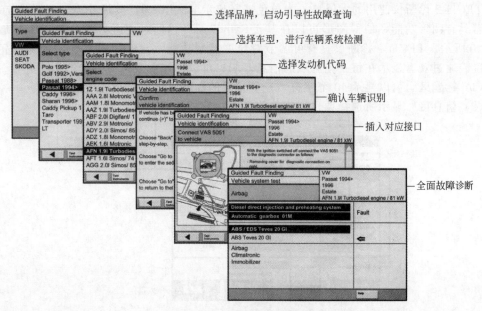

图 5-18 引导性故障查询过程

5.2 通用汽车 TECH 2 诊断仪的使用

TECH 2 汽车专用诊断仪是美国通用（GM）汽车公司为了协助带有电子控制器和接口（界面）装置的车辆系统的诊断和修理而设计的，该诊断仪不仅能够检索和阅览诊断咨询，而且能够执行车辆诊断和执行功能自检。TECH 2 诊断仪不仅可以读取、清除故障码及读取数据流信息，而且对电控系统元件进行匹配设定（学习设定）等与汽车电控系统 ECU 进行交流功能，同时具有静态和动态检测的记录功能，以便汽车维修时进行分析和判断，并且还具有示波器、万用表等常规检测仪器的基本作用。

5.2.1 基本结构

通用公司 TECH 2 诊断仪如图 5-19 所示，主要由显示屏、键盘、车辆通信端口（VCI）、串行数据端口、倾斜支杆及拉带等组成。

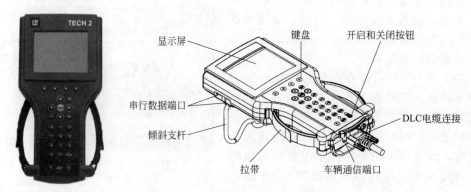

图 5-19 通用公司 TECH 2 诊断仪

5.2.1.1 显示屏

TECH 2 诊断仪使用的大屏幕，为单色液晶显示屏（LCD），其尺寸为 100mm×76mm。该屏幕具有图形功能，使得图形可以在其上绘出以帮助诊断，该屏幕被分为五个区域，如图 5-20 所示。TECH 2 诊断仪具有可调节对比度控制功能，允许用户改变显示屏的亮度和对比度。通过观看显示在每一个区域的信息，用户可以更加有效地使用该工具。

（1）标题区　可以显示 40 个字符，是信息区的标题，其下面是一条间隔。

（2）信息区　显示所选择项目的相关信息。

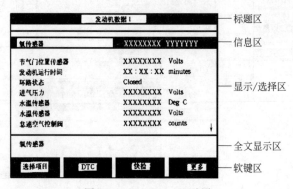

图 5-20 TECH 2 显示屏

(3) 显示/选择区 有关数据的列表显示。

(4) 全文显示区 "全文显示"区一直是"显示/选择"区高亮显示行的完整描述。

(5) 软键区 显示 4 个软键的功能。

5.2.1.2 键盘

TECH 2 诊断仪的键盘主要包括 27 个键。其中，23 个键是预定义键，4 个键被称为软键。软键的用途将根据按采用的应用部分而改变，如图 5-21 所示。

(1) 软键 在 TECH 2 诊断仪上面有 4 个键，它们在一个应用之内有不相同的用途。软键功能通常由软件驱动，这就意味着软键功能在软件不同的区域可能会有所改变。在"Main Menu（主菜单）"中最左边的软键将被用来清除车辆故障码，而在"Snapshot（快照）"中相同位置的键可能改变单位。软键在不同的时间执行不同工具操作的能力增加了 TECH 2 诊断仪的多功能性。

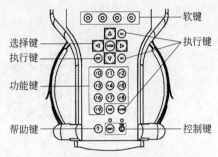

图 5-21 TECH 2 的键盘

(2) 选择键 箭头键被用来进行屏幕移动以作选择，共有四个箭头键。按"UP（向上）"和"Down（向下）"箭头一次将高亮显示条移动一行。如果将它们按住不放，高亮显示条将滚动。按"Left（向左）"和"Right（向右）"箭头一次将高亮显示条移动一页。"Left（向左）"箭头将高亮区上移（前一页），"Right（向右）"箭头将高亮区下移（下一页）。箭头键则被用来将高亮条移动至做选择的位置，或者移动显示以浏览更多的信息。

(3) 执行键 有一组键被称为执行键。正如该名称的含义，执行键将要在 TECH 2 诊断仪上产生一个操作。执行键分别为"YES"（是）、"NO"（否）、"ENTER"（回车）及"EXIT"（退出）。

"YES"（是）——确认对问题的肯定回答。

"NO"（否）——确认对问题的否定回答。

"ENTER"（回车）（2 个键）——表示已做出选择。

"EXIT"（退出）（2 个键）——返回至前一菜单选择。

(4) 功能键 功能键（F0～F9）允许直接从菜单选择选项。

(5) 帮助键 进入对 TECH 2 诊断仪的当前操作特定的帮助工具功能。

(6) 控制键 有两个键被用来控制 TECH 2 诊断仪本身。它们是"SHIFT"（切换）键和"PWR"（电源）键。使用"SHIFT"（切换）键可进入屏幕对比度控制。要在 TECH 2 诊断仪的当前电源循环中调节对比度，可以使用下列程序：按下"SHIFT"（切换）键（将启亮黄色灯）。使用"UP"（向上）箭头增加屏幕亮度和对比度，或"Down"（向下）箭头减小屏幕亮度和对比度。按下"SHIFT"（切换）键（将关闭黄色灯）。此程序将仅调节 TECH 2 诊断仪在本电源循环间期的对比度。如果电源被关闭然后再打开，对比度将变为默认值。默认值设置包含在 TECH 2 诊断仪用户指南中。需要注意的是，如果黄色"SHIFT"（切换）灯亮起，则只有"UP"（向上）/"Down"（向下）箭头键和"EXIT"（退出）键有效。TECH 2 诊断仪有一个"PWR"（电源）开关，此开关控制 TECH 2 诊断仪的接通和关闭。当 TECH 2 诊断仪接通时，绿色指示灯将亮起。

5.2.1.3 程序卡（PCMCIA 卡）

TECH 2 诊断仪的诊断软件通常存储在程序卡中，这个程序卡称为 PCMCIA 卡，位于 TECH 2 诊断仪上部，如图 5-22 所示，装入或取出 PCMCIA 卡时应当断开 TECH 2 电源，按 PCMCIA 插槽旁的箭头键，PCMCIA 卡会自动弹出来。在装入 PCMCIA 卡时，应当注意两侧的槽口方向，它只能沿一个方向插入。在 TECH 2 诊断仪中可以插入 2 个 PCMCIA 卡，靠近屏幕的插槽为 0 槽。另外一个为 1 槽。在卡上有一个写保护装置，在中央时为处于未锁定状态，可以写入捕捉数据或更新 TECH 2 诊断仪程序；如果写保护处于锁定状态，这些功能将无法执行。以前的 PCMCIA 卡是一个 10M 容量的卡，目前，别克君威、凯越、2003 年款赛欧等汽车的检测需要 32M 大容量卡的支持。

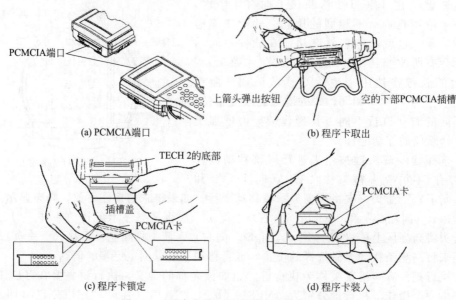

图 5-22 程序卡端口及程序卡的取出与装入

5.2.1.4 串行数据端口

在 TECH 2 诊断仪上有两个串行数据接口，如图 5-23 所示。RS-485 目前未用，它作为一组装置总线，通过增加附加功能来扩展 TECH 2 诊断仪功能。RS-232 是可以连接计算机的，通过计算机的 TS2000 软件下载通用公司的最新控制程序，然后通过车辆 VCI 接口写入车上的有关控制模块中。TECH 2 诊断仪拥有了这个接口，可以使在用车辆的控制程序随时更新，同时与新出车辆同步。

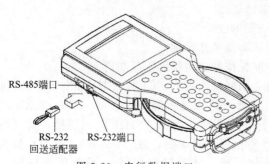

图 5-23 串行数据端口

5.2.1.5 车辆通信端口模块

TECH 2 诊断仪使用车辆通信端口（VCI）模块，如图 5-24 所示，该模块位于装置的底部，通常用作车辆和 TECH 2 诊断仪内部工作的接口。这使 TECH 2 诊断仪可与车辆上许多不同类型的数据系统进行通信。数据通过数据链路连接器电缆在车辆和 TECH 2 诊断仪之间传输，主要用于 TECH 2 诊断仪的电源也从车辆通信端口模块发送。电源可以通过数据链路连接器电缆或从车辆通信端口模块的底部的电源插孔获得。在内部，车辆通信端口模块保护 TECH 2 诊断仪，避免了相反极性的电源连接。

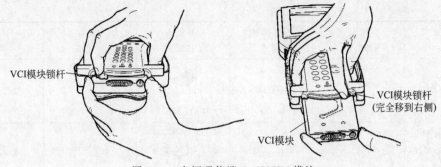

图 5-24 车辆通信端口（VCI）模块

5.2.1.6 TECH 2 软件

用 TECH 2 诊断仪来诊断不同的车型需要有相应的软件支持。普通 TECH 2 诊断仪用户可通过经销商升级 TECH 2 软件，如果是上海通用或美国通用的服务站可以通过通用公司提供的 TIS2000 系统更换及时地更新 TECH 2 软件。

5.2.2 连接

5.2.2.1 与车辆连接

要使用 TECH 2 诊断仪，需要进行适当的连接。这些连接通常包括电源连接（图 5-25）和数据链路连接器连接。TECH 2 诊断仪的电源通常来自数据链路连接器。如果数据链路连接器未提供电源，或者在远离车辆的地方使用 TECH 2 诊断仪，则应当使用另一种电源来源。车上电源连接也可来自点烟器适配器或来自蓄电池卡夹适配器。当使用其中一个适配器时，连接至数据链路连接器电缆接头背面的插孔。12V 适配器自带熔丝以帮助保护 TECH 2 诊断仪的电线。

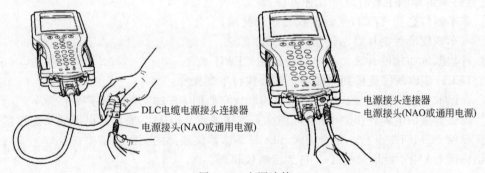

图 5-25 电源连接

TECH 2 诊断仪使用的各种电源线插头见表 5-3。

表 5-3 TECH 2 诊断仪使用的各种电源线插头

AC 插头类型	电压和电流	GM 部件编号	AC 插头类型	电压和电流	GM 部件编号
NEMA 5-15P	125~127VAC 10A	3000141	SEV 12	250VAC 6A	3000145
	125VAC 12A	3000147			

续表

AC 插头类型	电压和电流	GM 部件编号	AC 插头类型	电压和电流	GM 部件编号
CEE 7-7	250VAC 10A	3000142	ASFNIT 107	250VAC 6A	3000146
BS 1363A	250VAC 5A	3000143	IEL 83-B1	250VAC 10A	3000148
AS 3112	250VAC 7.5A	3000143	SI 32	250VAC 6A	3000149

在 TECH 2 诊断仪连接至车辆期间不可使用 TECH 2 诊断仪的交流电源适配器，因为可能发生数据错误；相反，交流电源适配器是为在远离车辆时操作 TECH 2 诊断仪而设计的。TECH 2 诊断仪的工作电压为 8～20V，电流大约为 0.75A。有时，也需要将 TECH 2 诊断仪连接至个人电脑（PC），以与技术信息系统（TIS）通信，此连接通过 RS-232 通信端口进行。在利用维修编程系统（SPS）时，通常需要使用钥匙硬件。

5.2.2.2 与 Techline 终端连接

有些特殊情况，TECH 2 诊断仪需要连接到一个终端。当将 TECH 2 连接到终端时，一定要使用 TECH 2 的 NAO 电源（P/N 3000113），将电源电缆连接到车辆的点烟器插座也可以。

连接终端的原因主要有以下几种方法：
① 将车辆信息从 TECH 2 诊断仪传送到终端；
② 将车辆校准数据从终端传送到 TECH 2；
③ 将数据（如软件升级）从终端传送到 TECH 2。

将 TECH 2 诊断仪连接到终端前，需要执行下列操作：
① 确保 RS-232 电缆已经与 TECH 2 诊断仪左侧的 RS-232 端口相连接；
② 确保合适的电源连接到 DLC 电缆插头连接器或 TECH 2 底部的电源插头连接器；
③ 确保 PCMCIA 卡已经完全插入 TECH 2 诊断仪顶部的上面插槽中；
④ 确保 CANDI 模块未与 TECH 2 诊断仪相连。

5.2.2.3 与计算机终端相连

① 将串联端口适配器（P/N TA00040）插入计算机终端后面标记为"A"或"1"的串行端口，或者使用 USB 串行适配器插入 USB 端口。
② 将 TECH 2 诊断仪的 RS-232 电缆插入串行端口/USB 端口适配器中，并且连接上合适的电源。
③ 连接上电源后，按下"PWR"键，TECH 2 诊断仪启动画面将显示在屏幕上。

5.2.3 基本设置

5.2.3.1 使用前的设置

连接 TECH 2 诊断仪至车辆诊断插头（DLC），如图 5-26 所示，按下电源"PWR"按键后，将显示 TECH 2 的初始屏幕，如图 5-27 所示。

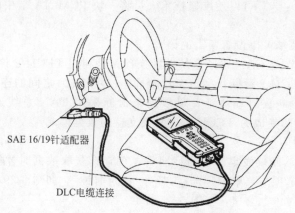

图 5-26　连接 TECH 2 诊断仪至车辆诊断插头（DLC）

在断电的情况下，向 TECH 2 诊断仪插入两张 PCMCIA 卡，在初始开机屏幕下按 "ENTER" 按键，屏幕显示主菜单，如图 5-28 所示，选择 "F3：工具选项"。

图 5-27　初始屏幕

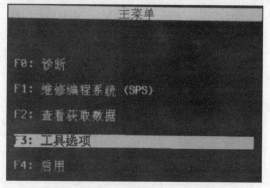

图 5-28　主菜单 "F3：工具选项"

"工具选项" 菜单主要包括以下内容。

① "设置时钟" 菜单可以用来重新设置 TECH 2 诊断仪的日期和时间。如果在退出该项功能前没有按下 "设置时钟" 按键，设置内容将不会被保存。

② "设置荧光屏对比度" 菜单可以改变屏幕的对比度。当 TECH 2 诊断仪关闭电源后仍然将保持该对比度。根据 TECH 2 诊断仪屏幕上的指令设置对比度的缺省值，TECH 2 诊断仪每次单独重新供电后，对比度仍可能需要设置。

③ "设定单位" 菜单可以使维修技术人员将单位设置成英制或公制。

④ "自检" 菜单可以使维修技术人员进行检测，从而帮助诊断 TECH 2 诊断仪自身可能存在的故障。由于 TECH 2 诊断仪每次接通电源后自行操作通电自检测，通常情况下可以不使用 "自检" 功能。如果发现故障，维修技术人员应当在 "自检" 菜单下，查看检测结果。

⑤ "设定培训中心模式" 是一项仅用于通用汽车培训中心与 TECH 2 相关的培训。

⑥ "TECH 2 编程" 可以使维修技术人员使用 TECH 2 诊断仪进行 TECH 2 编程学习。

⑦ "设定通讯旁通模式" 可以使维修技术人员在没有车辆的情况下使用 TECH 2 诊断仪

进行自学练习，即学员模式。

⑧ "复制 PCMCIA 卡"可以使维修技术人员将一块 PCMCIA 卡中的程序复制到另外一块 PCMCIA 卡上去。

⑨ "设置语言"菜单可以设置所需的语言。

⑩ "CANDI 诊断"是 CAN 诊断系统的转换器，是利用 TECH 2 诊断 CAN 总线系统的新模块，它安装在 TECH 2 诊断仪和汽车诊断插座（ALDL）之间的连接电缆上。安装好的 CANDI 被 TECH 2 诊断仪自动激活，可以用来诊断采用 CAN 总线通信的新款车辆，使 CAN 总线提供的信息转换成为 TECH 2 诊断仪支持的数据模式。

5.2.3.2 设置时间

只有给 TECH 2 诊断仪设定好正确日期后，在查看获取数据时才能够确定正确的数据记录日期。在"工具选项"菜单中，选择"F0：设定时钟"，如图 5-29 所示，按"ENTER"键，进入"真实时间时钟"菜单，如图 5-30 所示。

图 5-29　选择"F0：设定时钟"

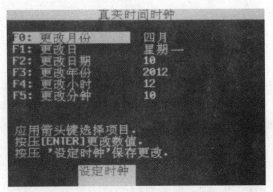

图 5-30　"真实时间时钟"菜单

5.2.3.3 设置荧光屏对比度

在"工具选项"菜单中，选择"F1：设定荧光屏对比度"，按"ENTER"键，进入"设定对比度控制"菜单页面，如图 5-31 所示。该屏幕能够提示如何设置和保存屏幕对比度，使工具的可视性在当前的光线条件下达到最佳效果。

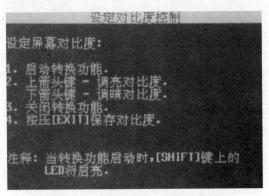

图 5-31　"设定对比度控制"菜单

5.2.3.4 设定单位

在"工具选项"菜单中，选择"F2：设定单位"，按"ENTER"键，屏幕显示如

图 5-32 所示。

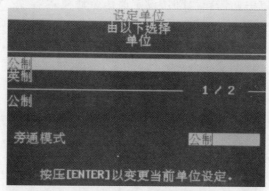

图 5-32 "设定单位"菜单

5.2.3.5 设定培训中心模式

在"工具选项"菜单中,选择"F4:设定培训中心模式",按"ENTER"键,屏幕显示如图 5-33 所示。

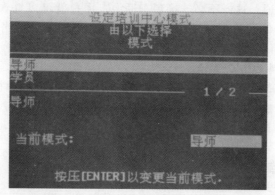

图 5-33 "F4:设定培训中心模式"

5.2.3.6 设定 TECH 2 编程

在"工具选项"菜单中,选择"F5:设定 TECH 2 编程",按"ENTER"键,屏幕显示如图 5-34 所示。

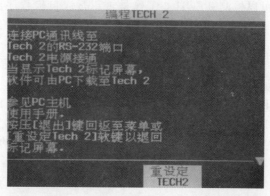

图 5-34 "F5:设定 TECH 2 编程"

5.2.3.7 设定通信旁通模式

在"工具选项"菜单中,选择"F6:设定通信旁通模式",按"ENTER"键,屏幕显示如图5-35所示。

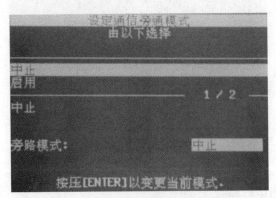

图 5-35 "F6:设定通信旁通模式"

屏幕上会显示出"中止"和"启用"两个选项模式,如果激活旁通模式,TECH 2诊断仪将为错误处理加设旁通,这样不必连接到车辆上,用户就可以查看数据显示信息。用上、下箭头选择目标选项,使其为高亮显示,按下"ENTER"键改变当前模式。每次关闭后,TECH 2诊断仪将会默认地回到禁用模式。

5.2.3.8 设定复制 PCMCIA 卡

"F7:设定复制 PCMCIA 卡"可以复制当前 PCMCIA 卡中的数据,显示屏会提供将目标卡(需要升级的卡)插入空的 PCMCIA 卡槽中,按"ENTER"键继续,复制屏幕上会显示两张卡的当前版本。屏幕上高亮区域表示原卡和目标卡的位置,而箭头表示数据流的方向。

5.2.3.9 设置语言

"F8:设置语言"可以设置所需的语言。

5.2.3.10 设定 CANDI 诊断

选择"F9:CANDI 诊断"时,CANDI 诊断屏幕上将会出现 CANDI 模块的完全诊断程序。

5.2.4 自检

TECH 2自检程序可以检测 TECH 2工作是否正常。自检程序可以将用户的操作错误与系统硬件故障区分开来,用户应当按期执行自检程序,以保证 TECH 2诊断仪的正常运行。

在"工具选项"菜单中,选择"F3:自检",如图5-36所示,然后按下"ENTER"键。

5.2.4.1 F0:自动主 PCB 和 VCI

"F0:自动主 PCB 和 VCI"菜单如图5-37所示。"F0:自动主 PCB 和 VCI"是测试主印制电路板(主 PCB-TECH 2的主电路板)与车辆通信端口(VCI)性能的一个快捷方式。

选择"F0:自动主 PCB 和 VCI",进行自检,显示出正在测试的信息,如图5-38所示。如果 TECH 2通过了所有的自动主 PCB 和 VCI 测试,则不再需要运行任何测试检查 TECH 2诊断仪是否工作正常。待测试完成后,选择"主要详情"或"VCI 详情"查看主 PCB 或 VCI 测试结果,如图5-39所示。

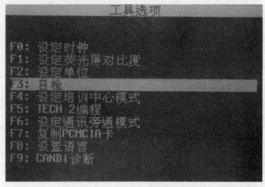
图 5-36 选择"自检"菜单

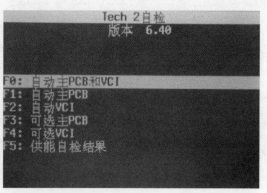
图 5-37 进入"自检"菜单

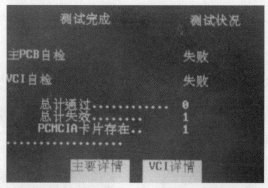
图 5-38 自检"自动主 PCB 和 VCI"

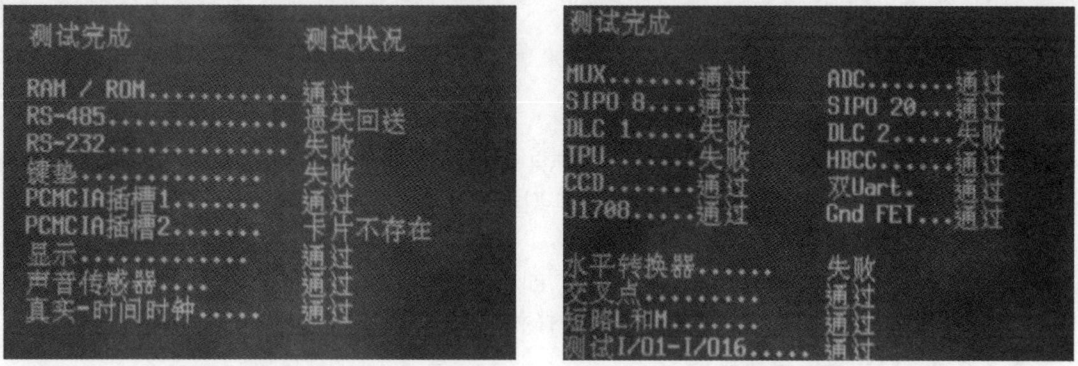

(a) "主要详情"   (b) "VCI详情"

图 5-39 测试结果

如果测试提示出现故障,则用户应从"自检"主菜单中选择"F3:可选主 PCB"或"F4:可选 VCI",对故障进一步分析,如图 5-40 所示。

5.2.4.2 F1:自动主 PCB

"F1:自动主 PCB"与"自动主 PCB 和 VCI"测试基本相同,只是不包括 VCI 部分的测试,如图 5-41 所示。

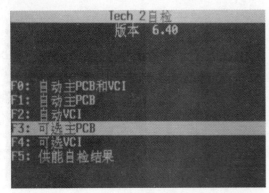
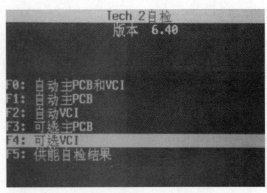

图 5-40 "F3：可选主 PCB" 和 "F4：可选 VCI"

5.2.4.3　F2：自动 VCI

"F2：自动 VCI" 与 "自动主 PCB 和 VCI" 测试基本相同，只是不包括 PCB 部分的测试，如图 5-42 所示。

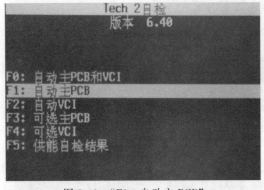
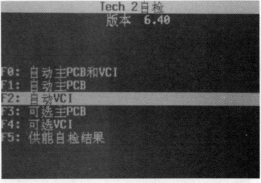

图 5-41　"F1：自动主 PCB"　　　　　　图 5-42　"F2：自动 VCI"

5.2.4.4　F3：可选主 PCB

当 "自动主 PCB 和 VCI" 测试或 "F1：自动主 PCB" 测试出现故障时，选择 "F3：可选主 PCB"，用户可以根据出现故障的元件类型选择相应的单独测试。

5.2.4.5　F4：可选 VCI

当 "自动主 PCB 和 VCI" 测试或 "F2：自动 VCI" 测试出现故障时，选择 "F4：可选 VCI"，用户可以根据出现故障的元件类型选择相应的单独测试。

5.2.4.6　F5：供能自检结果

当启动自检过程中出现故障信息时，选择 "F5：供能自检结果"，屏幕上就会显示出详细的故障信息，用户选择 F0、F1、F2、F3 或 F4 可以对故障进行进一步分析。

5.2.5　诊断

在主菜单中，选择 "F0：诊断" 菜单，如图 5-43 所示。"诊断" 菜单通常有四个诊断项目：动力系统、车身、底盘、诊断和电路检查，其诊断流程如图 5-44 所示。

动力系统项目通常包括发动机/变速箱的诊断功能，例如读取发动机和变速箱的数据参数，控制某些输出，例如电磁阀的操作。

车身项目通常包括的功能与动力系统项目类似，其功能设计是为了支持某些系统的功能，如安全气囊辅助保护系统（SIR）及空调系统（HVAC）。

底盘项目通常包括的功能也与动力系统项目类似，包含防抱死制动和牵引力控制有关的功能。

诊断和电路检查主要是检查汽车电路系统的有关功能。

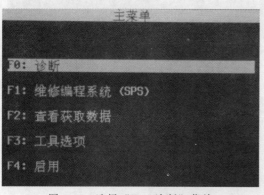

图 5-43 选择"F0：诊断"菜单

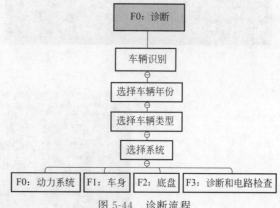

图 5-44 诊断流程

5.2.6 维修编程系统

在主菜单中选择"F1：维修编程系统"，按如图 5-45 所示流程进行操作，如图 5-46～图 5-48 所示。

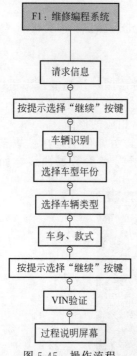

图 5-45 操作流程

图 5-46 请求信息

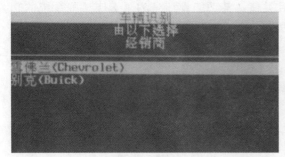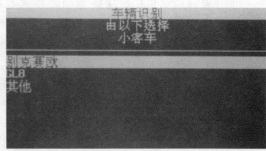

图 5-47 车辆识别

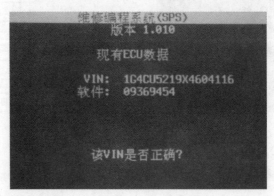

图 5-48 VIN 验证

5.2.7 查看获取数据

在主菜单中选择"F2：查看获取数据"，按菜单选项提示进行操作。

5.2.8 实时绘图

TECH 2 诊断仪的实时绘图功能可以实现数据参数的实时绘图，该功能最多可以实现 3 个参数的同时绘图。当这些参数数据从车辆传送到 TECH 2 诊断仪时，会被绘成一条曲线，通过这条曲线可以分析出车辆数据，对间歇性的车辆故障做出相应的诊断。

① 在动力总成菜单中，选择"F1：数据清单"，在数据显示屏幕上选择"更多"键两次，引出"实时绘图"。一次最多选择 3 个参数，选择"接受"查看数据曲线，如图 5-49

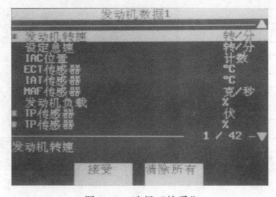

图 5-49 选择"接受"

所示。

② 当实时绘图功能启动时，曲线图上的所有特征都是可用的，按下"更多"键可以看到更多的选项，如图 5-50 所示。这些选项可以让用户一次放大或者缩小绘图 50 帧或者改变高亮显示数据参数的最大/最小值。

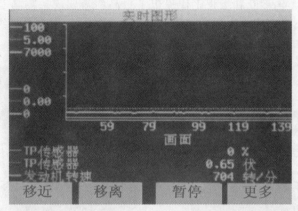

图 5-50　实时绘图

③ 高亮显示数据参数的最小/最大值可用下列几种方式进行编辑：

a. 选择"改变最小/最大"允许改变一个数据参数的最小或最大值，如图 5-51 所示；

b. "编辑最小"和"编辑最大"分别允许使用键盘对最小及最大值进行设置，这些值可以为正或为负；

c. 选择"学习"和"全部学习"允许 TECH 2 诊断仪得到高亮显示参数或所有已选参数的最小/最大值；

d. 选择"恢复默认值"保存高亮显示参数的默认最小/最大值。

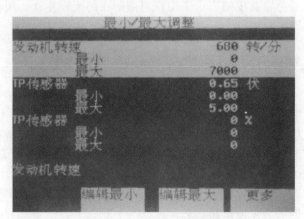

图 5-51　最小/最大值调整

④ 需要停止绘图功能，选择"暂停"；选择"继续"可以重新启动实时绘图功能。

⑤ 需要将显示模式从实时绘图显示切换为文本显示，在实时绘图屏幕上选择"更多"键两次，再选择"数据列表"。

⑥ 在备用快检模式下，用户可以通过选择"更多"键启动实时绘图功能。在查看实时绘图时，也可以用类似的方式启动快检功能。

5.3 宝马 ISTA 诊断仪的使用

随着车型的不断丰富、车型更新的不断加快以及车辆功能的日益复杂，人们对宝马汽车售后服务维修车间的车辆诊断和编程工作提出了更高的新要求。宝马专用 ISID 诊断仪取代了之前老款车设备 GT1 OPS，主要适用于宝马全系车，软件版本可升级，功能与 4S 店设备相同，是宝马专修店的必备设备，如图 5-52 和图 5-53 所示。

图 5-52 ISID 诊断仪

图 5-53 宝马售后使用 ISID 诊断仪

5.3.1 维修车间流程

ISTA 诊断仪可以为宝马售后服务维修车间内整个诊断及修正的保养流程提供最佳的技术支持，主导航栏内所示的维修车间流程始终显示在屏幕顶部，该流程主要由四个步骤组成：识别、车辆测试、工作及维修计划，如图 5-54 所示。导航栏主要用于为宝马售后服务技师提供引导帮助，颜色导航按钮表示了用户当前所在的流程步骤，用户可以随时通过导航按钮跳至其他流程步骤。

图 5-54 ISTA 诊断仪的主要流程

采用新流程后，宝马汽车维修技师可以使用自 E30 起的所有信息和文件以及与技术文件、诊断和测量技术相关的所有功能。尽管克服了很多技术障碍，但所有技术文件与宝马集团员工多年总结的诊断知识都已融汇到 ISTA 诊断仪中。通过功能更新，例如自由文本搜索、集成用户手册和优化信息显示屏，ISTA 诊断仪将使诊断与维修工作变得更加容易，数据也将保持着最新状态。将来，宝马售后服务维修车间的所有数据都将存储在某一服务器上，并且通过在线数据供给保持最新状态。

宝马 ISTA 诊断系统的主页面如图 5-55 所示。通过顶置菜单栏可以调出相关功能，例如首页、文件导航（前进、历史、后退）、管理、连接管理器、在线/离线模式、显示电池状态、反馈、打印、帮助、最小化和结束。

5.3.1.1 识别

在识别流程步骤中，宝马售后服务技师确定需要进行工作的车辆。在流程改进后，ISTA 诊断仪现在可提供四种车辆识别方式，如图 5-56 所示。

当完成车辆识别后，宝马售后服务技师就会获得所识别车辆的大量相关信息。

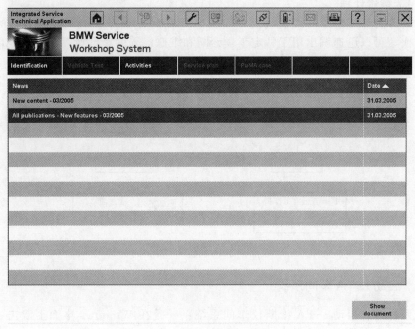

图 5-55 宝马 ISTA 诊断系统的主页面

5.3.1.2 车辆测试

在车辆测试流程步骤中,确定车辆所装的控制单元并且读取控制单元数据(故障代码、FASTA 数据)。这些数据和 VIN 共同构成了限定诊断和修正保养信息的首要条件。因此,通过 ISTA 车辆测试建立首次车辆通信是开展后续流程和工作步骤的先决条件。车辆测试流程经过优化后,读取车辆数据的速度明显加快。

5.3.1.3 工作

工作分为与具体车辆信息和功能以及全部车辆信息和功能,可以在完成车辆识别后("识别"流程步骤)调用这些信息和功能,如图 5-57 所示。

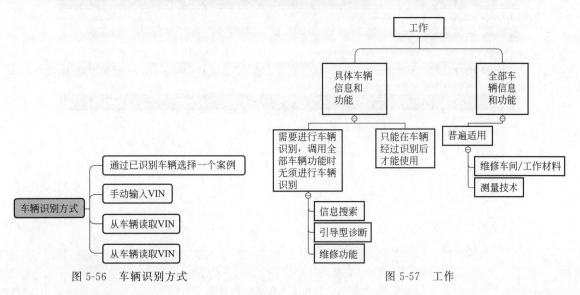

图 5-56 车辆识别方式　　　　　　　　图 5-57 工作

5.3.1.4 维修计划

维修计划分为目标清单和测试计划,如图 5-58 所示。通过在测试计划和目标清单之间进行相互切换,可以迅速调出用于特定车辆诊断和维修保养的全部所需信息和功能。

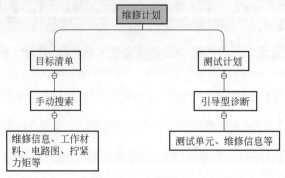

图 5-58 维修计划

5.3.2 启动 ISTA 车间系统

目前有两种方式启动 ISTA 诊断仪车间系统:一是在 Windows 桌面上双击 ISTA 诊断仪软件图标;二是在程序文件夹中选择"开始→所有程序//BMW Group ISPI Next//BMW Group ISTA",以打开应用程序。

启动 ISTA 诊断仪软件后,首先会显示起始屏。在起始屏中显示一个新信息列表,如图 5-59 所示。显示时间段可在管理程序中进行设置。阅读完"使用 ISTA 的提示"后,便可以点击"继续"按钮关闭对话框。

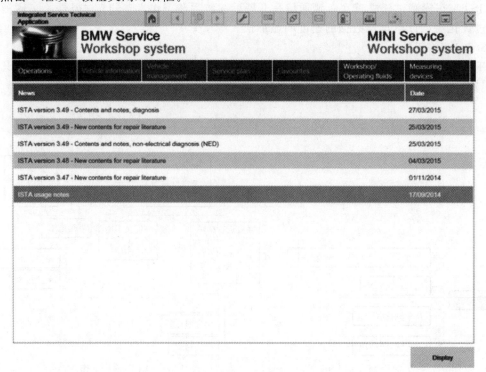

图 5-59 起始屏上的新信息列表

5.3.3 通过"读取车辆数据"选择车辆

在起始屏上,选择菜单"服务流程"后,维修车间系统便会自动切换至菜单选项"新建"下的"车辆识别号"选项卡,这样便可以通过读取车辆数据识别车辆并自动创建一个相关的服务流程:

① 在导航区域内点击主菜单选项"服务流程";
② 选择选项卡"读取车辆数据",并执行规定指令;
③ 点击按钮"不进行车辆测试的识别"或"完整识别"。

5.3.4 启动车辆测试

如果通过"读取车辆数据"和"完整识别"调用了车辆身份识别,则在完成车辆识别后会自动启动"车辆测试",然后会进行"FASTA 数据检测"。"车辆测试"主要是用来确定车上装有哪些控制模块,并且读取控制模块数据。各控制模块的状态(控制模块正在做出响应、没有做出响应或者未安装等)将会清晰显示在控制模块树状图和控制模块列表中。在进行"车辆测试"的过程中,会显示控制模块树状图,如图 5-60 所示。

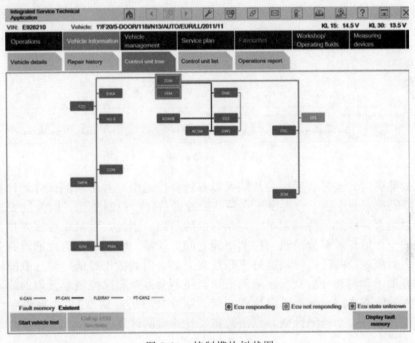

图 5-60 控制模块树状图

控制单元树包含所有在已识别车辆中安装的控制单元,表示控制单元与相应总线系统的配置关系,宝马售后服务技师可以观察控制单元安装情况的测定过程。如果没有控制单元树,则会自动显示"控制单元列表"页面。

5.3.5 显示故障码存储器中的故障记忆

在使用 ISTA 诊断仪进行诊断过程中,从车辆读取的故障以及由所存数据产生的其他故障都会显示在故障码选项卡内。除了显示故障码外,宝马售后服务技师还能通过故障形式选项卡选择其他故障形式。对当前系统进行改进后,将来会引入多重并发故障。如果系统确定特定故障信息与可能涉及众多不同控制模块的很多故障码记录有关，故障码列表就会仅显示最终故障，该故障称为多重并发故障，宝马售后服务技师可通过代码"S"和一个五位编号识别该故障，故障码列表中显示的故障码以及输入的故障形式构成了计算测试计划的基础，如图 5-61 所示。

待完成车辆测试后，通过点击按钮"显示故障代码存储器"便可以进入"故障代码存储器"页面。

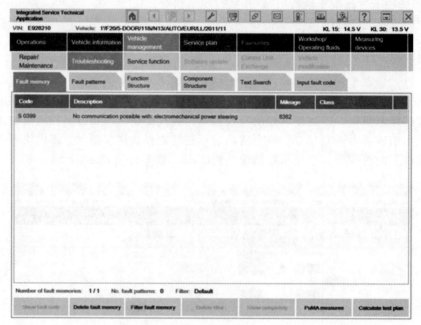

图 5-61　故障码列表

在筛选故障码时，宝马售后服务技师可以有选择性地引导并影响测试计划计算过程。自 F01 起，故障码选项卡中将不会再显示存储故障或者信息的控制单元，因为过去显示控制单元和故障码总是会导致过早将控制单元判断为故障原因。因此，宝马售后服务技师只能通过有关故障码的全面信息了解故障码与控制单元之间的联系。除了显示与故障码有关的更多信息外，宝马售后服务技师还将可以通过里程数或类型（例如电压过低）筛选故障码列表。筛选功能不仅有助于限制和分析众多故障码记录，还不会过早删除控制单元内的故障码。

在引导性故障查询结束时，可以执行功能"删除故障码存储器"。如果要启动引导性故障查询，需要先计算一个检测计划，点击按钮"计算检测计划"。

5.3.6　编辑维修计划

维修计划分为目标清单和检测计划两方面。

（1）目标清单　通过手动搜索（如信息搜索、维修功能、保养/工作材料等）找到的文件显示在目标清单中。目标清单可以进行分类，可以通过筛选功能来减少信息类型，可以选择和调用各文件和（或）测试程序。

（2）检测计划　可以通过测试计划选项卡调用计算的测试计划结果。可以附加显示故障形式的可疑组件或功能始终以深灰色背景显示。在组件或功能下方默认显示测试程序与服务信息。按照重要性显示可疑目标，以此帮助宝马售后服务技师来确定测试计划的测试程序顺序。与目标清单一样，在此也可以通过筛选功能减少或者增加显示信息类型。在检测计划中列出可能是故障原因的部件和功能，都会显示与部件和功能相配的文件及程序（在栏位"类型"中用"ABL"标出），文件和程序在栏位"类型"中以缩写形式标出，如图 5-62 所示。状态和优先级两栏可以帮助宝马售后服务技师确定正确的工作步骤顺序。

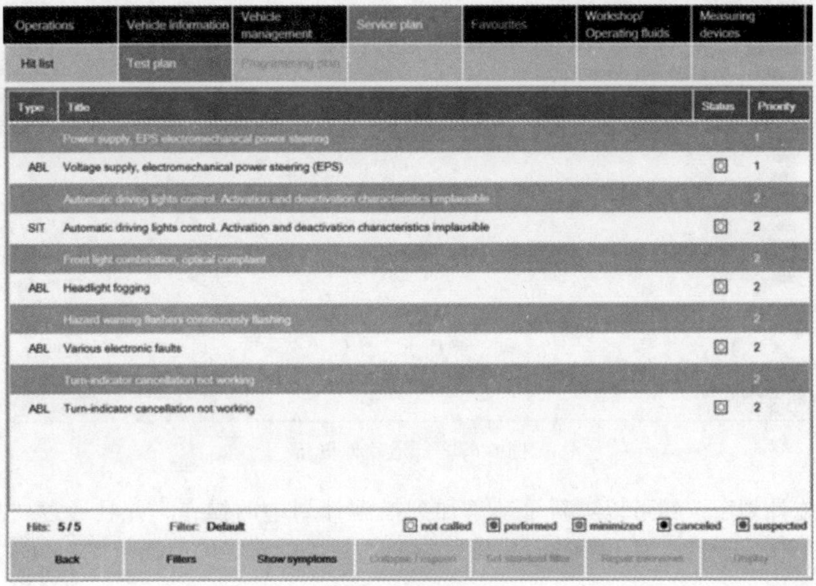

图 5-62 检测计划

在执行完一个过程后，如果需要，可以将其他故障查询或故障清除所需的附加信息添加到检测计划中。待完成检测计划后，可以执行功能"删除故障码存储器"。

5.3.7 维修车间系统

随着车辆功能不断增多、汽车技术日趋复杂，必须对控制模块的软件进行更新及改进。F01 底盘车型标志着宝马新一代车型技术的开始，该车型不仅仅拥有全新功能，而且具有新的控制模块构架及车载网络结构。为了确保现在和将来能够提供完善的技术支持，宝马开发出一个新的维修系统，该系统称为维修车间系统，简称为 ISTA/P。维修车间系统能够将维修车间网络与用于存储数据和提供应用程序的中央服务器连接起来。除了新的用于诊断和编程的硬件组件外，该系统还引入了新的编程软件，ISTA/P 能够识别车辆的编程范围和新功能，其设计目的主要是为了满足未来的车辆售后服务编程范围和要求。

5.3.7.1 启动编程

可以通过"车辆处理"/"软件更新"菜单进入编程。首先将计划的操作步骤总结到措施计划中，进行车辆测试后，确定的措施计划可在选项卡"舒适"中直接执行，或者先手动补充到选项卡"扩展"中，然后进行计算并执行。

① 通过舒适软件更新，可以在已确定的措施计划的基础上、在不添加其他用户操作的情况下编程至最新集成等级，如图 5-63 所示。在开始执行措施计划时会显示编程的前提条件，应当满足并确认这些前提条件。软件更新结束时会显示一条信息，必须确认该信息。如果还有未执行的操作，则在确认信息后会自动显示措施计划。

② 通过扩展的软件更新，可以手动为已经计算完成的措施计划选择需额外编程或设码的控制单元，如图 5-64 所示。通过"显示措施计划"按钮可以打开选项卡"措施计划"。通

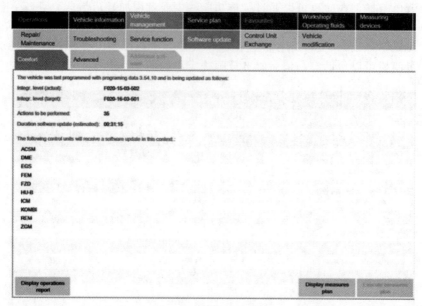

图 5-63　舒适软件更新

过"计算措施计划"按钮可以更新手动添加到措施计划中的操作,并且通过"执行措施计划"按钮来执行该操作。在开始执行措施计划时,会显示编程的前提条件,必须满足并且确认这些前提条件。

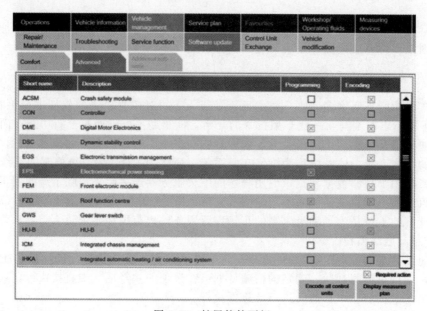

图 5-64　扩展软件更新

③ 编程准备。正确的车辆准备和后处理是实现无故障编程的基本前提条件。在编程前,应当注意以下几点。

a. 保护车辆,防止阳光直射,使发动机、变速箱和制动系统冷却至环境温度。

b. 关闭所有的用电器和照明灯以及转向显示,关闭刮水清洗装置。

c. 连接已经获得"BMW Group"许可的最新型充电器。

d. 将车辆接口 ICOM 连接到车辆上,打开点火开关(总线端 KL.15)。因此,在车厢内部必须有识别传感器。

e. 对于车型系列 G 的车辆,可以手动快速按 3 下启动/停止按钮来切换点火开关。需要注意的是,在编程过程中不要打开或者关闭驾驶员侧车门,以免关闭总线端 KL.15。

f. 在启动编程前关闭后备厢盖,关闭所有与车辆连接的移动电话,避免因呼叫通话而导致取消编程。因为更新集成等级可能导致之前连接的移动电话或其软件版本不再兼容。

g. 车型系列 F、G、I 以及后续车型系列:选择个人设置(访客)并将创建的所有用户个性化设置通过手套箱内的 USB 连接输出或备份。

h. 注意 ISTA 中的请求和说明。在编程期间,不要在车辆上或车辆中执行任何并非由 ISTA 系统要求的操作。

i. 应当使点火开关保持打开,不要断开修理厂网络、ICOM 和车辆之间的连接。

④ 开始编程。在开始编程前,必须结束或中止诊断程序,并且必须启动 ICOM A。在开始编程时,必须重新连接 ICOM A,连接时使用 ISIS 上的连接管理器。如果需要打开一个现有编程会话窗口,则可以在编程会话列表中进行选择。

a. 在图标栏内设有用于调出更多菜单的不同图标,在选项栏内可以选择一个编程会话项目、一个待编程的车辆或者用于编程的综合软件服务站,每个综合软件服务站最多可以同时执行 5 个编程会话功能。

b. 在功能栏内设有用于选择车辆访问方式的按钮。

c. 在显示区内有编程会话或可用 ICOM 的概述。

d. 控制按钮通常用于在整个编程过程进行步骤操作。

当开始建立一个新编程会话时,应当选择用于车辆编程的编程服务器。编程服务器是指综合软件服务站,可以手动或者自动选择服务器。综合软件服务站的连接管理器能够确定并且显示所有可用的车辆接口(ICOM)信息,可以从显示列表中选择所需的车型和车辆接口,ISTA/P 随即确定车辆数据。编辑与诊断时新维修车间系统使用的车辆接口相同,从 F01 底盘车型起,可以利用 ICOM A 为所有控制模块编程,在带有 CAN 总线的车辆上使用 ICOM A。

⑤ 后处理和结束性服务功能。在完成编程后,例如匹配、初始化设置等后处理工作将在"准备/后处理"中自动执行。只有措施计划中的服务功能需要手动执行。必须执行服务功能,这样才能够确保将无故障的车辆转交给客户。因此,必须单独选择每一项待执行的服务功能,并且操作按钮"执行服务功能"。启动服务功能后,应当按照后续的说明进行操作。在完成措施计划后,请检查以下几点。

a. 在完成编程后,重新放入或连接之前取下和断开连接的所有数据记录载体(CD、DVD、USB、iPod® 等),并且进行检查。检查车辆中移动电话的蓝牙配对,必要时连接。

b. 车型系列 F、G、I 以及后续车型系列通过手套箱内的 USB 接口输入个人设置。

c. 为了保证安全性,应当使车辆"休眠"(至少 5min,通过总线端 KLR 关闭)。

d. 最后检查确认车辆是否无故障。

⑥ 执行锁定。通过执行锁定可以有效地防止有缺陷的软件通过编程被传输到客户车辆上。有两种不同的执行锁定:一种是一般执行锁定;另一种是可以借助 IBAC 许可代码解锁的执行锁定(图 5-65)。

如果存在一般执行锁定,则使用当前的 ISTA 版本无法为车辆进行编程。ISTA 支持的其他应用,例如诊断、修复等不受执行锁定的影响,可以随时执行。当有执行锁定时,只有在输入 IBAC 许可代码后才可以执行措施计划。

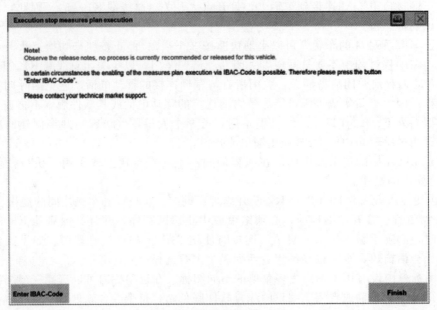

图 5-65　可解锁的执行锁定

5.3.7.2　更换控制单元

为了确保新控制单元的功能作用，通常需要通过软件、设码以及许用等使车辆中的控制单元进入兼容状态。另外，还应当从被替换的控制单元中读取控制单元特定的数据（例如个人数据），并传输到新的控制单元中。这将在执行引导性更换期间进行。

（1）未更换　在控制单元更换前，需要在相应选项卡中选择控制单元，这样在计算措施计划时，才会考虑更换这种情况。对于包含个人数据的控制单元，将自动在措施计划中添加一个备份。引导性更换的操作步骤如图 5-66 所示。

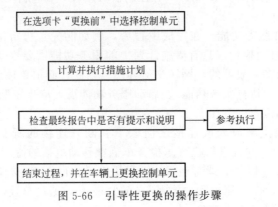

图 5-66　引导性更换的操作步骤

（2）已更换　更换完成后，需要区分是引导性还是非引导性更换控制单元，如图 5-67 所示。

5.3.7.3　车辆改装

选项卡"车辆更改"中提供用于执行加装、改装（仅设码）、恢复性改装及直接措施等功能。

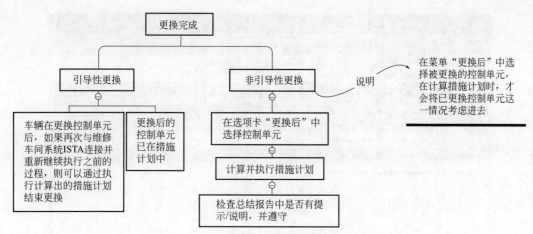

图 5-67　区分是引导性还是非引导性更换控制单元

（1）加装　在选项卡"加装"中，提供车辆可用的所有加装项目（按字母顺序排列）。加装时不仅要在车辆上进行加装，还需要进行编程，如图 5-68 所示。

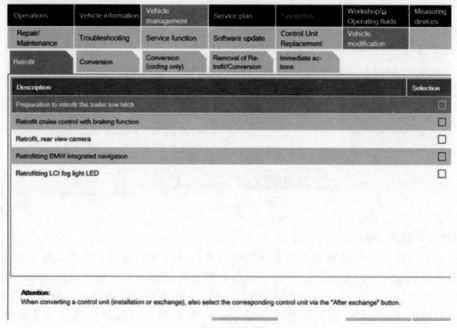

图 5-68　加装

（2）改装　在选项卡"改装"中，提供车辆可用的所有改装项目（按字母顺序排列）。改装时，可能不仅需要在车辆上进行改装，而且还需要进行编程，如图 5-69 所示。

（3）恢复性改装　在选项卡"恢复性改装"中，提供车辆可用的所有恢复性改装项目（按字母顺序排列）。在进行恢复性改装时，可能不仅要在车辆上进行改装，还有可能需要进行编程。

（4）直接措施　在选项卡"直接措施"中提供导入车辆任务的功能。

（5）导入车辆任务　通过激活"选择"栏中的选择区域，便可以启动车辆任务的导入。将车辆任务导入车辆时，可能会存取两个不同的数据源，如图 5-70 所示。

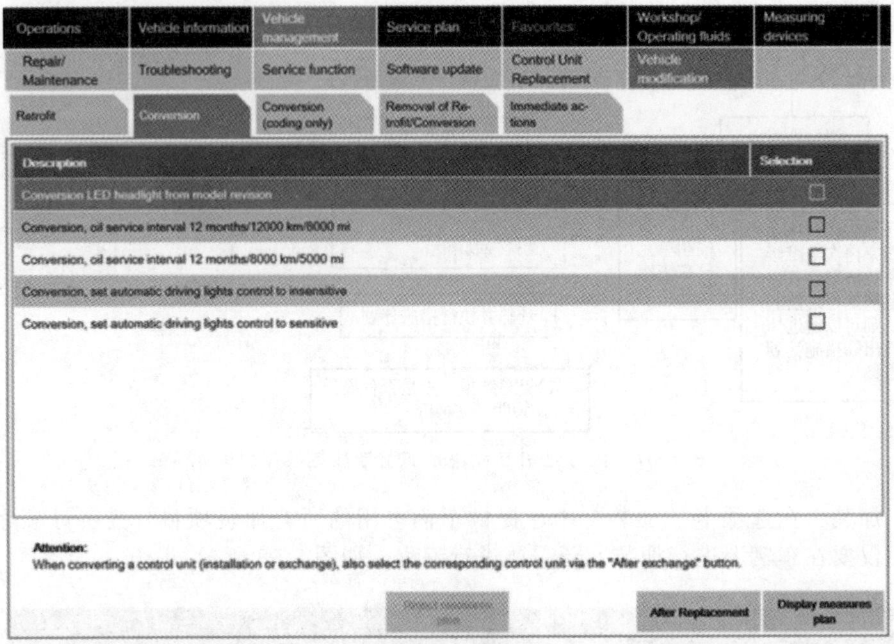

图 5-69 改装

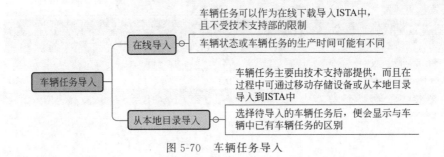

图 5-70 车辆任务导入

5.3.7.4 措施计划

编程是通过措施计划进行的。措施计划中通常包含所需的编程、设码和用于编程/设码/更换准备和后处理的测试模块,以及需手动执行的服务功能。在完成车辆测试后,将在后台计算目标上下文。选择任意一个编程选项卡,便可以自动启动措施计划的计算。在此期间,还可以无限制地使用 ISTA 执行诊断范围功能。计算的措施计划可以通过舒适软件更新执行。根据所需的工作,例如更换控制单元和更改车辆等,必须在执行措施计划前通过相应的编程选项卡手动对其进行补充,并在执行前重新计算。

5.3.7.5 总结报告

在完成执行措施计划及所需的服务功能后,会自动切换到选项卡"最终报告"中,如图 5-71 所示。由此,措施计划的执行便完毕。最终,报告中会列出在措施计划中执行的操作及其执行状态。

5.3.8 ISTA 文件信息类型

ISTA 文件信息类型,见表 5-4。

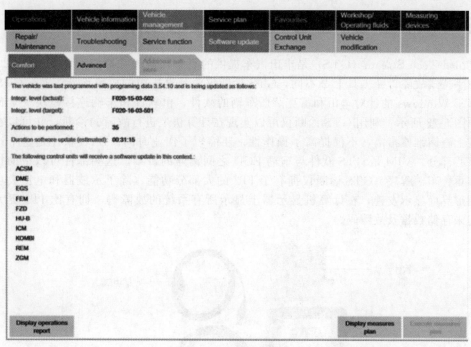

图 5-71　总结报告

表 5-4　ISTA 文件信息类型

缩写	信息类型
ABL	程序（服务程序）
AZD	拧紧力矩
EBO	安装位置
FEB	故障清除
FTD	车辆技术诊断
FUB	功能描述
REP	维修说明
SIT	维修信息技术
SPI	车辆软件信息
SSP	电路图
STA	插头示意图
IBAC	Internet Based Calculation of Enabling Codes（互联网辅助式许可代码生成）
TED	技术数据
KFA	车辆功能改变
PIB	线脚布置

5.4 丰田 OTC GTS 诊断仪的使用

Global Tech Stream（GTS）是丰田汽车提供的新一代故障诊断工具，如图 5-72 所示。与以往手持式故障诊断工具 IT2 不同，GTS 诊断仪为计算机版的故障诊断工具。GTS 诊断仪是基于 Windows 的针对丰田和雷克萨斯车辆的软件，由软件和车辆连接模块（VIM）组成，如图 5-73 所示。利用 GTS 诊断仪可以实现在计算机上进行故障的诊断，并可以在同一计算机上查阅维修指南，不仅提高了操作性，还缩短了作业时间。GTS 软件是这个诊断工具的核心部分，VIM 是 GTS 软件与车辆 ECU 之间沟通的桥梁，这些部件可以帮助技师去诊断和重置车辆程序。GTS 诊断仪拥有了 IT2 的大部分功能（除了示波器和电压表功能），用户图形界面显示友善，在计算机显示器上显示所有系统的故障码，拥有比 IT2 更大的存储空间来存储数据及故障码。

图 5-72　OTC GTS 丰田第三代检测仪

图 5-73　由软件和车辆连接模块（VIM）组成的 GTS

5.4.1　GTS 软件安装、注册和更新

5.4.1.1　软件安装

GTS 诊断仪相关软件都可以从 GTS 诊断仪的官方网站上下载利用。下面简单介绍一下 GTS 的安装步骤。

① 将 GTS 安装光盘放入光驱，双击打开"Techstream_Setup_V.6.10.044"，选择中文（简体），如图 5-74 所示，按照安装向导进行安装。

② 接受许可证协议中的条款，如图 5-75 所示，按照安装向导进行安装，如图 5-76 所示。

图 5-74　选择中文（简体）

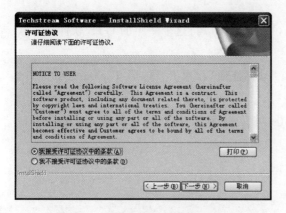

图 5-75　接受许可证协议中的条款

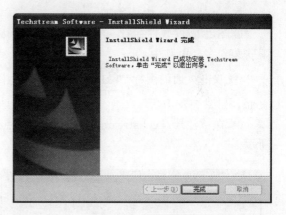

图 5-76　安装完成

③ 双击桌面的图标"　　"，按向导配置"Techstream"软件，如图 5-77 所示。

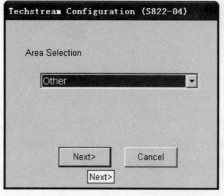

图 5-77

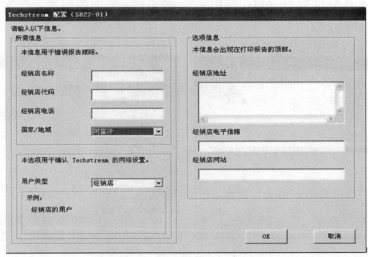

图 5-77 配置"Techstream"软件

5.4.1.2 GTS 软件注册

GTS 诊断仪软件拥有一年的许可使用权限,经销商可以将这个一年的 GTS 软件许可权限安装到多台电脑中。

① 双击桌面的图标" ",点击左栏中"软件注册",弹出"注册 Techstream 软件"页面,如图 5-78 所示。

② 在"注册 Techstream 软件"页面中点击"软件注册",跳转到注册网页,如图 5-79 所示。

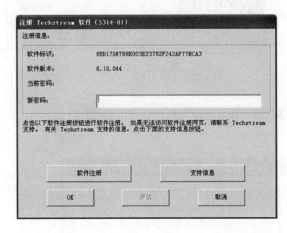

图 5-78 注册

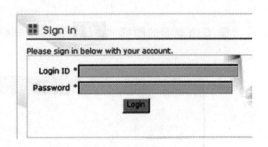

图 5-79 注册网页

③ 输入 ID 和密码、VIM 背面的序列号等信息,网站将会自动生成注册密码,将注册密码拷贝至"注册 Techstream 软件"页面中的"新密码"位置,即可完成注册。

④ 软件注册完成后,左下角显示软件版本和距离订阅终止的时间。

5.4.1.3 GTS 软件更新

① 双击打开更新软件,点击"Techstream_Update_V6.20.020",提示准备安装,如

图 5-80 所示。

② 进入安装界面，如图 5-81 所示，按提示进行安装即可。

图 5-80 准备安装

图 5-81 安装界面

5.4.2 VIM 模块驱动安装

将 OTC 安装光盘放入光驱，双击打开"SETUP"，按安装向导进行安装，如图 5-82 所示。

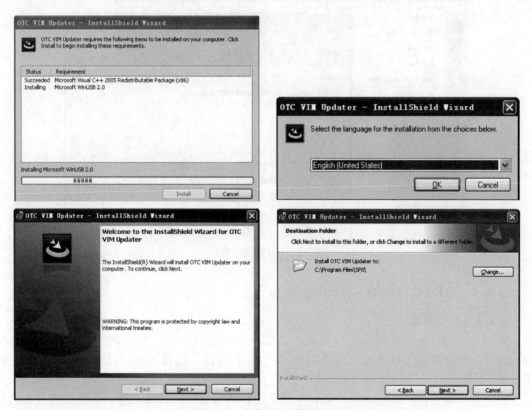

图 5-82 安装 VIM 模块驱动

未安装 VIM 模块驱动和已安装 VIM 模块驱动的 GTS 诊断仪，如图 5-83 所示。

(a) 未安装驱动程序　　　　　(b) 已安装驱动程序

图 5-83　未安装 VIM 模块驱动和已安装 VIM 模块驱动的 GTS 诊断仪

5.4.3　设置通信接口

双击 GTS 软件，点击设置，选择"VIM 选择"，在下拉菜单中选择"OTC VIM"，并按"OK"按钮，如图 5-84 所示。

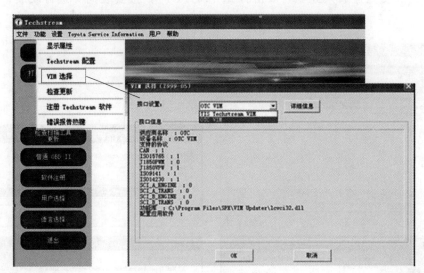

图 5-84　设置通信接口

5.4.4　GTS 软件使用

5.4.4.1　主菜单

双击"Techstream"图标来启动软件，主菜单按钮分别为：与车辆连接、打开数据扫描文件夹、检查扫描工具升级、通用 OBD Ⅱ、软件注册、选择用户、语言选择、退出，如图 5-85 所示。

（1）与车辆连接　开始诊断车辆，车型将会在成功通信后自动选择。如果不能自动识别则用户需要手动选择。

（2）打开数据扫描文件夹　打开服务项目文件夹或者上传行车记录数据。

（3）检查扫描工具升级　检测 GTS 升级。

(4) 通用 OBD Ⅱ　启动通用 OBD Ⅱ。
(5) 软件注册　注册软件后激活全部软件功能。
(6) 选择用户　更改用户。
(7) 语言选择　更改语言，支持德语、英语、法语、西班牙语、意大利语和汉语。
(8) 退出　从指定用户切换到通用用户。如果用户设置更改了，则这些更改会被取消。

图 5-85　主菜单

5.4.4.2　主菜单"软件注册"

点击主菜单"软件注册"按钮，软件注册界面会自动弹出。在安装好软件后，软件的 ID 会自动显示在注册界面上。根据软件的 ID，许可证号码会被生产，没有许可证号码的话，软件只能被使用 10 次。

5.4.4.3　设置用户账户

在注册并登录 GTS 软件后，用户可以根据自己的偏好设置车辆品牌（丰田或雷克萨斯）、字体大小、单位选择、语言选择及热键工具等，如图 5-86 所示。如果是第一次登录 GTS 软件，根据指示来添加一个新用户，然后设偏好置信息。

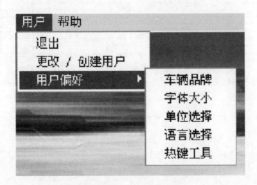

图 5-86　用户偏好

5.4.4.4 在与车辆连接之前的操作

(1) VIM 与计算机连接　如果是第一次连接,则需要在计算机上安装 VIM 的驱动程序。

(2) 检查 VIM 设置　在安装界面的"Set Up"下选择"VIM Select",然后选择"OTC VIM"并按"OK"键。

5.4.4.5 连接车辆

① 连接 DLC 线。

② 点击"与车辆连接"来启动智能车辆连接,如图 5-87 所示。在智能车辆连接时,会验证要求的信息是否正确。选择正确的选项后,点击下一步按钮,系统选择窗口出现。

③ 系统选择。系统选择界面会在车辆与 GTS 软件相连后出现,它列出了在当前车辆中安装的 ECU。点击"系统选择"按钮可以进入系统选择菜单。

a. 健康检查。健康检查即一键式检查,其检查结果包含当前车辆的 DTC、DTC 的时间标签、FFD、监视状态及 ECU 通信(包括编程 ID)的诊断检查,如图 5-88 所示。在健康检查中,ECU 按照"系统区域"进行分类,例如"传动系统""底盘"及"车身电气"等,用户通过"健康检查"可以诊断特定系统区域的 ECU,进而缩短检查所需的时间。

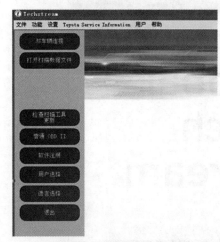

图 5-87　启动智能车辆连接

图 5-88　健康检查

b. 定制设置。用户可以更改一些设置，可以自定义项目，按功能分为门锁、安全、电动车窗等。

c. CAN 总线检查。当执行配备 CAN Bus 通信协议的车辆检测时，则会显示该车辆所有通过 CAN 总线连接的 ECU，如图 5-89 所示。

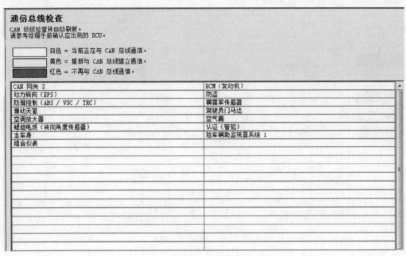

图 5-89　CAN 总线检查

5.4.4.6　系统操作

（1）故障码　如图 5-90 所示，开始故障诊断功能，显示诊断代码。

图 5-90　故障代码

（2）数据列表　如图 5-91 所示，在选项窗口上以数值或者图表的形式显示由系统选出的 ECU 数据。

（3）主动测试　如图 5-92 所示，主动测试是从系统实况菜单中选择的，这项测试能够强行地驱动继电器、执行器和电磁阀。如果它们在有效测试中被正常驱动，则有可能判断从 ECU 到继电器、执行器和电磁阀的电路是否正常。

（4）监视器　开始检测功能，所有检测数据都被显示在一个窗口上。

（5）工具　开始应用功能、系统检测和其他功能，例如 EVAP 系统检测和防盗密钥注册，都被分组在工具选项菜单下，如图 5-93 所示。

图 5-91　数据列表

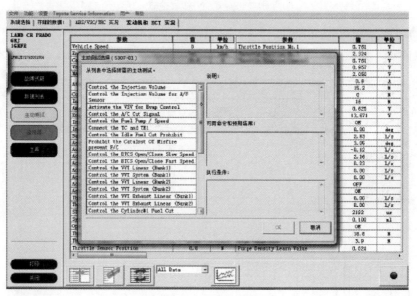

图 5-92　主动测试选择

5.4.4.7　检索存储数据

为了检索存储数据可点击文件和打开扫描数据文件，或从主菜单中点击"打开扫描数据文件"按钮，如图 5-94 所示。

5.4.4.8　保存数据

GTS 记录数据的格式是专用基金的 TSE 文件，与 IT2 的数据格式是不同的，因此两种数据格式不能兼容使用，即 GTS 无法打开 IT2 的记录文件，IT2 也无法打开 TSE 文件。用 GTS 连接车辆，第一次保存数据时，即生成一个 TSE 文件。两个同型号车辆的 TSE 文件

图 5-93　工具选项菜单

图 5-94　打开扫描数据文件

可以合并成一个文件,这样便于数据查看和数据管理。点击菜单中"文件"-"保存为",然后输入一个文件名,点击保存按钮即可。

参 考 文 献

[1] 张捷辉.汽车维修电工1000个怎么办[M].北京：化学工业出版社，2017.
[2] 朱军.汽车故障诊断方法[M].北京：人民交通出版社，2008.
[3] 于春鹏.汽车电器设备维修[M].北京：中国电力出版社，2007.
[4] 黄伟,肖文光.汽车底盘维修[M].北京：化学工业出版社，2010.